Première partie

LES VOIES DE L'ISLAM

Mohamed-Chérif FERJANI

Dédicace

A la mémoire de Jean-Pierre Séris qui m'a appris à aborder *«les choses avec philosophie»*.

A mon père qui allait régulièrement à la mosquée pour la prière du vendredi, puis, un jour, il s'interrompit pour ne plus y assister ; convoqué par la police pour s'en expliquer, il répondit : «Je vais à la mosquée pour la prière. Si les journaux, la télévision, la radio et les réunions ne suffisent plus comme tribunes politiques et que l'on veut y ajouter la mosquée, je vous la laisse ; après tout, on peut se suffire d'une prière tranquille chez soi !»

A ma famille qui, avec le bon sens et l'hospitalité des bédouins, a toujours accueilli chaleureusement tous mes amis incroyants et de différentes croyances en disant : «Ce n'est pas possible que des gens pareils ne puissent pas aller au paradis parce qu'ils ne sont pas musulmans ! Ils y iront avant la majorité des musulmans.»

Aux merveilleuses mixtures dont je suis fier d'être le parrain : la franco-germano-polonaise, Marion ; la judéo-christiano-tuniso-française Julie, la judéo-catholico-française Alexandra, l'islamo-christiano-tuniso-français Seyf-Alex.

A Suzon pour son rejet «irréfléchi» de tout ce qui sent le racisme.

A Claudette pour tout.

AVANT PROPOS

L'accomplissement de ce travail doit beaucoup au C.R.D.P. de Franche-Comté et particulièrement à Yves Lequin et Henri Czajka. C'est à leur demande et leurs amicaux "harcèlements" que cet ouvrage a été réalisé dans des délais très brefs. Qu'ils en soient remerciés.

Plusieurs personnes m'ont aidé soit en me prêtant des documents, soit en participant à la frappe, à la relecture et à la correction des épreuves, etc. Je pense particulièrement à Colette Campagne, Geneviève Gobillot, Michèle Bufferne, Laure Chebbah, Saliha Boukenna et Claudette Scémama. Qu'elles trouvent ici tous mes remerciements et l'expression de mes meilleurs sentiments.

La transcription adoptée a été simplifiée, dans la mesure du possible, pour tenir compte du public non spécialiste des langues de référence.

INTRODUCTION

«L'être humain doit être la mesure de toute chose !»
Protagoras

«La détresse religieuse est, pour une part, l'expression de la détresse réelle, et, pour une autre part, la protestation contre la détresse réelle. La religion est le soupir de la créature opprimée, la chaleur d'un monde sans cœur, comme elle est l'esprit de conditions sociales d'où l'esprit est exclu.»
Karl Marx

L'étude des faits religieux a longtemps souffert des préjugés "ethnocentriques" qui érigent les "vérités" propres à une religion, ou à une culture, particulière en catégories universelles à l'aulne desquelles tous les faits religieux sont approchés. Cette démarche est à l'origine de "typologies" classant les religions en "vraies" et "fausses", "civilisées" et "primitives", "naturelles" ou "barbares", etc.

La volonté de rompre avec les travers de l'ethnocentrisme a été à l'origine de la démarche culturaliste qui, en se voulant strictement descriptiviste, s'interdit de chercher, par delà les spécificités, ce qui est commun à tous les faits religieux. Ce refus procède d'une volonté, inhérente aux conceptions culturalistes, de nier tout ce qui pourrait faire signe vers une quelconque universalité de l'humain. Ce faisant, on aboutit à d'autres travers aussi, sinon plus pernicieux que ceux de l'ethnocentrisme. En effet, si on n'approche les religions qu'à travers ce qu'elles disent d'elles-mêmes et à travers ce qui en fait la singularité, on se condamne — pour reprendre une métaphore classique — à ne voir que les arbres, et à s'interdire toute possibilité de voir la forêt ; car le particulier ne peut s'apprécier de façon adéquate que s'il est *con-pris* dans sa relation au général (comme le suggère le sens premier du verbe comprendre : prendre avec) ; et vice-versa.

Pour cela, il est important de dépasser, selon les termes de M. Arkoun, *«les mots de la tribu»* et *«le langage à finalité communautaire»* pour situer les faits religieux dans le cadre de *«l'expérience humaine»* ; expérience qu'on ne peut approcher que par *«un langage à finalité cognitive»*, par *«une langue ouverte à tous les autres»* [1]. Les faits religieux, quels qu'ils soient, doivent être approchés comme une expérience humaine et non comme un donné divin ; il faut expliquer le religieux par l'expérience humaine, dans toutes ses dimensions sociales, économiques, cognitives, culturelles, etc., et non le contraire. Le religieux n'est qu'un déterminant-déterminé parmi d'autres et non un surdéterminant indéterminé de toute l'expérience humaine. C'est ce que tendent à oublier les études inspirées par "le retour du religieux" depuis la fin des années 1970, en général, et celles qui concernent le monde musulman en particulier. Le rôle joué par les idéologies se réclamant de la religion dans les événements qui agitent cette fin de millénaire, a été à l'origine d'un retour — conscient et/ou inconscient —, et sous un vernis scientifique, aux démarches théologiques qu'on croyait définitivement révolues grâce au progrès des sciences humaines.

C'est, en effet, une démarche théologique que d'expliquer le monde à partir de, et par Dieu ou la parole instauratrice de son ordre, au lieu de partir de la réalité historique, sociale, culturelle, dans laquelle s'inscrivent les représentations, les lectures et les pratiques que les humains ont de leur sacré, quel qu'il soit. Au centre de la démarche théologique, à son point de départ et à son aboutissement, il y a Dieu, la volonté et les "intentions" que révèlent sa parole fondatrice et salvatrice. La religion, dans cette perspective, ne se conçoit et ne peut être comprise que par référence à une source métaphysique, à une origine historique, non située, et partant de façon non scientifique.

Outre ses impasses épistémologiques, une telle démarche est condamnée à ne conduire — comme elle l'a fait jusqu'à maintenant — qu'à une logique d'anathème : la diversité peut être tolérée, dans le cadre d'un œcuménisme souvent — pour ne pas dire toujours — intéressé et de circonstances ; mais, elle est rarement — pour ne pas dire jamais — le fait d'une relativisation sincère et conséquente de son sacré, de son Dieu, de la lecture qu'on a des textes et/ou des traditions consacrés. En effet, la tolérance n'est revendiquée et acceptée, le plus souvent, que pour les bénéfices qu'on espère en tirer : soit pour se protéger quand on est minoritaire, soit pour séduire l'autre et le gagner à sa cause lorsqu'on est suffisamment intelligent pour comprendre que la conquête des cœurs est plus sûre que la domination des corps.

Rompre avec les conceptions et les approches théologiques exige une attitude profondément et radicalement laïque comme préalable à une étude scientifique des faits religieux. Cela peut paraître, sinon provocateur, du moins paradoxal, pour ceux qui ont pris l'habitude de penser la laïcité comme une neutralité passive laissant l'étude des faits religieux aux autorités religieuses qui ne souhaitent d'ailleurs pas que la recherche scientifique et l'enseignement laïque s'intéressent à ce qu'elles considèrent comme leur "chasse gardée".

Le fondement d'une attitude laïque est la non-discrimination. Dans le domaine de l'étude des faits religieux, ce principe exige un certain recul qui permet d'étudier ces faits comme des phénomènes culturels, avec la même disposition d'esprit, de la même manière et avec les mêmes outils théoriques. Aucune religion ne peut être considérée comme étant au-dessus des autres ou porteuses de meilleures solutions pour tous les problèmes de l'humanité jusqu'à la fin du monde, à l'instar de ce que pensent la plupart des croyants de toutes les religions.

Les religions doivent être approchées comme un ensemble de faits relevant des mêmes phénomènes dont elles participent toutes : à savoir comme un ensemble de conceptions et pratiques mettant derrière les phénomènes naturels des forces invisibles qu'on cherche à influencer, à apaiser, à apitoyer ou à atteindre, par le moyen de "techniques" particulières qu'on appelle "rites", parce qu'on attribue à ces forces des pouvoirs bénéfiques ou maléfiques — ou les deux à la fois — sur l'homme et sur son univers. C'est ce qui constitue l'essence commune de tous les faits religieux par delà la grande diversité qui les caractérise. Les forces ainsi vénérées peuvent être multiples ou ramenées à une seule, séparées du monde ou s'y incarnant, transcendantes ou immanentes, interventionnistes ou "neutres" ; les rites accomplis par les fidèles peuvent être sacrificiels ou non, un moyen de communion avec le surnaturel ou expiatoires, motivés par la crainte ou/et par l'amour, dans un but de socialisation pour la cohésion de la communauté ou/et dans un but spirituel sans aucune implication vitale directe ou par un détour symbolique, etc. [2].

De ce point de vue, les croyances, les textes et les traditions sacrés, le rituel, les pratiques cultuelles, les fêtes religieuses, etc., sont à prendre comme des faits qui participent de l'expérience humaine et qui s'inscrivent dans l'histoire et dans les réalités avec lesquelles ils entretiennent — comme tous les faits culturels majeurs — des rapports dialectiques d'influences réciproques. C'est en tant que représentations et pratiques humaines que les religions peuvent être approchées scientifiquement. On pourrait ainsi parler d'une approche anthropologique en ce sens où c'est à partir de l'homme, de la manière dont il se représente, vit et pratique les faits religieux que ceux-ci doivent être étudiés et non à partir de catégories abstraites et métaphysiques. C'est en cela qu'il s'agit d'une approche laïque car la laïcité n'est autre que cette attitude considérant que l'humain est et doit être *"la mesure de toute chose"*, pour reprendre la célèbre formule de Protagoras. Dieu ne nous intéresse que comme objet, et non comme source de la foi. Il en va de même pour toutes les autres catégories de la conscience religieuse, que ce soit dans leurs aspects mythologiques relatifs à la cosmogonie (conceptions explicatives du sens du monde), à la biogonie (conceptions explicitant le sens de la vie) et à "l'anthropogonie" (conceptions concernant le destin de l'être humain) ou dans leurs aspects pratiques relatifs à ce que les humains doivent faire ou éviter, individuellement ou collectivement, dans quelque domaine que ce soit.

En tant que composante de l'expérience humaine, les religions participent des formes de pensée qui n'envisagent pas la vérité uniquement comme un objet de conscience, mais aussi comme un principe d'action en vue d'une finalité morale, politique, existentielle. Rattacher la Vérité à une, ou des finalité (s), c'est poser le problème du sens.

Le sens ou, plus exactement, la quête de sens, constitue l'une des dimensions essentielles de la condition de l'être humain. Celui-ci est avant tout un être qui a besoin de sens. Si son existence, ce qu'il fait, et ses relations aux autres et au monde n'ont plus de sens, il ne lui reste qu'à se suicider ; ou alors c'est qu'il n'a plus une vie humaine : l'expression courante “il végète”, dit très bien la condition d'un être humain pour qui la vie n'a plus de sens.

Les faits religieux procèdent, précisément, du refus de l'absurde qui est à l'origine de la quête de sens : qu'y-a-t-il de plus absurde que la conscience que nous sommes nés pour mourir ? Des ténèbres du néant d'où l'on vient, aux ténèbres de la mort ! La lumière, nous ne faisons que la traverser l'espace d'une vie qui n'est “que le temps qui nous est donné pour mourir” ! Notre existence n'est qu'une parenthèse entre deux gouffres ! Quelle absurdité ! A quoi bon alors travailler, créer, procréer, penser aux autres, etc. ? C'est contre ce sentiment d'absurdité lié à la conscience de la mort, que les formes de pensée centrées sur l'idée d'une ou des vérité (s) qui sauve (nt), sont apparues depuis que les sociétés humaines existent. Aussi loin qu'on remonte dans l'histoire de l'humanité, on retrouve des traces de la volonté de “persévérer dans l'être” — le fameux *conatus* de Spinoza —, de vaincre la mort, d'une manière ou d'une autre :

— pour les uns, en procréant, avec l'espoir que la progéniture soit à l'image des géniteurs pour mieux en assurer les prolongements,

— pour d'autres, en créant, tout court, pour laisser sa trace à travers des “œuvres” — de tous ordres — réalisées pour la postérité.

Dans les deux cas, le souci est celui que dit si bien ce proverbe arabe, qui doit avoir certainement des équivalents dans toutes les langues : “celui qui laisse (une trace) n'est pas mort”.

Les religions participent de cette volonté de refuser la mort. Les solutions qu'elles proposent sont à la fois plus rassurantes, plus exigeantes, mais plus hypothétiques. Pour toutes les religions, la mort n'est pas la fin ; c'est la transition vers un autre monde, une existence future qui peut être meilleure ou pire, en fonction de la conduite de chacun dans ce monde. Selon les religions, le pire et le meilleur, après la mort, sont représentés de façons différentes : aller au paradis ou en enfer (comme dans les religions sémitiques), renaître dans une caste supérieure ou inférieure (dans l'hindouisme), rejoindre le monde des Dieux ou celui des ténèbres du néant (dans le shintoïsme ou dans les croyances de l'Égypte antique), atteindre le nirvana ou retomber dans la samsâra (dans le bouddhisme), réapparaître dans des formes de vie jugées inférieures (animales, végétales, minérales) ou dans des formes considérées comme plus nobles (des êtres dont la noblesse ou la supériorité varie, selon les religions, entre un meilleur statut social ou l'accès à la divinité en passant par tous les statuts intermédiaires envisagés par la cosmogonie propre à chaque croyance), etc.. Quel meilleur moyen pour donner sens à l'existence qu'une telle conception de la vie et de la mort ? Il suffit d'y croire pour que tout ait un sens : le monde, la vie, le bien et le mal, tout ce dont nous avons besoin pour vivre notre condition d'être humain. Mais, pour cela, il faut avoir la foi qui est la première condition de la religion !

C'est pour cette raison que toute religion peut être définie comme une — ou des — voie (s) qui orientent la vie humaine (c'est-à-dire lui assigne un sens) vers une finalité, un objectif qu'on peut appeler bonheur suprême, nirvana, paradis, etc., afin qu'elle ne soit pas vaine (c'est-à-dire la sauver de l'absurdité en lui donnant un sens).

Cherchant à comprendre l'islam à la lumière de cette vision j'ai découvert que la notion de voie (s), généralement liée à l'hindouisme, n'est pas totalement étrangère aux faits islamiques. Cette notion est d'abord une catégorie fondamentale de la littérature et de la pratique des soufis, les mystiques de l'islam : chaque maître soufi a sa *"tarîqa"*, sa voie pour atteindre le bonheur suprême en parvenant à l'union avec la vérité, à l'unité de l'être. Le *murîd* (celui qui désire se sauver de l'absurdité des futilités du monde) peut suivre la *tarîqa* d'un maître de son choix ou se donner sa propre voie en fondant sa *tarîqa* s'il a la capacité d'y parvenir. Depuis que le *taçawwuf* (le mysticisme musulman) est devenu une forme de religiosité admise dans les sociétés musulmanes, celles-ci ont connu une floraison de *"turuq"* (pluriel de tarîqa) qui cohabitent entre elles et avec d'autres formes de religiosité : celle des docteurs qui privilégient le sens scripturaire ; celle des politiques pour qui le religieux est avant tout un moyen de légitimation de leur action ; celle des intellectuels humanistes pour qui la religion est avant tout une foi personnelle ; celle du commun des croyants prêt à accepter n'importe quel bricolage lui permettant de trouver dans le sacré, les moyens de rendre la vie un peu plus vivable, pour paraphraser celui-là même qui dit que la religion est "l'âme d'un monde sans âme", mais qu'elle est aussi "l'opium du peuple".

Outre la notion de *tarîqa* dans le *taçawwuf*, la représentation du religieux comme voie (s) peut trouver son fondement dans sa définition comme minhâj au sens où l'utilise Ibn Taymiyya dans son célèbre *Minhâj as-Sunna (la voie de la Tradition)* dont le mobile était de faire cette voie contre celles que préconisaient les soufis et surtout des shî'ites comme le 'Allâma al-Hillî dans son non moins célèbre *Minhâj al-Karâma (la voie de la grâce)*. Ce terme n'est d'ailleurs pas étranger à la conception coranique des faits religieux définis comme procédant de la volonté divine de donner à *"chacun* (des peuples) *une shir'a et un minhâj"* (Coran, 5-48).

Le terme *shir'a*, qui se trouve dans ce verset associé à *minhâj*, par une sorte de redondance très courante dans le style coranique, renvoie à un autre terme, très galvaudé de nos jours : celui de *sharî'a*. Le sens coranique de ce terme n'a rien à voir avec celui que lui ont assigné les juristes-théologiens. De nos jours, on entend par *sharî'a* Loi sacrée, intangible, imprescriptible et incontournable parce que "révélée" et d'origine divine. Une telle Loi n'existe pas plus en islam que dans n'importe quelle autre religion. Le sens coranique de ce terme est plus proche de voie que de loi. C'est d'ailleurs l'usage qu'il avait dans la langue arabe à l'époque de l'avènement de l'islam. En effet, le terme *sharî'a* avait alors le double sens de "source d'eau" et de "voie menant à une source d'eau". On en dérive des verbes qui signifient aujourd'hui légiférer, et qui voulaient dire à l'époque, amener le bétail s'abreuver ! Le sens de Loi n'apparaîtra qu'ultérieurement lorsque se constitueront des codes juridiques dont on a voulu faire une source et/ou une voie sacrée à partir de laquelle doivent être déduits les jugements et les qualifications légales *(ahkâm)* de tout acte humain.

Mais, en quoi la définition de l'islam comme voie (s), par référence à la signification originelle du mot *sharî'a*, et à la notion de *minhâj*, peut-elle résoudre le problème de celui qui cherche à approcher la religion comme une pluralité de voies ?

Cela dépend de la manière dont on conçoit la voie : est-ce une voie unique, déterminant un sens unique que tout un chacun doit adopter ? Ou s'agit-il de la voie que chacun doit trouver à partir de là où il se trouve dans le temps et dans l'espace, en s'aidant de repères indicatifs que la religion lui fournit et qu'il doit interpréter par lui-même en fonction de sa situation, de sa culture, de ses problèmes et des questions qu'il se pose ?

Dans la première acception, le religieux ne peut pas être approché comme une multitude de voies. Le sens n'est pas le résultat d'une quête personnelle. Il est là, il est le sens pour tous et il s'impose comme une fatalité. Nous n'avons qu'à suivre le guide (l'imâm) comme un troupeau doit suivre le pasteur. Ce faisant on retombe dans une autre forme d'absurdité où l'humain n'est pas maître du sens donné à sa vie, à ses actes et à ses relations avec les autres et avec le monde. Il n'est pas très différent du *zombi* qui a besoin d'un *gourou* qui pense et décide pour lui de tout ce qu'il doit faire. Il est noyé dans un *trop plein de sens*, situation qui n'est pas plus enviable, du point de vue de ce qui fait la dignité d'un être humain, de celui qui "végète" faute de sens. Une telle conception du religieux ne procure du sens que pour ceux qui jouent le rôle du gourou ou du pasteur, du guide suprême et infaillible, du tuteur des consciences. Elle ne peut être acceptée que par ceux qui sont forcés de renoncer à leur condition de personnes libres pour devenir un troupeau confiant et docile, des zombis. Heureusement l'humanité, dont les croyants de toutes les religions, n'est pas faite que de pasteurs et de moutons dociles, de tuteurs et d'éternels mineurs, de gourous et de zombis.

C'est pourquoi, il a toujours existé en islam, comme dans les autres religions, des gens qui vivent la *sharî'a* comme un ensemble de repères, de signes *('ayât)* que chacun a le droit d'interpréter pour trouver la voie qui lui permet de donner un sens à sa vie. Ces repères sont *"le bien et la justice"* que beaucoup de penseurs musulmans considèrent comme étant la seule obligation qui s'impose dans le domaine des *mu'âmalat* (ce qui concerne les relations entre les humains) conformément au verset coranique stipulant : *"Dieu ordonne le bien et la justice"* (16-90).

Même si le discours religieux dominant ressasse depuis des siècles le contraire en présentant la religion comme une voie, une loi, une vérité, uniques et exclusives, la pratique que les musulmans ont de leur sacré est loin d'être monolithique. Ceux-là mêmes qui insistent sur l'unité, voire l'unicité, de la vérité et de la voie que représente la religion, sont les premiers à démentir cette profession de foi. Il suffit, pour s'en convaincre, de comparer leurs discours sur cette vérité et cette voie : chacun l'interprète à sa manière et chacun développe sa propre voie. C'est la raison pour laquelle il est plus judicieux de parler de faits islamiques ou de voies de l'islam que de l'islam au singulier.

Les exigences d'une approche laïque des faits religieux commandent de considérer toutes les voies — de l'islam ou de toute autre religion — sur un pied d'égalité, sans en privilégier une en la considérant comme orthodoxe, et sans discriminer d'autres en les présentant comme des "sectes" sous prétexte qu'elles sont minoritaires ou que la majorité des fidèles de la religion considérée les rejette. Ces mêmes exigences nous obligent à rompre avec la tradition qui a toujours étudié les voies minoritaires à travers ce qu'en disent les sources consacrées de l'expression hégémonique. C'est pour cette raison que ce travail a cherché, dans la mesure du possible, de définir les conceptions et les pratiques des différentes composantes de l'islam à partir de leurs sources, en les croisant avec ce qu'en disent leurs contradicteurs ou des recherches dont les préoccupations n'ont rien à voir avec les querelles entre musulmans.

NOTES

1. Ces expressions sont empruntées à M. Arkoun, et plus particulièrement à l'ouvrage qu'il a écrit avec L. Gardet : *L'islam, hier-demain*, Éd. Buchet-Chastel, Paris, 1978, p. 118.

2. Voir à ce sujet Mohamed-Chérif Ferjani, «Éléments pour une étude laïque des religions», dans : *Enseigner l'histoire des religions*, Édition CRDP de Franche-Comté, 1992, pp. 249-253, et M. Clévenot, «Qu'est-ce que la religion ?» dans : *États du monde des religions*, Ed. La Découverte-Le Cerf, Paris, 1987, pp. 376-379.

CHAPITRE 1
L'ISLAM DANS LE MONDE AUJOURD'HUI

Avec près de 1 160 000 000 (un milliard 160 millions) d'adeptes à travers le monde, l'islam est la deuxième religion de l'humanité après le christianisme. Il y a moins de dix ans, les musulmans étaient moins nombreux que les catholiques (837 308 700 musulmans pour 886 698 600 catholiques en 1986). Aujourd'hui, la situation s'est inversée, mais le christianisme, avec ses différentes églises, reste la première religion du monde avec près de 1,4 milliard d'adeptes.

I — DIVERSITÉ DES PEUPLES ET DES CULTURES

1. ARABES ET MUSULMANS

Hormis les spécialistes, il existe une tendance commune aux Français et aux Maghrébins, à confondre Arabe(s) et musulman(s), arabité et islam.

Cette confusion est fondée sur des raccourcis qui sont le produit de l'histoire des rapports entre la France et l'Afrique du Nord. Des deux côtés, on a pris l'habitude de s'identifier par rapport à une dichotomie opposant l'arabo-musulman, avec comme prototype le maghrébin, à l'européo-chrétien dont le Français serait l'archétype. Cette opposition a été à l'origine des mythes identitaires qui ont fini par occulter la réalité pluriconfessionnelle, pluriculturelle, pluriethnico-linguistique de l'Afrique du Nord au profit du mythe d'une identité homogène arabo-musulmane. C'était plus simple et tout le monde croyait y trouver son compte. Les minorités — parfois majoritaires — qui ne se reconnaissaient pas dans cette opposition, trouvaient dans les avantages que leur assurait l'assimilation à un camp ou à un autre des raisons suffisantes pour taire leur insatisfaction. Il en fut ainsi, à titre d'exemple, pour les juifs arabes et berbères d'un côté, et pour les berbères de l'autre. Ce qui importait — et importe encore pour beaucoup — ce n'est plus ce qu'on est réellement, mais la position qu'on a — ou qu'on estime intéressante d'avoir — par rapport à la dichotomie principale opposant les arabo-musulmans aux européo-chrétiens.

Il a fallu les crimes nazis pour faire découvrir à l'Europe le complément juif de son identité. De même, il a fallu la jacobinisme du F.L.N. et l'intégrisme du F.I.S. pour rappeler la dimension berbère de l'identité algérienne et nord-africaine. Que faudra-t-il pour que l'Europe prenne conscience des autres dimensions de son identité dont celle qu'elle doit à l'islam et à l'autre rive de la Méditerranée ? Quelles autres catastrophes devra-t-on subir pour que les mondes arabe et musulman reconnaissent de leur côté, les composantes juive, africano-animiste, gréco-romaine, occidentale… de leur identité ? Peut-on espérer y parvenir, d'un côté comme de l'autre, sans revoir de nouveaux crimes de même nature que l'épisode nazi ? Il faut l'espérer en sachant qu'aucun peuple n'est à l'abri de la tentation de succomber aux démons que l'Allemagne a connus ! Ce qui se passe aujourd'hui dans divers points de notre planète, et auquel on assiste avec l'impuissance et les hésitations que le monde a connu dans l'entre deux guerres est là pour nous le rappeler.

Outre les raccourcis liés à l'opposition entre une Europe chrétienne et un monde arabo-musulman, subsiste la confusion entre Arabe(s) et musulman(s) par des facteurs liés à l'origine de la religion musulmane : l'islam est apparu en Arabie, son prophète est arabe, ses textes fondateurs, dont le Coran, sont d'abord des textes arabes. Pendant les trois premiers siècles de son existence, le fait islamique était principalement tributaire de l'hégémonie politique et culturelle des arabes. Durant des siècles, l'arabe était à l'islam ce que le latin fut au christianisme occidental. Cela explique que l'arabe reste la langue liturgique de la quasi totalité du monde musulman.

Cependant si ces raisons permettent de comprendre l'origine de la confusion entre arabe(s) et musulman(s), elles sont loin de pouvoir en excuser l'absurdité.

Le premier indicateur de cette absurdité est la diversité confessionnelle qui a toujours caractérisé la composante arabe des pays à dominante islamique.

Sur les quelques 250 à 260 millions d'habitants que comptent les pays membres de la Ligue Arabe [1], plus de 20 millions ne sont pas musulmans. L'essentiel des Arabes non musulmans est rattaché aux différentes églises chrétiennes du Proche-Orient. Le nombre des juifs arabes ou des pays de la Ligue Arabe, a diminué sous l'effet de la décolonisation, de la création de l'État d'Israël et des conflits qui l'ont opposé à ses voisins arabes. De même pour les Bahâ'î dont le nombre a diminué du fait de la menace et des pressions des mouvements islamistes. Par ailleurs, il est important de remarquer que les différentes statistiques ne tiennent jamais compte des intellectuels arabes qui sont athées ou agnostiques. Même les états officiellement laïques, comme la Syrie et l'Irak, refusent de reconnaître le statut de sans religion [2].

2. LES GRANDES COMPOSANTES DU MONDE MUSULMAN

Un autre indicateur de l'absurdité de la confusion entre Arabe(s) et musulman(s) est le poids démographique des arabes dans le monde musulman. Les musulmans arabes ne représentent que quelques 15 à 20 % du nombre total des musulmans à travers le monde : quelques 230 millions sur près d'un milliard 160 millions. Cette proportion diminue si l'on retranche la population non arabophone des pays membres de la Ligue Arabe : les Berbères de l'Afrique du Nord, les Kurdes d'Irak et de Syrie, les Noirs non arabophones du Soudan, de Djibouti et de Somalie, les minorités assyro-chaldéennes, arméniennes, etc., du Proche-Orient.

La composante arabe du monde musulman vient derrière le premier grand ensemble que constituent les musulmans du sous continent indien : près de 350 millions entre le Bengladesh (111 millions), le Pakistan (130 millions) et l'Inde (112 millions). Le reste des musulmans se répartit de la manière suivante :

- le Sud-Est asiatique où l'on dénombre près de 200 millions de musulmans avec principalement l'Indonésie (175,3 millions), la Malaisie (10,2 millions), les Philippines (3,5 millions), le Sri Lanka (1,6 millions) ;
- l'aire turco-iranienne où l'on compte également près de 200 millions de musulmans répartis entre l'Iran (près de 65 millions), la Turquie (61 millions), l'Afghanistan (23 millions), les ex-républiques soviétiques (51 millions) ;
- les pays d'Afrique, non membres de la Ligue Arabe où le nombre de musulmans s'élève à près de 145 millions de personnes (principalement au Nigéria, en Éthiopie, en Tanzanie, au Mali, au Sénégal, au Tchad, au Niger, en Guinée, au Ghana, au Burkina Faso, au Cameroun, en Côte d'Ivoire, etc.).

En dehors de ces ensembles, et même dans plusieurs pays de l'Afrique sub-saharienne, de l'Asie centrale et du Sud-Est, il existe des minorités musulmanes dont le nombre et le poids sont de plus en plus importants. C'est le cas des musulmans de Chine dont le nombre estimé est de quelques 15 à 20 millions. On y distingue les Ouïgours, qui sont de même origine que les peuples turcs d'Asie centrale et de l'Asie Mineure, et les Huis qui sont de souche chinoise. Les musulmanes de Chine se distinguent de leurs consœurs par la construction de mosquées où les imams sont, fait rare, de sexe féminin.

L'Europe centrale et l'Europe orientale ont également leurs minorités musulmanes dont la présence remonte à l'Empire ottoman au xve siècle. On en trouve en Albanie avec près de 1 million de personnes, dans l'ex-Yougoslavie, plus particulièrement en Bosnie où l'on comptait quelques 2,3 millions de musulmans, en Bulgarie (près d'un million), ainsi qu'en Grèce, en Roumanie, à Chypre, etc..

L'Europe occidentale a vu se constituer, avec les flux migratoires, des minorités musulmanes d'importance inégale. Ainsi, l'islam est devenu la deuxième religion de France avec une population estimée, selon les sources, entre 3,5 et 4,3 millions de musulmans. L'Allemagne compte également une importante minorité musulmane dont le nombre est estimé à quelques 2 à 2,5 millions. Il en est de même pour la Grande-Bretagne : entre 1 et 2,5 millions selon les sources. Des minorités moins importantes existent en Italie, en Espagne, en Suisse, en Autriche, aux Pays-Bas, en Belgique et dans les pays scandinaves. Le nombre total des musulmans en Europe occidentale se situe entre 7 et 10 millions [3].

Dans le continent américain, on dénombre une population musulmane de 6 à 7 millions de personnes. Les États-Unis comptent à eux seuls plus de 4 millions de musulmans : une partie provient d'une immigration dont les débuts remontent au siècle dernier ; l'autre partie est constituée par les Black-Muslims, de conversion récente.

En Amérique latine, le nombre de musulmans dépasse les deux millions avec près d'un million dans les Caraïbes, quelques 750 000 en Argentine, environ 450 000 au Brésil. La présence de l'islam dans cette partie du monde est liée à l'immigration en provenance des provinces arabes de l'Empire ottoman au Proche-Orient avant la première guerre mondiale ; un grand nombre de Syriens, de Libanais et de Palestiniens fut obligé de partir pour fuir la persécution engendrée par la politique de turquification qui a marqué la fin de l'Empire ottoman après l'échec de la politique des Tanzimat. Il existe des musulmans en nombre moins important dans d'autres pays d'Amérique latine.

La politique du Canada favorable à l'immigration est à l'origine de la présence de près de 150 000 musulmans dans ce pays.

II — LE MYTHE DE L'UNITÉ DE LA 'UMMA MUSULMANE

Malgré la grande diversité des cultures, des sociétés et des systèmes auxquels participent les musulmans à travers le monde, l'islam est souvent présenté dans les médias, par les spécialistes comme par un certain discours musulman, comme un monde monolithique, fermé à toute évolution, source de tous les dangers pour la civilisation moderne et pour l'ensemble de l'humanité.

Cette image tire sa force de la démarche qui consiste à présenter l'islam comme étant simultanément :

- une religion (*dîn*, ou *milla*) avec ce que tous les faits religieux impliquent au plan des croyances constitutives de la foi *('aqîda)*, des obligations cultuelles *('ibâdât)* et des règles concernant les "devoirs" de l'être humain à l'égard de soi-même, de ses semblables et du monde dans lequel il vit (mu'âmalât) ;

- un système éthico-politico-juridique (le califat, l'*imâmat* ou l'État islamique) fondé sur la *sharî'a* qui serait une loi révélée, intangible, immuable fixant une bonne fois pour toutes le statut de toute chose, et les règles qui doivent régir les rapports et les comportements individuels et collectifs de tous ceux qui se réclament de l'islam ;

- une communauté à la fois spirituelle et politique (la *'umma* présentée comme étant exclusivement *"la communauté spirituelle et politique des musulmans"*) ou *"le système politique (...) sur lequel règne le souverain (calife ou 'imam)"*, *"la communauté islamique universelle et unique, qui embrasse tous les pays sur lesquels est établie la domination musulmane et prévaut la loi islamique"*, selon les affirmations de B. Lewis [4] ;

- un territoire : *dâr al-'islâm* (domaine de l'islam) à l'intérieur duquel la guerre est prohibée en tant que *fitna* (sédition), contrairement à *dâr al-harb* (domaine de la guerre) dans lequel la guerre serait non seulement licite mais une obligation en tant que *jihâd* (interprété exclusivement comme étant la guerre sainte pour répandre l'islam et qui ne devrait s'arrêter qu'avec *"la 'umma généralisée"*, pour reprendre une expression de B. Etienne [5] ;

- des réalités historiques, géopolitiques et sociales représentées par les différentes sociétés musulmanes ;

- une civilisation : celle des pays musulmans : ainsi parle-t-on d'art musulman, de sciences islamiques, d'architecture musulmane, de philosophie islamique, etc.

M. Arkoun déplore les confusions engendrées par l'utilisation du *"terme islam et de ses dérivés (islamique, musulman)" "dans des expressions aussi diverses que monde, État, pays islamique (ou musulman), pensée, théologie, philosophie, droit, art musulman, etc."* [6]. Il s'élève contre *"les arbitraires, les confusions, les amalgames qu'entraîne la désignation par un même vocable, l'islam, de réalités massives et extrêmement différenciées"* [7]. Tout en attirant l'attention sur *"l'inadéquation de ce terme (islam) pour désigner des transformations historiques, des pratiques politiques, économiques, culturelles non seulement séculières, mais empruntées à l'Occident capitaliste et libéral"* [8], il remarque que de telles confusions ne sont pas commises lorsqu'il s'agit de la chrétienté et des réalités auxquelles elle est corrélée.

Ces confusions — qui ne sont pas complètement étrangères, nous le verrons, aux réalités présentes et anciennes du monde musulman — font dire aux observateurs étrangers et aux spécialistes que l'islam est une religion qui *"... présente la particularité remarquable dans la grande famille des religions monothéistes, de lier étroitement, structurellement, problèmes théologiques et problèmes politiques"* [9], selon M. Rodinson reprenant la thèse chère à B. Lewis. Celui-ci nous avertit : *"rendez à César ce qui est à César, et à Dieu ce qui est à Dieu". Voilà qui est certes de bonne doctrine et pratique chrétiennes, mais rien n'est plus étranger à l'islam. Les trois grandes religions du Proche-Orient présentent des différences significatives dans leur rapport avec l'État, et leur attitude envers le pouvoir politique. Le judaïsme, associé originairement à l'État, s'en est dégagé par la suite, son récent face à face avec l'État, dans les circonstances présentes, soulève des problèmes qui ne sont pas encore résolus. Le christianisme, lors de ses siècles de formation est demeuré distinct de l'État, voire dressé contre lui, et il ne devait s'y intégrer que bien plus tard. Quant à l'islam, déjà du vivant de son fondateur, il était l'État, et l'identification de la religion et du pouvoir est inscrite de manière indélébile dans la mémoire et la conscience des fidèles, sur la foi de leurs propres textes sacrés, de leur histoire et de leur vécu"* [10]. Insistant sur la spécificité du rapport de l'islam à l'État, il ajoute : *"... dans l'islam la religion n'est pas, comme c'est le cas dans le christianisme, un secteur ou une province de la vie, réglementant certains domaines, tandis que d'autres échappent à son emprise ; la religion islamique intéresse la vie toute entière, exerçant une juridiction non point limitée, mais globale. Dans une société de ce type, l'idée même d'une séparation de l'Église et de l'État est dénuée de sens, pour autant qu'il n'y a pas deux entités susceptibles d'être dis-*

jointes, l'Église et l'État, le pouvoir religieux et le pouvoir politique, ne font qu'un. L'arabe classique, tout comme les autres langues classiques de l'islam, ne possède pas de couple d'opposition sémantique recouvrant la dichotomie chrétienne entre le laïque et l'ecclésiastique, le temporel et le spirituel, le séculier et le religieux, la raison en est que ces couples d'opposition connotent une dichotomie propre au christianisme, laquelle n'a pas d'équivalence dans le monde de l'islam" [11]. Ne parlons pas des pamphlets et des discours animés par des mobiles idéologiques nourris de xénophobie et d'hostilité à l'égard de tout ce qui a trait au monde musulman.

De là à conclure à la manière d'E. Renan au XIXe siècle que l'islam est la cause du "retard" du monde où il domine, il n'y a qu'un pas que beaucoup franchissent sans hésitation. Alors que partout ailleurs, le religieux est relativisé comme un fait de l'histoire, de la culture, de la société dont il participe, à la fois comme produit déterminé et comme facteur déterminant, l'islam est présenté quasi exclusivement comme un fait au-dessus des contingences de l'histoire, de la culture et de la société. On lui attribue le rôle d'un facteur surdéterminant tout ce qu'ont connu et connaissent les sociétés qui s'en réclament dans tous les domaines. Ce ne serait pas le niveau de développement économique, politique, culturel, etc., des sociétés musulmanes qui déterminerait la manière dont les musulmans vivent, se représentent et pratiquent leur sacré, mais plutôt l'islam, qui déterminerait l'état de ces sociétés !

Dans le même sens, P. Balta affirme que *"L'islam, il faut le savoir, est à la fois religion, loi, morale, style, culture (...)"* [12]. Après avoir brossé un tableau des différentes réalités de l'islam dans le monde, il ajoute à propos des *"musulmans de Côte d'Ivoire, du Sénégal ou de Tanzanie"* qu'ils *"ne sont pas tous des croyants parfaits (sic !). Leur connaissance du Coran est souvent notoirement insuffisante, et ils ne respectent pas toujours les interdits. Toutefois, ils participent intensément à un mode de vie islamique : leur vie de tous les jours est marquée par une sociabilité musulmane, une façon d'être liés les uns aux autres, de s'entraider"* [13].

Les mêmes fantasmes quant à l'unité de la *'umma* musulmane font dire à Camille Lacoste-Desjardin qui en oublie les notions élémentaires de la sociologie qu'elle a pratiquée en Algérie : *"répandue très largement à travers l'Afrique, l'Asie centrale et du sud-est, la religion musulmane compte environ 900 millions de fidèles. C'est dire qu'environ 450 millions de femmes appartenant à la 'umma, la communauté musulmane (sic !), 450 millions de femmes sont gouvernées par les mêmes lois, malgré la diversité des sociétés et des états où elles vivent. Les musulmans reconnaissent tous en effet, le caractère sacré de la langue et du contenu du Coran, le plus récent des Livres Saints qui réunit les révélations reçues par le prophète Muhammad"* [14].

On peut multiplier les exemples sur cette vision réductrice des réalités musulmanes qui, nous le verrons, sont beaucoup plus complexes, plus contradictoires que ne le laisse croire ce genre de présentation.

Beaucoup, pour ne pas dire la plupart, des musulmans, peuvent, plus ou moins, se reconnaître dans cette vision, mais en l'interprétant de façon diamétralement opposée : là où les autres voient une dimension totalitaire, ils voient une forme de perfection qui "ne laisse rien au hasard" ; là où certains pourraient identifier des inconvénients ou des aspects négatifs, ils perçoivent des avantages et des aspects positifs.

En effet, cette vision puise ses éléments dans les conceptions que la plupart des musulmans continuent à avoir de leur sacré et de la place qu'il devrait avoir dans leur vie. Pour comprendre ces conceptions, il est important de saisir leur imbrication avec les conditions historiques et culturelles par lesquelles passe le monde musulman. Si les progrès — inégaux et incohérents, certes, mais incontestables — de la sécularisation dans les sociétés occidentales permettent une certaine distinction — du reste pas toujours évidente — entre le sacré et le profane, les faits religieux et les autres faits socio-culturels, et, par là même, une relativisation de la norme religieuse, il n'en est pas de même pour les sociétés qui ne sont pas encore sorties de leur Ancien Régime, comme c'est précisément le cas dans les pays musulmans. Les conceptions traditionnelles qui continuent à participer de la structuration de l'imaginaire collectif de ces sociétés ne permettent pas encore ce genre de distinction et de relativisation. Le retour de l'Ancien — dont celui du religieux, comme norme socio-politique — que les crises des différents modèles de la modernité favorisent dans tous les pays de la planète, n'est pas de nature à faciliter le dépassement de ces conceptions. Le développement des mouvements à idéologie islamiste, qui est l'une des formes les plus spectaculaires de ce retour, semble pousser en sens inverse. On assiste, sous l'effet de ces mouvements, à une extension — du moins en apparence — du champ du sacré au point que la religion semble se mêler de tout et que tout est dans la religion.

Par ailleurs, les sources les plus autorisées des différentes obédiences de l'islam semblent conforter cette vision commune aux islamistes, aux autorités traditionnelles, à la plupart des pouvoirs politiques, à la majorité des musulmans et des spécialistes de l'islam.

Ces conceptions tirent leur force d'une longue tradition d'occultations, de raccourcis, de réductions et d'aménagements nécessités par l'idéologisation de l'islam devenu la principale source de légitimation : de l'État et de la révolution, des stratégies individuelles et collectives, de tout ce que l'on veut imposer à l'autre au nom de la religion faute d'autres arguments à faire valoir, quitte, pour cela, à faire subir au sacré tous les travestissements nécessaires afin qu'il puisse servir la cause et son contraire.

On ne peut comprendre le décalage qui existe entre cette vision — idyllique pour les uns, cauchemardesque pour les autres — et la réalité des faits islamiques — qui ne sont pas moins divers, moins contradictoires, moins conflictuels que n'importe quels autres faits religieux — que par un retour à la genèse et à l'évolution historique des faits islamiques.

Le souci d'éviter les confusions que déplore, à juste titre M. Arkoun, se traduit ici par le choix délibéré de ne parler que de ce qui a trait aux faits religieux : la philosophie, la littérature, la calligraphie, l'architecture, l'économie, l'organisation sociale et politique, etc., qu'un certain orientalisme et une certaine tradition arabo-musulmane ont pris l'habitude d'inclure dans l'étude de l'islam, ne seront abordés que dans la mesure où ils ont impliqué un engagement religieux ou, lorsque c'est nécessaire, pour démystifier les tendances à leur donner un caractère religieux.

Cette démarche nous permettra de voir dans un premier temps quels sont les faits fondateurs dont se réclament tous les musulmans et qui sont à la base de la vision mythique d'une communauté musulmane monolithique.

Nous verrons ensuite les processus par lesquels l'unité originelle, sur la base des premiers faits fondateurs, a très vite débouché sur une seconde série de faits fondateurs des différentes voies exprimant la diversité de l'islam.

NOTES

1. L'arabité se définit par référence à ces pays dont la langue officielle est l'arabe. Cette définition conduit à des aberrations assimilant à des arabes une grande partie des populations de ces pays alors qu'elles ne sont pas arabophones : les Berbères, les Kurdes, les Somaliens, une partie importante des Soudanais, etc..

2. L'agnosticisme et l'athéisme ont été revendiqués, depuis le XIXe siècle, par des intellectuels qui ont adhéré aux différentes doctrines et idéologies modernes : le positivisme, le darwinisme, le matérialisme, l'existentialisme, etc. Les figures les plus célèbres représentant ces courants sont Chihlî Shumayyit, Ahmed Zaki, Abderrahman Badawî, Sâdiq Jalât al-'azm, etc.. Rappelons à cet égard que les cheikhs de la Zitouna ont essayé dans les débats de l'Assemblée constitutionnelle tunisienne à la fin des années 1950, d'empêcher l'adoption de l'article relatif à la liberté d'expression et de conscience en prétextant que cela voulait dire qu'un athée pourrait dire que Dieu n'existe pas. Le débat fut tranché par une intervention de Bourguiba rétorquant : *"et pourquoi, n'aurait-il pas le droit de le dire s'il le croit ?"*

3. Sur les différences entre ces chiffres, voir le remarquable numéro de la revue Projet consacré aux musulmans en terre d'Europe (n°231, automne 1992), ainsi que l'*État du monde des religions*, op. cit, et *L'Islam dans le monde* de P. Balta, op. cit.

4. B. Lewis, *Le langage politique de l'islam*, Gallimard, Paris, 1988, pp.150 et 55.

5 B. Etienne, *L'islam radical*, Hachette, Paris, 1985.

6. M. Arkoun, et L. Gardet, *L'islam, hier-demain*, éd. Buchet-Chastel, Paris 1978, p. 138.

7. M. Arkoun, *Islam, morale et politique*, Desclée de Brouwer, Paris, 1985, p. 61.

8. *Ibid.* p. 62.

9. Cf. Préface de *Les assassins* de B. Lewis, Berger-Levraut, 1982.

10. B. Lewis, *Le retour de l'islam*, Gallimard, Paris 1985, pp. 374-375.

11. Ibid.

12. P. Balta, *L'islam dans le monde*, Paris, La Découverte-Le Monde, 1986, p. 7.

13. Id. p. 233.

14. Dans *L'État du monde des religions*, Paris, La Découverte - le Cerf, 1987, p. 568.

CHAPITRE 2
LES FAITS FONDATEURS DE L'ISLAM

I — LES CONDITIONS DE L'AVÈNEMENT DE L'ISLAM

L'islam est apparu en Arabie au début du VIIe siècle de l'ère chrétienne. De l'histoire de l'Arabie, avant cette époque, on connaît peu de choses sinon des fragments rapportés par les récits qu'on a commencé à écrire près d'un siècle après l'avènement de l'islam, lorsque la civilisation de l'écrit a fini par s'imposer face aux résistances d'une civilisation jusqu'alors dominée par l'orature. L'établissement de ces récits s'est appuyé sur le Coran, les témoignages oraux transmis de génération en génération dans le cadre de la mémoire des différentes tribus et la poésie attribuée à des poètes de la période antéislamique elle-même, jusqu'alors non écrite. C'est ce qui faisait dire aux maîtres de l'historiographie arabe que la poésie est le recueil *(dîwân)* permettant de connaître la vie et les mœurs des Arabes. Certains spécialistes en ont conclu que le Coran est un texte sans con-texte(s) (au sens où nous n'avons pas de textes qui en sont contemporains et qui nous permettent de le contextualiser sans problèmes). Bien au contraire, c'est à travers son texte, qu'on peut avoir une idée de son contexte.

Ce que l'on connaît avec certitude de l'Arabie antéislamique, c'est ce qui s'est perpétué à travers les traditions tribales, confirmé par les recherches archéologiques concernant le Nord et le Sud de l'Arabie. Dans ces régions, la sédentarisation, le développement de l'agriculture et les retombées du commerce lointain ont favorisé l'émergence d'une civilisation de l'écrit dont nous commençons à accumuler des traces suffisamment importantes pour rendre intelligible la préhistoire de l'Arabie qui a duré pratiquement jusqu'à l'avènement de l'islam.

Les différentes sources s'accordent pour dire que l'Arabie dans laquelle l'islam est advenu, vivait une période de transition d'une société dominée par les pasteurs nomades (les bédouins désignés par le terme *'A'râb*, et dont le Coran dit qu'ils sont "les plus mécréants") vers une société soumise à l'hégémonie d'une oligarchie citadine dont les intérêts dépendaient, de plus en plus, du commerce caravanier et du pèlerinage à La Mekke.

Cette transition était le fait de mutations qui bouleversaient les fondements de l'antique organisation tribale. Celle-ci reposait sur la solidarité de sang entre les membres d'une tribu liés par la reconnaissance d'un ancêtre commun, réel ou mythique. La tribu se trouvait assimilée à une grande famille soudée par des liens de parenté dont procédait un esprit de corps et une forte identification entre chaque membre et le groupe tribal. Il en résultait une soumission totale des individus à la vie du groupe ; mais l'esprit de corps donnait à cette soumission le caractère d'"*une dépendance naturelle*" à "*l'égard des choses*" que Rousseau opposait à la "*dépendance sociale à l'égard des hommes*" : "*la dépendance à l'égard des choses* — dit Rousseau — *n'ayant aucune moralité, ne nuit pas à la liberté et n'engendre point de vice, la dépendance des hommes étant subordonnée les engendre tous et c'est par elle que le maître et l'esclave se dépravent mutuellement*" [1]. Dans le système tribal, la liberté de l'individu se confond, en effet, avec celle de son groupe. Ses droits se confondent avec ceux que sa tribu impose — par sa force, sa cohésion et la solidarité de ses membres — aux autres.

Généralement, toute tribu est — ou aspire à être — une communauté autonome, sinon aux dépens d'autres tribus, du moins en échappant elle-même au sort qu'elle voudrait leur réserver. La forte identification à la tribu n'exclut pas l'appartenance à des groupes hétéronomes au sein du groupe tribal. Bien au contraire, elle s'inscrit dans un emboîtement de solidarités concentriques se renforçant de proche en proche, selon l'adage tribal : "*Mon frère et moi, contre mon cousin ; mon cousin et moi, contre les voisins !*" La communauté hétéronome la plus réduite est constituée par une famille ayant un ascendant commun, de sexe masculin, encore en vie. La disparition de celui-ci entraîne souvent l'éclatement de la famille dont il était le chef en autant de familles qu'il a de descendants de sexe masculin, sans ascendants vivants du même sexe. Les familles ainsi constituées forment entre elles un faisceau de solidarité face à d'autres faisceaux avec lesquels elles ont par ailleurs des solidarités qui les opposent toutes à un ou d'autres clan(s) distinct(s) du leur. Les différents clans, tout en faisant valoir leurs intérêts les uns par rapport aux autres, sont soudés par la solidarité tribale qu'exige la razzia, interdite au sein de la tribu, mais autorisée, voire obligatoire, à l'égard des autres.

Comme l'analyse Ibn Khaldoun dans sa fameuse *Muqaddima* [2], l'esprit de corps qui cimente le groupe tribal se renforce ou/et s'affaiblit en fonction de plusieurs facteurs dont le sentiment de sécurité ou d'insécurité matérielle ou militaire : les périodes de sécurité sont favorables à un relâchement des solidarités qui peuvent aller jusqu'à l'épanouissement d'un certain individualisme hédoniste ; par contre, les périodes d'insécurité sont plus favorables à la xénophobie et, par là, au réveil des "solidarités mécaniques" fondées sur toutes sortes d'appartenances, dont la solidarité tribale. Ces comportements ne sont d'ailleurs pas une caractéristique propre au système tribal. La situation dans le village qu'est devenue notre planète nous fournit tous les jours des exemples très significatifs à ce sujet.

Le système tribal que connaissait l'Arabie, avant les mutations dans lesquelles s'inscrit l'avènement historique de l'islam, était caractérisé par l'absence de disparités sociales au sein de la même tribu. Celle-ci était à la fois une unité économique, sociale, politique et militaire où la solidarité — exigée par la razzia — et les conditions de vie difficiles ne laissaient pas beaucoup de place à l'enrichissement des uns au détriment, ou à l'exclusion, des autres. Le recours à l'esclavage, largement pratiqué par les civilisations voisines, était limité : la tribu comptait avant tout sur ses membres aussi bien pour l'activité économique, centrée sur l'élevage, que pour la guerre et la pratique de la razzia. Il n'en était pas de même au plan des relations hommes-femmes. Patriarcale, patrilinéaire et guerrière, l'organisation tribale donnait à la femme une place qui correspondait à son rôle essentiel de procréatrice et de gardienne de l'honneur de la tribu. Le caractère patrilinéaire et l'importance de la razzia pour la survie du groupe favorisaient, en outre, la polygamie : les techniques de guerre étant fondamentalement les mêmes, le nombre était un facteur décisif dans les rapports de force entre les tribus. Plus les membres masculins ont d'épouses — de la tribu et d'origine "étrangère", peu importe puisque la seule filiation qui compte est celle du père —, plus nombreux sont leurs enfants et plus ils contribuent à la suprématie guerrière du groupe. Pour cela, il fallait non seulement avoir plusieurs épouses, mais aussi que celles-ci mettent au monde le plus grand nombre d'enfants, et davantage de garçons que de filles. C'est pourquoi la femme stérile, ou qui n'avait que des filles, n'avait pas le même statut que la "mère d'hommes". Elle pouvait être répudiée comme elle pouvait voir son premier né, quand il était de sexe féminin, enterré vivant. Cependant, il est très difficile de généraliser cette situation faite aux femmes : les mœurs variaient d'une tribu et d'une région à l'autre. Dans certaines tribus, les femmes pouvaient avoir une place prééminente sans que cela remette en cause l'ordre patriarcal.

Au plan politique, la fonction principale était l'arbitrage des conflits entre les composantes de la tribu. Cette fonction était, selon les cas, exercée de façon collégiale par le conseil de la tribu ou par un *shaykh* (cheikh) — ou *sayyid* — choisi en fonction de paramètres liés à l'âge et à l'honneur ou la dignité. Les critères essentiels de l'honneur étaient le courage dans la défense du groupe, l'hospitalité à l'égard de l'étranger, valeur fondamentale dont dépendait la renommée de la tribu, le respect de la parole donnée et l'impartialité dans le jugement. Le cheikh, ou les membres du conseil de la tribu, ne recevaient aucune rétribution pour la fonction qu'ils exerçaient ; bien au contraire, ils devaient donner d'eux-mêmes (courage), de leur temps et de leurs biens, pour honorer leur charge et donner l'exemple dans la défense de l'honneur et des intérêts de la tribu. L'adage en la matière est ce vieux proverbe arabe : "le seigneur *(sayyid)* des gens est leur serviteur *(khâdim)*" qui peut être lu dans les deux sens à l'instar de la dialectique du maître et de l'esclave chez Hegel. C'est ce qui rendait leur autorité acceptable et vécue plus comme une nécessité naturelle que comme une domination tyrannique, même si, pour l'observateur extérieur, elle peut apparaître comme telle.

Le champ que recouvre l'autorité du conseil ou du cheikh, ne concerne que les relations inter-claniques et celles que la tribu — ou l'un de ses membres — a avec les autres. Les affaires intérieures au clan (entre les familles, par exemple) relèvent de l'autorité clanesque. Il en est de même pour les affaires internes à chaque famille : deux personnes appartenant à la même famille ne peuvent en aucun cas recourir à l'arbitrage du clan, ni à celui de la tribu. Non seulement il est inadmissible, mais il est inconcevable de faire appel ou d'accepter l'arbitrage d'un "étranger" à la communauté. Si l'on en vient à un tel recours, c'est que la solidarité est rompue et que l'on ne relève plus de la "volonté de vivre ensemble" qui définit la communauté. De telles ruptures sont souvent graves de conséquences et elles ne sont admises que sous la contrainte ou la peur de conséquences plus graves encore.

La grande marge d'autonomie laissée aux communautés hétéronomes composant la tribu, peut, quand elle est préservée, permettre l'agrégation de plusieurs tribus dans une organisation supratribale dans laquelle chaque tribu occupe le statut d'une communauté hétéronome. Une telle évolution ne peut être acceptée que pour des raisons vitales et dans la mesure où la structure interne et les prérogatives concernant les rapports entre ses composantes sont préservées. Elle peut être le fait d'une convergence momentanée d'intérêts comme elle peut s'inscrire dans un processus irréversible de constitution d'une société segmentaire où les tribus représentent des segments, à côté d'autres, à l'instar de ce que l'Arabie commençait à connaître avant l'avènement de l'islam.

Ce mode d'organisation s'accommode très mal de toute forme d'inscription territoriale. Dès que les tribus nomades se sédentarisent, le système commence à subir des transformations qui peuvent lui être fatales. C'est la raison pour laquelle, jusqu'à nos jours, la soumission des tribus nomades à l'autorité de l'État passe par des politiques de sédentarisation plus ou moins autoritaires. C'est aussi ce processus qui était à l'œuvre dans certaine régions d'Arabie, avant l'avènement du fait islamique sous l'effet de la sédentarisation autour des relais du commerce caravanier.

Au VIe siècle, ce processus s'est accéléré dans la région du Hijâz, et plus particulièrement à La Mekke, sous l'effet de la destruction du système agro-sédentaire de "l'Arabie Heureuse" (la fameuse *Arabia Felicia*) qu'était jusqu'alors le Sud de la presqu'île arabique avantagé par les moussons et le passage des routes du commerce lointain entre l'Afrique, l'Asie et l'Europe, via le Proche-Orient. Au début du vie siècle, le Roi du Yémen, Dhû Nawwâs (Domenios, dans les sources grecques), converti au judaïsme, et encouragé par les Sassanides perses, a cru de son devoir de venger les juifs persécutés par les Byzantins en persécutant les chrétiens de son pays. Cette politique a entraîné une intervention des Byzantins et de leurs alliés abyssins. Il s'en suivit une destruction dont cette région ne s'est jamais remise. On assista alors à un déplacement des populations et des routes du commerce lointain vers le Nord, renforçant ainsi le rôle de la région du Hijâz, et celui de La Mekke qui était déjà un important centre de commerce et d'échange entre les différentes tribus d'Arabie. La présence de l'eau et de la mystérieuse Pierre Noire — la Ka'ba — ont, depuis longtemps procuré à La Mekke une place importante au sein de l'Arabie. Les historiens situent au ve siècle la décision d'installer autour de la Ka'ba les principales divinités de l'Arabie antéislamique pour en faire un sanctuaire inviolable. Cette décision est attribuée à Quçay, qui revendiqua pour sa tribu, Quraysh, le monopole de garder ce sanctuaire et d'organiser toutes les activités, aussi honorifiques que profitables, liées au pèlerinage. L'œuvre de Quçay fut poursuivie et développée par ses descendants dont, en particulier :

- Hâshim, qui a obtenu pour les caravanes des tribus arabes, qui acceptent de s'allier à Quraysh, la garantie de commercer en toute sécurité, sur les territoires des puissances voisines ;

- 'Abd al-Muttalib, le grand-père de Muhammad, qui renforça le caractère spirituel et politique de son autorité, et celle de sa tribu, sur La Mekke et auprès des tribus alliées ; 'Abd al-Muttalib, selon différentes sources de l'historiographie musulmanes s'attribuait des prophéties relatives, entre autres, à des faits religieux comme l'ordre de creuser le puits sacré de Zimzim et le rôle exceptionnel qu'aurait, après lui, l'un de ses descendants.

La destruction de l'Arabie du Sud au début du VIe siècle et la victoire remportée par une large coalition de tribus arabes pour défendre La Mekke contre les troupes de l'Abyssin Abraha, en 570, ont consolidé la position de La Mekke et celle de la tribu de Quraysh. Les riches commerçants du Hijâz et de La Mekke voyaient dans ces événements un moyen d'élargir les alliances nécessaires, à la fois, pour se défendre contre les menaces des puissances voisines, et pour protéger les routes et les relais du commerce caravanier dont la région est devenue un carrefour incontournable. Pour mieux profiter de ce commerce, il fallait limiter la pratique de la razzia que s'autorisaient les tribus nomades en cas de nécessité. C'est pourquoi, les tribus, dont les intérêts étaient de plus en plus liés à ce commerce, essayaient de s'entendre pour imposer des périodes — déjà appelées les mois sacrés, dont le mois lunaire de ramadan —, puis des zones, où la razzia serait interdite. Dans cet objectif, des alliances, dans lesquelles les riches commerçants des relais tels que La Mekke occupaient une place importante, ont été nouées grâce aux sauf-conduits obtenus par Hâshim auprès des souverains des pays voisins.

Ce processus engendrait des mutations qui commençaient à ébranler les anciennes solidarités, en particulier au sein des tribus sédentarisées. Ainsi, à La Mekke, le système tribal, tel que nous venons de le décrire, a fait place à une configuration fortement marquée par les disparités générées par le mode de vie sédentaire fondé sur le commerce et des activités agricoles et artisanales marginales. Au sommet de l'échelle sociale, se trouvaient les grands propriétaires de biens immobiliers, de maisons de jeux, de maisons closes et de caravansérails. Ils vivaient à la fois du revenu de ces biens et du commerce auquel ils participaient avec leurs propres caravanes, de l'élevage confié à des bergers, de la culture dans les oasis où ils employaient des esclaves et des nomades ruinés, de l'usure, etc..

Au-dessous, se trouvaient les petits agriculteurs, éleveurs ou commerçants, liés au premier groupe auquel ils empruntaient pour participer au commerce caravanier. Outre l'usure, l'emprunteur était obligé d'hypothéquer, non seulement ses biens, mais aussi sa famille et sa propre personne. Souvent, ils finissaient par devenir des esclaves : les hommes servaient dans l'élevage, les travaux agricoles, la conduite des caravanes, l'armée ou les travaux domestiques ; les femmes dans les maisons de joie, jusqu'à l'acquittement de la dette contractée.

Aux environs de La Mekke, vivaient les nomades ruinés, les vagabonds attirés par l'activité de la ville, proposant leurs services pour charger et décharger les marchandises, s'occuper des caravanes, servir dans l'armée-police dont les riches commerçants se sont dotés pour protéger leurs biens, ainsi que la Ka'ba, contre les "vagabonds" et les "pillards" nostalgiques de la razzia, etc.

Au bas de l'échelle sociale, se trouvaient les esclaves noirs ramenés d'Afrique et faisant l'objet d'un commerce florissant. Marginal, voire inexistant dans l'ancien système tribal, l'esclavage commençait à devenir une véritable institution. On y distinguait les esclaves à vie, souvent des Noirs, et les esclaves momentanés, nomades et petits propriétaires ruinés contraints à la condition servile le temps de s'acquitter de leur dette à l'égard des riches usuriers.

A ces disparités sociales, il faut ajouter celles qui existaient désormais entre la société et ceux qui avaient la charge des affaires communautaires. Cette charge n'était plus une simple question d'arbitrage exercé d'une manière collégiale ou par un cheik élu sur la base des critères traditionnels de l'honneur et de l'âge. Elle a évolué vers une forme de système oligarchique disposant d'une armée et d'une force de police. Elle était désormais une affaire exclusivement entre les mains des riches commerçants qui l'utilisaient comme un moyen d'accroître leur fortune et de consolider leur prééminence par rapport au reste de la société. Ainsi, dans le conseil incarnant l'autorité à La Mekke, appelé "gouvernement des notables" *(hukûmat al-mala')*, les différents clans n'étaient plus représentés que par les plus riches d'entre eux, indépendamment de tout autre critère et quel que soit leur âge : l'un des futurs compagnons du Prophète de l'islam, 'Abû Bakr, siégeait à ce conseil à l'âge de vingt-cinq ans parce qu'il était le plus riche du clan de Banû Tamîm. La répartition des tâches au sein du conseil dépendait également des mêmes critères : c'était au clan le plus riche que revenaient la présidence du conseil et les principales fonctions. Ainsi, le clan de Banû 'Umayya (Omeyyades) — qui, outre la richesse, avait, en la personne de son chef, 'Abû Sufyân, un grand stratège — monopolisait les fonctions de chef de la tribu, de gardien des clefs du sanctuaire, de centralisation et de distribution des dons de charité et de convocation du conseil de la tribu.

La situation semblait évoluer, ainsi, vers l'avènement d'une République de commerçants semblable à celle qu'ont connue, en d'autres temps, Carthage et Venise. Ces mutations, nous l'avons vu, ne profitaient pas à tout le monde. Elles généraient des discriminations jusqu'alors inconnues dans le monde tribal de l'Arabie. Les victimes de cette évolution aspiraient à un monde moins injuste et plus fraternel. Ces aspirations se nourrissaient d'une certaine nostalgie de l'ancien mode de vie tribal où les rapports étaient plus simples et plus solidaires. Sur fond de désenchantement, de dépit et de révolte, se développait une ambiance d'attente messianique qui n'était pas étrangère aux croyances que connaissait l'Arabie. Outre le judaïsme et le christianisme, assez bien implantés au Nord et au Sud de la presqu'île arabique, mais aussi au Hijâz et à La Mekke, toutes les autres croyances dont l'Orient a été une terre de prédilection étaient présentes : les vieux polythéismes sémitiques, un vague monothéisme se référant — selon différentes sources — au Dieu d'Abraham sans toutefois se confondre avec le judaïsme et le christianisme, des formes d'animisme et des influences du mazdéisme et du manichéisme. Le commerce et le Pèlerinage à La Mekke offraient des occasions de rencontres, voire de polémiques, entre les adeptes de toutes ces croyances. Entre autres croyances les habitants d'Arabie adhéraient à l'idée d'un monde surnaturel peuplé de génies avec lesquels les êtres doués d'une sensibilité exceptionnelle, comme les poètes et les mages, pouvaient entrer en contact. On croyait que chaque poète avait son génie qui parlait par sa bouche. Beaucoup de sources, dont celles qui font autorité chez les musulmans [3], attestent l'existence, à cette époque, de prophéties annonçant l'arrivée d'un sauveur qui assurerait à Quraysh la prééminence sur les Arabes et les autres peuples *(al-'ajam).*

Tels sont les principaux traits de la situation de l'Arabie dans laquelle l'islam est advenu. Son message, autant par son contenu que par sa forme, n'était pas, nous le verrons, étranger aux valeurs, croyances, préoccupations et attentes liées à cette situation.

II — MUHAMMAD : DU DIGNE DE CONFIANCE ('AMÎN) AU PROPHÈTE DE L'ISLAM

Muhammad ibn. 'Abd Al-lâh ibn. 'Abd al-Muttalib — par rapport à la prophétie duquel se définit l'appartenance et la non appartenance à l'islam — est né dans la deuxième moitié du vie siècle, vers 570, au cœur des mutations dont nous avons vu les conséquences pour l'antique ordre tribal de l'Arabie. Lorsqu'il est né, son grand-père, qui en a eu très tôt la charge après la disparition de son père, était, comme nous l'avons vu plus haut, le chef de la tribu de Quraysh à La Mekke. Le clan des Banû Hâshim (les Hashimites, dont se réclame la monarchie jordanienne), dont il était le chef, n'a pas tardé à se voir déclasser au profit d'autres clans, dont celui des Banû 'Umayya (les Omeyyades) qui étaient plus riches. Son grand-père, puis, après la mort de celui-ci, son oncle 'Abû Tâlib, ont assuré à Muhammad une éducation semblable à celle de tous les jeunes Mekkois de son milieu et de son époque. Ainsi, il passa une partie de son enfance dans l'une des tribus nomades réputées pour la pureté de leur parler, dans le but de lui assurer une bonne maîtrise de la langue ainsi qu'une connaissance des traditions et des valeurs tribales considérées comme le patrimoine culturel que toute personne cultivée devait posséder. Puis, il fut initié à l'activité commerciale qui l'aurait amené, tout jeunc, à accompagner les caravanes dans la région du Hijâz et jusqu'à Jérusalem et Damas. L'historiographie musulmane attribue à un moine chrétien du nom de Bahîra une prophétie concernant son avenir : celui-ci l'aurait rencontré lors d'un de ces voyages — les sources divergent quant à l'année et au lieu de cette prophétie — et reconnut en lui celui qui devrait venir rappeler le message de Jésus. Cela n'est pas sans rappeler Saint Jean-Baptiste disant à la vue de Jésus : "Es-tu celui qui doit venir ?" Les ambiances d'attente messianique sont propices à ce genre de prophétie. Ne possédant pas lui-même sa propre caravane, Muhammad faisait du commerce pour le compte d'une riche veuve de La Mekke que certaines sources disent de confession ou d'origine chrétienne : Khadîja. Satisfaite de ses loyaux services, elle finit par l'épouser. Alors que tout le monde voyait dans ce mariage une occasion pour Muhammad de devenir un riche commerçant, il se détourna de cette activité pour se consacrer, à la manière de son grand-père, à de longues retraites de méditations mystiques dans l'une des grottes avoisinant La Mekke : le fameux Ghâr Hirâ' où se rendait, de son vivant, son grand-père. L'origine familiale de Muhammad, sa loyauté et l'attitude qu'il adopta après son mariage avec Khadîja, lui ont assuré la notoriété d'un "homme digne de confiance" *('amîn)*. C'est à ce titre qu'on sollicitait parfois son arbitrage dans différents litiges entre parties ne relevant pas de la même communauté d'arbitrage.

On situe en 610 le début de sa prédication à la suite de l'une de ses retraites dans la grotte de Hirâ où il avait l'habitude de se retirer pour méditer. C'est là qu'il eut une vision, que son entourage identifia comme étant l'ange Gabriel lui apportant un message de Dieu. Suivit une période de doute et d'angoisse pendant près de deux ans. Puis, les visions reprirent à un rythme de plus en plus soutenu, donnant lieu, à chaque fois, à des messages de plus en plus longs. Ces messages formeront le corpus coranique qui, pour les musulmans, n'est pas la parole de Muhammad, mais la parole de Dieu, révélée à lui par l'intermédiaire de l'ange Gabriel.

Ces messages intervenaient en rapport avec les interrogations et les problèmes que Muhammad, les siens et ses fidèles rencontraient lorsqu'ils les révélaient à leur entourage, puis à un nombre de plus en plus grand des habitants de La Mekke et de ses environs. Les riches commerçants voyaient dans la prédication de Muhammad et de ses fidèles, une menace pour les privilèges liés, en particulier, au Pèlerinage à La Mekke et aux croyances que la nouvelle religion dénonçait. Ils multiplièrent les pressions, les menaces et les promesses pour dissuader Muhammad de continuer. Outre les membres de sa famille — en particulier son épouse Khadîja et son cousin 'Alî — les premiers adeptes se recrutaient parmi les victimes des mutations engendrées par le commerce caravanier : les clans que le critère de la richesse a déclassés au profit des Banû 'Umayya, et surtout, ceux que cette évolution réduisait au statut d'esclaves ou de vagabonds. Le message coranique répondait aux attentes messianiques de cette partie de la population, en particulier par ses diatribes contre l'injustice, la pratique de l'usure, *"ceux qui thésaurisent l'argent et l'or"* (9/34) et ne donnent rien, au nom de Dieu, aux nécessiteux, aux pauvres et aux orphelins, etc.. Les préceptes de la nouvelle religion sont constamment articulés sur un message de fraternité et de justice promettant aux pauvres et aux victimes de l'arrogance, le vicariat de Dieu sur la terre (2/30, 38/26, 6/165, 10/14, 35/39).

Ce message devenait de plus en plus intolérable pour les riches Mekkois. La persécution par laquelle ils répondaient à la prédication de Muhammad était limitée par la protection que celui-ci trouvait auprès de son oncle Abû Tâlib, siégeant au conseil de La Mekke au nom de son clan. La mort de ce dernier laissa Muhammad et ses fidèles sans protection. Pour échapper au sort que leur promettaient les riches Mekkois, une partie de ses fidèles se réfugia en Abyssinie avant que Muhammad ne décide lui-même de s'exiler, avec ses proches et le reste de ses fidèles à Yathrib, au Nord de La Mekke, en 622. Cette émigration (*hijra*, dont le mot hégire) représente un tournant dans l'histoire de l'islam naissant. C'est pourquoi elle marque le début de l'ère musulmane. Une certaine lecture de l'islam la surcharge d'une dimension symbolique : elle représente, aux yeux des partisans de cette lecture, la nécessaire rupture avec toute société impie qui ne peut être sauvée que par la guerre sainte *(jihâd)*. Ce symbolisme est à l'origine de la trilogie chère aux mouvements islamistes les plus intégristes de nos jours : *takfîr* (anathème), *hijra* (émigration ou rupture avec la société sur laquelle on jette l'anathème) et *jihâd* (combat interprété comme étant la nécessaire guerre sainte contre les impies).

Pour l'islam naissant, c'est le passage du statut de communauté minoritaire et persécutée, en quête de tolérance pour pratiquer et prêcher sa foi, à celui d'une communauté autonome, puis, hégémonique et conquérante.

A Yathrib, désormais appelée Médine (de l'arabe *Madînat An-Nabî :* la ville du Prophète), Muhammad devient le chef d'une communauté supratribale multiconfessionnelle, formée de clans musulmans (les *muhajirun*, c'est-à-dire ceux qui ont émigré à La Mekke avec lui, et les *Ançâr*, ceux des Médinois devenus musulmans et dont l'apport était décisif pour la victoire — naçr — de l'islam sur ses adversaires), de clans juifs (Banû Qaynuqâ', Banû Nadîr, et Banû Quraydha), d'un clan de chrétiens et d'un clan d'Arabes qui n'étaient ni musulmans, ni juifs, ni chrétiens, mais qui adhéraient à la Charte *(sahîfa)* de Médine. Cette charte prévoit une organisation inspiré de l'antique système tribal en conservant à chaque clan ses prérogatives pour tous les problèmes d'organisation interne. L'arbitrage communautaire, dont Muhammad avait la charge, ne concernait que les problèmes communs à tous les clans. Celui-ci n'intervenait dans les affaires internes à chaque clan qu'à la demande de ses instances et sur la base de ses normes propres. Il ne s'agissait donc ni d'une "*'umma* musulmane", ni d'une théocratie, ni d'un État islamique comme on tentera de le faire croire plus tard pour transformer l'expérience historique de Médine en mythe, en utopie.

Médine devint très vite le point de départ d'expéditions contre les Mekkois, tantôt en réponse aux hostilités qu'ils déclenchaient, tantôt sous prétexte du droit de se rendre à La Mekke en pèlerinage, comme toutes les tribus d'Arabie, mais surtout pour soumettre définitivement La Mekke, comme le reste de l'Arabie, à l'autorité incarnée par Muhammad. Plusieurs historiens voient dans l'expérience de Médine le prolongement et l'aboutissement des efforts entamés, au ve siècle par Quçay, et poursuivis par ses descendants Hâshim et Abd al-Muttalib, les ancêtres de Muhammad dont nous avons vu le rôle dans l'Arabie pré-islamique [4].

De 622 à 632, date de la mort de Muhammad, plusieurs batailles ont ainsi opposé les musulmans et leurs alliés de Médine, aux Mekkois : en 624, la bataille de Badr, remportée par les musulmans ; en 625, la bataille de 'Uhud, remportée par les Mekkois ; en 627, la bataille de Khandaq qui permit aux musulmans de faire échec à une offensive mekkoise contre Médine ; en 629, la rupture par les musulmans de l'accord de Hudaybiyya instituant l'arrêt des hostilités entre les deux parties et permettant aux musulmans d'effectuer le pèlerinage à La Mekke. Cette rupture n'était qu'un prélude à l'entrée victorieuse des musulmans à La Mekke, la même année, sans rencontrer de grande résistance. Les notables Mekkois, notamment Abû Sufyân, jusqu'alors hostiles à l'islam, y adhérèrent en conservant leur statut social et leurs privilèges. Cette conversion s'explique-t-elle par l'institution du pèlerinage comme obligation pour les musulmans qui en ont les moyens ? S'agissait-il, de la part des Mekkois, d'une tactique pour réaliser, grâce à l'islam, les ambitions inaccessibles sans et contre l'islam ? Qui était le vrai vainqueur : Muhammad, ses premiers fidèles et les Médinois ou ceux qui, en renonçant à les combattre, sont entrés en islam en conservant leurs privilèges, pour créer, quelques trente ans plus tard, au nom de la religion qu'ils avaient combattue, leur État monarchique avec l'avènement de la dynastie des Omeyyades ?

La conversion des Mekkois a accéléré l'adhésion des tribus nomades et de la plus grande partie des habitants des régions d'Arabie à la nouvelle religion. Une tentative d'expédition contre les Byzantins a échoué à Mu'ta, près de la Mer Morte, en 629. Cette période a été marquée par l'expulsion de Médine des tribus juives signataires de la Sahîfa en 624 et 625 ; la dernière tribu, celle des Banû Quraydha a fait l'objet d'une extermination, dont le souvenir a toujours pesé sur les relations entre juifs et musulmans.

Durant cette période, les préceptes de l'islam se sont précisés dans les différents domaines, non sans rapport avec les événements vécus par le Prophète et sa communauté naissante.

Quelle est la part de la religion et la part de l'activité politique profane dans la conduite de Muhammad durant cette période ? Sa fonction de chef de Médine et les expéditions contre La Mekke et les autres contrées rentraient-elles dans le cadre de sa mission de Prophète de la nouvelle religion qu'il prêchait, ou faut-il distinguer les deux ? Cette question a toujours divisé les musulmans :

- les uns considèrent que la religion, conformément à certains versets coraniques, ne peut pas s'accommoder de la contrainte, que la mission du Prophète est de "rappeler" et non de "contraindre", de conquérir les cœurs et non de soumettre les corps. Ce point de vue a été parfaitement défendu par le théologien azharite ‘Ali ‘Abd Ar-Râziq dans son célèbre *Islam et fondements du pouvoir* [5] où il dit explicitement que les fonctions politiques et les guerres menées par Muhammad et ses compagnons pour unifier les Arabes et leur donner un État afin de rivaliser avec les autres nations, ne font pas partie de la mission prophétique et de la religion. Il appelle ainsi, à distinguer dans le parcours de Muhammad ce qui relève de la religion et qui engage les musulmans, et ce qui relève de son rôle et de son activité comme tout être humain, et qui n'a aucune valeur religieuse ;

- les autres pensent, au contraire, que toute l'expérience de Muhammad fait partie de sa mission de Prophète et engage les musulmans au même titre que le Coran ; les tenants de cette thèse ne sont pas en mal d'arguments coraniques pour appuyer leur point de vue, même si leur démarche n'est pas exempte d'incohérences et de contradictions.

Entre ces deux thèses bien tranchées, plusieurs points de vue, plus mitigés, moins tranchés, partagent les musulmans et représentent autant de points de départ pour des voies différentes.

Ce qui est sûr, c'est que le texte coranique, que tous les musulmans considèrent comme la parole sacrée de Dieu et, en tant que tel, l'ultime référence, n'aide pas beaucoup à trancher ce problème. En effet, la nature de ce texte, sa structure, son style, son langage, les conditions qui ont entouré sa recension et sa fixation par écrit, ne permettent pas de répondre clairement à ce type de questions, pourtant essentielles, pour distinguer avec exactitude ce qui relève de la religion, de ce qui n'en relève pas. En cela aussi, l'islam est loin d'être une exception ! Tous les textes et faits fondateurs de toutes les religions et de toutes les grandes traditions présentent le même flou, les mêmes équivoques qui sont à l'origine d'autant de clivages et d'évolutions divergentes que celles que l'islam a connues. C'est peut-être là le secret qui en fait des réservoirs inépuisables de sens et de valeurs !

III — LE CORAN : DE L'ORATURE À L'ÉCRITURE

Le contexte de civilisation orale dans lequel l'islam a vu le jour, a déterminé la structure du texte coranique. Il se présente, à la manière de la poésie arabe classique, sous la forme d'unités souvent indépendantes les unes des autres : les versets. La plupart des versets peuvent ainsi être lus séparément, déplacés ou retranchés, sans que cela ait une incidence sur la signification du message.

Les versets sont regroupés en cent quatorze chapitres (sourates) comme on a longtemps classé les poèmes d'un même auteur, par ordre décroissant de longueur, à l'exception de la *Fâtiha* (l'ouverture) placée en tête du texte.

L'ordre de la succession des versets n'est ni chronologique, ni thématique, même si, parfois, dans certains chapitres, on peut rencontrer une suite de versets traitant d'un même sujet, ou datant de la même période.

L'organisation du texte procède d'un ordre conventionnel de récitation tenant plus compte de la forme (longueur des sourates, longueur des versets, rimes, assonances) que du contenu.

Les titres de chapitres sont également conventionnels et ne réfèrent qu'à un aspect marginal du contenu : c'est plus un repère pour distinguer les chapitres qu'une indication thématique.

Du point de vue du contenu, le Coran comporte une mythologie dont les éléments sont puisés dans les croyances de l'Arabie préislamique et plus particulièrement dans la mythologie biblique. C'est ainsi que nous trouvons, dans le Coran, l'essentiel de la cosmogonie développée dans la Bible avec le flou, les imprécisions et les syncrétismes propres à toutes les traditions orales. En effet, nous y retrouvons, sans le souci de l'ordre et de la précision chronologique qui caractérise la Bible, les grands traits de la mythologie véhiculée par celle-ci : le monde a été créé par un Dieu unique, celui-là même que la Bible identifie comme étant le Dieu d'Abraham (Ibrâhîm) ; ce Dieu s'appelle en arabe — pour les musulmans, comme pour les juifs, les chrétiens et les monothéistes dits hanifes de l'Arabie préislamique — allah. Ce terme est dérivé, avant l'avènement de l'islam, du mot arabe 'ilâh qui veut dire un dieu ou une divinité 6. Ce Dieu a créé, selon la mythologie biblo-coranique, le monde en six jours (7-54 ; 10-3 ; 11-7 ; 25-59 ; 32-4 ; 57-4). L'homme a été créé de terre et/ou d'eau ou d'argile (25-54, 55-3, 6-2, 30-20) ; le premier homme créé fut Adam ('Âdim) dans lequel Dieu a insufflé l'esprit ; d'Adam, Il créa son épouse ; le nom d'Eve (Hawâ') n'est pas mentionné dans le Coran, mais les autres sources admises par les musulmans l'ont ajouté. L'humanité entière descend de ce premier couple par les mêmes Kaen (Qâbil), Abel (Hâbîl) et leurs jumelles respectives que mentionne la Bible (également sans précision du nom de celles-ci). Adam et son épouse, tentés par Satan (Shaytân) ont commis le péché en goûtant au fruit interdit ; ils se repentirent. Dieu, clément et magnanime, leur pardonna, demanda aux anges de se prosterner devant Adam (et son épouse ?) avant d'en faire son vicaire sur la terre. Tout ce qui existe dans le monde est mis au service de l'humain (al-'insân), terme générique désignant l'espèce humaine, sans confusion avec le sexe masculin désigné en arabe par le terme rajul, la femme étant désignée par celui de 'mra'a : les étoiles pour se guider, la nuit pour se reposer, le jour pour travailler, des ressources dans la mer et sur la terre pour la satisfaction de ses différents besoins, etc..

Le monde est peuplé d'êtres visibles et d'autres invisibles : les anges (malâk, au pluriel malâ'ika) et des démons ou génies (jân ou jinn) parmi lesquels il y a, comme parmi les humains, des bons et des méchants (l'ange méchant étant le maudit Satan). Tous sont dans l'obligation d'adorer Dieu, au même titre que les humains, sous peine de châtiments, le jour du Jugement Dernier ou même dans ce monde.

Parce qu'il est juste, Dieu ne punit qu'après avoir rappelé ce qu'il faut et ce qu'il ne faut pas faire. C'est pour cette raison qu'il envoie des prophètes chargés d'un message à leurs peuples et/ou à l'ensemble de l'Humanité. Il en fut ainsi pour le peuple de Noé (Nûh) avant le Déluge, pour les peuples d'Abraham avant de demander à celui-ci de quitter, avec les siens, la terre des impies. Le Coran reprend le cycle de la Prophétie de la Bible (Ancien et Nouveau Testaments) en y ajoutant d'autres prophètes envoyés à des peuples historiquement non identifiés, tels que 'Âd et Tamûd (Coran, 7-69 et 7-74).

Au plan des cultes, le Coran institue au départ pour les musulmans, trois obligations :

- la profession de foi *(shahâda)* concernant l'unicité divine et la prophétie de Muhammad, en tant qu'il est le "sceau des prophètes" clôturant le cycle des "envoyés de Dieu" (les Prophètes de la Bible, Jésus et les prophètes signalés par le Coran et non mentionnés dans la Bible),
- la prière *(çalât),*
- et le jeûne *(çawm ou çiyâm) "au même titre que les peuples qui (les) ont précédé"* (2-183).

Au départ, la prière se faisait, comme pour les Juifs et les Chrétiens, en direction de Jérusalem, puis, à partir de 624, suite aux différends opposant juifs et musulmans à Médine, la direction est devenue La Mekke, considérée comme la ville choisie par Dieu pour Abraham et son fils Ismaël *('Ismâ'îl).* Il en est de même pour le jeûne qui correspondait au début au carême juif, avant de le fixer, pour les mêmes raisons, au mois lunaire de Ramadan. Outre la démarcation avec les Juifs, ce choix s'explique par le fait que les musulmans ont remporté leur première victoire sur les Mekkois, et que les premiers versets coraniques sont advenus au cours de ce mois. Il est important de rappeler que ce mois faisait partie des mois sacrés de l'Arabie avant l'islam ; différentes sources rapportent que le grand-père de Muhammad consacrait ce mois à des actes de piété et de charité, ainsi qu'à la retraite de méditation dans la grotte de Hirâ'.

Par la suite, fut instituée l'obligation de l'aumône légale considérée comme une "purification" *(zakât)* des revenus en en soustrayant la part revenant à Dieu pour la donner à ceux qui en ont besoin (les pauvres, les orphelins, les prisonniers, les gens de passage, ou les œuvres de charité prévues à cet effet).

Le pèlerinage à La Mekke *(hajj)* n'a été institué, pour ceux qui en ont les moyens, qu'en 628 (an 7 de l'Hégire).

Le Coran recommande, par ailleurs, *"le bien et la justice"*, le respect des "limites" *(hudûd)* instituées par Dieu entre le licite *(halâl)* et l'illicite *(harâm),* avec des règles concernant les comportements de la vie quotidienne allant des interdits alimentaires, aux questions relatives à la vie en société et aux relations entre croyants, avec les incroyants et avec les fidèles d'autres religions.

Parmi les questions qui retiennent l'attention à ce niveau, il convient de s'arrêter sur ce qui est dit au sujet de la femme. Certes, le Coran ne met pas la responsabilité du "péché originel" sur le dos de la femme, même si la misogynie des jusristes-théologiens musulmans a toujours préféré la version biblique à ce sujet. Certes, aussi, les droits de la femme sont souvent rappelés par des versets tels que *"elles ont des droits équivalents à leurs obligations selon ce qui est connu"* (2-228). D'autres versets précisent, à propos des droits, des obligations, des mises en garde et des promesses divines *"hommes et femmes"* (16-97, 40-40) ; ou encore : *"les croyants et les croyantes sont amis (ou responsables) (awliyâ') les uns des autres ; ils recommandent mutuellement le bien et s'interdisent mutuellement le mal..."* (9-71), etc.. C'est d'ailleurs sur ce genre de versets que s'appuient les défenseurs du droit de la femme à l'égalité y compris au niveau de la responsabilité politique (en donnant, comme leurs contradicteurs, à la notion de *"wilâya"*, mentionnée dans le précédent verset pour *"les croyantes et les croyants"*, le sens de responsabilité dans quelque domaine que ce soit.

On ne peut pas non plus nier que le Coran a mis fin à certaines pratiques discriminatoires, dont on retrouve l'écho dans la Bible : ainsi, l'adultère a le même statut qu'il soit le fait d'un homme ou d'une femme. L'un des plus beaux passages du Coran concerne la condamnation de la pratique de certaines tribus arabes qui consiste à enterrer le premier enfant lorsqu'il s'agit d'une fille.

Cependant, on ne peut contester le fait que certaines discriminations trouvent leur fondement dans le texte coranique :

- il en est ainsi de la polygamie, certes, limitée à quatre épouses, et avec la condition d'être équitable entre les quatre, sinon une seule suffit (4-3), en précisant, dans un autre verset, que l'équité entre les femmes est impossible : *"...être équitables entre les femmes même si vous vous efforcez de l'être"* (4-135) ;

- il en est de même pour la discrimination en matière d'héritage (l'homme hérite du double de ce qui revient à la femme (4-176), du témoignage (celui d'un homme vaut celui de deux femmes (2-282) ;

- c'est également le cas pour la justification de la tutelle des hommes sur les femmes (4-34).

Le symbole de la prééminence masculine reste, en islam comme dans le judaïsme et le christianisme, la primauté dans l'ordre de l'existence de l'homme sur la femme : c'est d'Adam que fut créée son épouse et non le contraire.

Un autre problème que soulève le contenu du texte coranique concerne l'attitude par rapport aux non musulmans désignés par différents termes : "impies" (*kâfir*, au pluriel *kuffâr*), associateurs *(mushrikûn),* souvent distingués des "gens du livre" *('ahl al-kitâb)* avec les spécifications de juifs (yahud) et chrétiens *(naçârâ)*. L'attitude recommandée à leur égard n'est pas toujours la même. Parfois, il faut les *"combattre jusqu'à la mort et jusqu'à ce que toute la religion soit celle de Dieu"* (2-193, 8-39) ; certains versets précisent que *"la religion pour Dieu est l'islam"*(3-19). Parfois, le combat ne concerne que les "associateurs" et les "impies", "les amis de Satan" qu'il faut *"tuer là où on les trouve"* (9-5, 2-191, 4-91). Parfois c'est le respect de la liberté de conscience et le refus de la contrainte en matière de religion (10-99, 2-256).

Le combat *"sur la voie de Dieu"* est présenté tantôt comme une obligation de repousser une agression (2-191), tantôt sans référence à aucune autre condition que l'incroyance (9-29).

Par ailleurs, l'attitude par rapport aux "Gens du Livre", parfois spécifiés comme étant les Juifs et les Chrétiens, parfois sans précision, n'est pas sans poser de problèmes. Certains passages insistent sur la proximité, la recherche du dialogue, *"de la meilleure façon qui soit"* (16-125) et la continuité : l'islam se définit comme un rappel des révélations faites aux précédents prophètes, et plus particulièrement à Abraham, Moïse et Jésus. Parfois, le ton est plus polémique et plus vindicatif, allant jusqu'à parler d' *"impies parmi les Gens du Livre"* (98-1) promis à la même perdition que les impies. Tout en se référant, comme nous l'avons vu, à la Thora, à l'Évangile et à la prophétie de Moïse et de Jésus, le message coranique justifie sa mission de "rappel de la Religion de Dieu", de la *"Tradition d'Abraham"* (22-78) en accusant les juifs et les chrétiens d'avoir altéré le message légué par les prophètes. C'est là un point de discorde sur lequel achoppent les tentatives de rapprochement entre les adeptes du Dieu d'Abraham. Il n'a d'équivalent que le refus des juifs et des chrétiens d'admettre, de leur côté, la prophétie de Muhammad, longtemps, pour ne pas dire toujours, considéré comme un imposteur, un antéchrist ; ou encore l'opposition entre les juifs et les chrétiens sur la question de Jésus.

Outre ces questions problématiques, il convient de s'arrêter sur la nature et la portée de la norme coranique. Quelle signification faut-il donner aux recommandations et aux interdits concernant les différents domaines de la vie : l'alimentation, la manière de s'habiller pour les femmes et filles du Prophète et des croyants (59/33), les sanctions à appliquer pour un certains nombre de délits et crimes, la manière de se conduire par rapport à ses parents, à son prochain, à l'autorité, etc. ; l'héritage, le prêt d'argent, le commerce, la conduite à adopter par rapport aux "ennemis" en temps de guerre et en temps de paix, etc.. Ces recommandations et ces interdits ne sont pas toujours formulés de la même manière : parfois on a l'impression qu'il s'agit d'un impératif catégorique impliquant une sanction immédiate ; d'autres fois, le ton est moins catégorique et fait davantage penser à un conseil ; souvent il est difficile de trancher.

Même pour les sanctions qu'on appelle *hudûd* (limites) : de quelles limites s'agit-il ? Est-ce des limites à la transgression des frontières (également *hudûd*) entre le licite et l'illicite ? Ou des limites à la sanction elle-même au sens où on n'a pas le droit d'infliger une sanction supérieure ? Ce qui milite en faveur de la deuxième interprétation, c'est le pardon souvent mentionné après l'évocation de ces *hudûd* (12 fois) avec la précision : *"pardonner c'est encore plus pieux"* (2-237).

Par ailleurs ces recommandations données souvent en réponse à des interrogations et des préoccupations contemporaines des faits coraniques, ne sont pas toujours les mêmes : s'agit-il d'une évolution ? Si oui, pour quelles raisons ? Si c'est pour tenir compte de la situation à laquelle le Prophète et les premiers musulmans avaient à faire face, pourquoi alors arrêter cette évolution avec l'avènement du fait coranique ?

Si l'on considère que ces indications constituent la matrice d'une législation d'essence divine, comment expliquer que la recommandation de juger *(hakama)* selon ce qui est connu *(ma'rûf)* ou selon la coutume *('urf)* revienne plus souvent que la recommandation de juger selon la "révélation" (plus de 40 fois contre moins de 10 fois) ? Comment concilier la tendance à considérer la "norme révélée" comme "valable pour tous les lieux et pour tous les temps" avec la prise en compte des coutumes et de ce qui est connu dans chaque société et à chaque époque ?

L'ensemble de ces problèmes se trouve compliqué par la nature du texte coranique. On a beaucoup écrit sur les "procédés rhétoriques" et le caractère "miraculeux" du style coranique qui se situe entre la poésie et la prose édifiante. Régis Blachère parle à ce sujet d'une *"structure stylistique d'un genre si remarquable"* qu'on pourrait rapprocher des *"vaticinations des voyants"* ou *"kahîn d'Arabie préislamique"* en ajoutant *"le rapprochement ne doit cependant pas être poussé trop loin, car le verset coranique s'impose par une ampleur ou un condensé, par une musicalité et une vigueur de l'expression jamais atteinte avant le Coran"* [7]. Le même Régis Blachère parle d'un *"texte hérissé de difficultés, riche par ses obscurités mêmes, surprenant par son style elliptique, souvent allusif."* M. Arkoun parle, de son côté, d'*"un langage de structure mythique"*, d' *"une vaste construction symbolique"* [8]. Ces caractéristiques, ajoutées à l'absence de sources écrites contemporaines de l'avènement du fait coranique qui nous permettraient d'en saisir, avec certitude, la logique, les intentions et les circonstances exactes de chacun des messages qui le composent, constituent autant d'obstacles à l'analyse de la compréhension de son contenu.

D'autres facteurs rendent encore plus problématique l'approche de ce texte. Il est important de savoir, à cet égard, que sa fixation par écrit, n'a pu se faire qu'après la mort de Muhammad. L'attachement à la tradition orale et la peur que la civilisation de l'écriture n'altère ce qui faisait, jusqu'alors, l'une des spécificités de la culture des Arabes, ont été à l'origine d'une grande hostilité par rapport à la tentation de l'écrit. Certains traditionnistes attribuent à Muhammad, à cet égard, des hadîths (dits du Prophète qu'il ne faut pas confondre avec le Coran, considéré par les musulmans comme la Parole de Dieu révélée par le biais de l'ange Gabriel) mettant en garde contre cette tentation : *"ceux qui vous ont précédés ont été égarés par l'écriture."* Cette résistance au passage à l'écrit a duré tout au long du premier siècle (VIe-VIIIe siècle) qui a suivi l'avènement de l'islam. Le premier Calife, 'Abû Bakr (632-634) est allé jusqu'à s'opposer à la volonté de réunir le texte coranique et à sa fixation par écrit en prétextant qu'il n'allait pas *"faire quelque chose que le Prophète n'a ni faite ni ordonnée"* [9]. Il a fallu la mort de plusieurs centaines de compagnons parmi ceux qui connaissaient le Coran par cœur, dans les batailles contre les tribus nomades s'opposant au califat de 'Abû Bakr, pour que celui-ci réalise le danger de ne pas consigner le Coran par écrit. Il ordonna alors de commencer à en réunir les fragments auprès des différents compagnons. L'opération s'est poursuivie sous ses successeurs et n'a pu être achevée que sous le règne du troisième Calife, 'Uthmân, en 653/32.

Le contexte politique qui a entouré l'établissement de la vulgate 'uthmanienne (du nom du Calife régnant au moment de son établissement) a été à l'origine de résistances quant à son acceptation comme l'unique référence. L'exclusion de certains compagnons considérés comme une source digne de foi en la matière, comme Ibn Mas'ûd, la décision de faire brûler les autres versions, et le contexte d'oppositions politiques et de révoltes contre l'autorité du Calife et de ses gouverneurs accusés de népostisme, de corruption, voire d'impiété, ont permis à ces résistances de perdurer jusqu'au xe/ive siècle. C'est en 935/322 [10] que les derniers exemplaires, autres que la version dite 'uthmanienne, ont été définitivement éliminés. La disparition de toutes les versions autres que celle à laquelle se réfèrent, sans exception, tous les musulmans de nos jours, ne permet pas de savoir sur quoi portent les différences. On est obligé pour cela d'en juger uniquement à travers ce que rapportent les sources consacrées. On attribue aux adeptes d'une fraction khârijite qui n'existe plus, les *'ajârida*, la contestation de l'authenticité de tout un chapitre qu'ils jugent indigne des préoccupations divines : il s'agit du chapitre 12, relatant l'histoire de Joseph. On attribue également à certaines fractions shî'ites une accusation à l'égard du Calife 'Uthman selon laquelle il aurait fait disparaître un certain nombre de versets relatifs à l'imâmat. Ibn An-Nadîm (m. en 977/367) signale, dans son *Fihrast*, sans plus de précisions, qu'il a vu dans une bibliothèque de Kûfa deux versions du Coran, différentes de la vulgate 'uthmanienne, par le nombre des versets, l'ordre et certains titres de sourates. Que faut-il en conclure par rapport à l'authenticité du texte coranique ? Il est difficile d'apporter une réponse à cette question sinon que ceci ne représente plus, depuis fort longtemps, un problème aux yeux des musulmans. Toutes les obédiences, tous les rites, tous les penseurs musulmans sont unanimes quant à l'authenticité du texte tel que le donne la vulgate 'uthmanienne même si certains déplorent les interventions politiques qui ont amené à imposer une seule version [11].

Pour toutes ces raisons, le texte coranique, tel qu'il se présente dans la seule version que nous avons, laisse sans réponse un grand nombre de points d'interrogation qui concernent tous les niveaux de son message. Comment distinguer ce qui est descriptif de ce qui est prescriptif ? Les énoncés qui le composent ont-ils tous la même valeur du point de vue de ce qui est constitutif de la religion et qui s'impose à tout musulman ? Faut-il prendre ses énoncés à la lettre ou faut-il le considérer comme un texte où le symbolisme et la structure mythique du langage, selon les termes de M. Arkoun, exigent une démarche interprétative ? Comment faire, en sachant tout ce que nous avons vu quant aux caractéristiques du texte et des conditions de son établissement, quand on se trouve devant des énoncés contradictoires ?

- Ainsi, au niveau de la cosmogonie et de la mythologie coranique, nous avons les mêmes problèmes que par rapport à la Bible, ou n'importe quelle autre mythologie de n'importe quelle religion : certains croyants attribuent à cet aspect des textes religieux le statut d'un savoir indépassable ; ils n'hésitent pas pour cela à rejeter les découvertes et les nouveautés scientifiques contredisant ce "savoir" ; quitte à les admettre après, lorsqu'ils arrivent à réinterpréter leur sacré de manière à les intégrer. D'autres préfèrent y voir des métaphores, interpellant la conscience humaine qui doit les interpréter en fonction des problèmes qui se posent à elle : dans cette perspective, le sens attribué aux éléments mythologiques n'est jamais donné une fois pour toutes ; il est à rechercher et à actualiser en fonction de la sensibilité, des aptitudes et du besoin de chaque croyant et de chaque situation.

Pour les uns et pour les autres, se pose la question de savoir qu'est-ce qui — dans tout cela — constitue les dogmes intangibles de la Foi et qu'est-ce qui, pour une raison ou une autre, est susceptible d'interprétation, de quelle manière et selon quelle technique de lecture ?

Ni le Coran, ni la tradition consacrée du Prophète n'ont résolu ces interrogations de façon claire et tranchée. Les réponses qu'elles auront au fil du temps, donneront autant de voies qui cohabitent ou s'affrontent au nom de l'islam.

Il en est de même pour tous les autres aspects. Il est difficile, pour ne pas dire impossible, de savoir s'il faut accorder la même valeur à tous les énoncés qui composent le texte coranique, en les mettant sur le même plan, ou s'il faut y distinguer un noyau constitutif de la religion, conformément, d'ailleurs, au verset coranique stipulant : *"C'est lui qui t'a révélé le Livre comprenant des versets clairs (bien établis) qui en constituent la matrice (ou la base) et d'autres qui sont équivoques. Ceux qui ont un mauvais penchant dans le cœur suivront ce qui est équivoque par amour de division et pour l'interpréter ; Dieu seul en connaît l'interprétation. Les enracinés dans le savoir diront : nous croyons ; tout provient de Dieu."* (3/5). Qu'est-ce qui est clair et qui constitue la matrice du Livre ? Qu'est-ce qui est équivoque et qu'il ne faut pas suivre pour ne pas être de ceux qui ont *"un mauvais penchant dans le cœur" désirant la division et l'interprétation de ce qui relève de l'omniscience divine" ?*

Les plus *"enracinés dans le savoir"* eux-mêmes, s'ils sont reconnus comme tels, n'ont pas une réponse unanime et certaine, à cette interrogation. On ne peut trancher la question que par des interprétations qui sont forcément divergentes puisque la réponse dépend, en dernière instance, *"de l'interrogateur et de tout ce qui déclenche l'interrogation"*, selon l'expression de M. Arkoun [12].

Par delà cette question essentielle, comment faire — en sachant tout ce que nous avons vu quant à la nature du texte coranique, à son organisation, à son style, aux conditions qui ont entouré sa recension et l'établissement de sa version définitive — quand on se retrouve devant des énoncés contradictoires, ou du moins d'implications différentes, comme ceux qui ont divisé très tôt les musulmans au sujet de la liberté de conscience ou l'obligation de combattre les impies, du libre arbitre humain ou de la prédestination, du pardon ou de l'inévitable sanction de toute action bonne ou mauvaise, etc. ? Faut-il tout relativiser ? Ou faut-il considérer certains énoncés comme la règle et les autres l'exception ? Si oui, selon quels critères ? Même quand on suit les juristes qui se réfèrent à l'ordre chronologique pour distinguer les énoncés coraniques en "abrogeants" et en "abrogés" *(nâsikh et mansûkh)*, il est impossible de résoudre tous les problèmes, ne serait-ce que pour deux raisons : la première concerne le doute quant à la chronologie du texte coranique ; les sources musulmanes les plus anciennes et les plus fiables divergent sur ce sujet ; la seconde concerne la nature des questions envisagées : on ne peut pas, par exemple, décider que la liberté de conscience est intangible, ou que l'homme est libre et justiciable de ses actes, pour dire ensuite le contraire ! Il en est de même de l'exégèse précoce fondée sur la relativisation de l'énoncé coranique par rapport à ce qu'on appelle "les causes de la révélation" *('asbâb an-nuzûl)* définies comme étant *"les circonstances les plus précises de l'avènement de chaque verset coranique sans lesquelles il est impossible de saisir leurs significations de façon adéquate"* [13].

Outre le fait que les juristes théologiens ont fermé la porte aux possibilités que pourrait ouvrir cette démarche en décidant que *"ce qui compte c'est le sens général du terme et non la spécificité de la cause"* [14], les incertitudes concernant la chronologie et les circonstances en question, par rapport à la plus grande partie des versets coraniques limitent énormément ces possibilités.

Ces interrogations relatives au texte coranique s'ajoutent à celles qui concernent le statut et le contenu de la Tradition attribuée au Prophète.

On peut dire que par rapport aux faits fondateurs de l'islam, dans lesquels se reconnaissent tous les musulmans, les seuls points d'accord sans problème sont :

1 — la foi en un Dieu unique qui est à l'origine du monde.
2 — la foi en la prophétie en général, et en celle de Muhammad.
3 — la foi dans le fait que le Coran, l'Évangile (les musulmans en parle au singulier) et la Thora sont des Livres de Dieu.
4 — croire au Jugement Dernier.

Tout le reste, qu'il s'agisse des modalités de l'existence de Dieu et de son rapport au monde, du rapport de l'humain à l'univers et au sacré, du sens de la vie, du bien et du mal, du statut, de la signification et de la portée de la norme religieuse, bref du contenu du Coran et de la prophétie en général, les musulmans peuvent — au vu de la nature des faits fondateurs de l'islam — diverger quasiment à l'infini. C'est ce qui a nécessité très tôt l'avènement d'autres faits fondateurs qui seront à la base de la diversité des voies en islam.

NOTES

1. J.J. Rousseau, *Émile*, dans l'édition de ses œuvres complètes, t. 2, p. 52.

2. Ibn Khaldûn, *al-muqaddima*, dâr al-qalam, Beyrouth, 1981 (ce classique de la littérature arabe existe dans plusieurs autres éditions ; il a été traduit en français par V. Monteil sous le titre *Introduction à l'histoire universelle*, éd. Sindbad, Paris, 1979).

3. Comme la célèbre *Sîra* d'Ibn Hishâm, l'Histoire de Tabarî, les *Tabaqât* d'Ibn Sa'd, etc.

4. En particulier les travaux des Égyptiens Sayyid Mahmûd al-Qumnî, Khalîl Abd al-karîm.

5. Ouvrage paru en 1925, dans le cadre des débats suscités par l'abolition du califat en 1924, sous le titre *al-'islâm wa 'çûl al-hukm ;* une traduction récente de ce livre est paru chez La Découverte, Paris, 1994, sous le titre *Islam et fondements du pouvoir*.

6. Il est donc faux de considérer Allah comme le Dieu exclusif des musulmans contrairement à ce que laissent entendre divers titres tels que : "A l'Ouest d'Allah", "Les soldats d'Allah" ou "Le soleil d'Allah brille sur l'Occident", etc.

7. R. Blachère : *Le Coran*, P.U.F., 1966, p. 28.

8. M. Arkoun : "Comment lire le Coran", préface à la traduction du Coran par Kasimirski, Garnier Flammarion, Paris, 1970, pp. 20-22.

9. Al-Fihrast, p. 24...

10. Il s'agit de l'interdiction intervenue à cette date, des versions d'Ibn Mas'ud, d'Ibn 'Ubay, de Ya'qûb Al-'Attâr et celle attribuée à Khalaf, Ibn 'Ubayd et Ibn Sa'dân.

11. M. S.'Ashmâwî, *al-khilâfa*, éd. Dâr Sînâ, Le Caire, 1990.

12. M. Arkoun, op. cit., p.15.

13. An-Nîsâbûrî, *Asbâb-an-nuzûl*, Dâr al-Fikr, Beyrouth, s.d., p. 4.

14 C'est grâce à cette règle que les différents juristes ont pu défendre des points de vue contradictoires en s'appuyant sur des énoncés coraniques ou des hadîths déconnectés de leur contexte.

DOCUMENTS

1. LE PÈLERINAGE PRÉ-ISLAMIQUE

A la veille de l'Islam, coexistaient pèlerinage à la Ka'ba, temple du Dieu unique, et idolâtrie païenne (cf. Ibn Habîb "Muhabbar" - p. 311). On distinguait déjà entre le Petit Pèlerinage et le Grand Pèlerinage :

Pour le Petit Pèlerinage, qui était probablement fixé au mois de Rajab (7e du calendrier, correspondant à l'époque de la récolte des dattes, semble-t-il), on exigeait seulement la visite de la Ka'ba, et les 7 courses entre les Monts Çafâ et Marwah.

Pour le Grand Pèlerinage (12e du calendrier), il fallait, en outre, séjourner à 'Arafât, à Muzdalifa et à Minà, ainsi que sacrifier des animaux.

Profitant de l'occasion, on rendait aussi une visite "pieuse" aux idoles. Mentionnons au passage que, si la Ka'ba était bien le lieu de Pèlerinage le plus important, ce n'était pas le seul de l'Arabie pré-islamique : des pratiques analogues se déroulaient près d'autres sanctuaires et bétyles (pierres adorées par les anciens comme une idole).

Les pèlerins se rassemblaient d'abord à 'Arafât, à une quinzaine de kilomètres à l'Est de La Mekke. Ils y passaient la journée du 9 Dhu'l-Hijja et en partaient le soir, en direction de La Mekke. En route, ils s'arrêtaient pour passer la nuit à Muzdalifa (également appelée Mughammas ou Jam').

Depuis l'époque de Quçay, les Mecquois et leurs alliés, se considérant comme des privilégiés, ne se rendaient pas à 'Arafât : ils attendaient les autres pèlerins à Muzdalifa (cf. Ibn Habîb - "Muhabbar" p. 236-319). On appelait ces privilégiés "les austères" (al-Hums), car une fois sacralisés, ils ne consommaient plus de viande, et n'habitaient plus, non plus, sous des tentes de laine, mais seulement de cuir rouge ("Munammaq" p. 95-97 - manuscrit Lucknow ; Ya'qoubi - "Ta'rîkh" - I, 297).

Muhammad, avant l'Islam, scandalisera ses concitoyens en renonçant à ce privilège, et en se rendant, comme tout le monde, à 'Arafât (cf. Bukhâri, - "Cahîh" - 25-91 ; Suhailî I, 135).

De Muzdalifa, on se rendait à Minà, à 5 kilomètres du centre de La Mekke. Là, on lapidait Satan, en jetant des pierres sur les trois bornes prévues à cet effet (cf. Ibn Habîb - "Muhabbar" - p. 319). On se rendait ensuite à La Mekke.

Chaque contingent de pèlerins avait ses particularités. Par exemple, lorsque les 'Akk du Yémen arrivaient près de La Mekke, ils faisaient s'avancer deux garçons noirs, choisis parmi les esclaves. Complètement déshabillés et juchés sur un chameau, les garçons criaient de temps à autre : "Nous sommes les deux corbeaux des 'Akk".

En réponse, leurs contribules, rangés derrière eux, proclamaient : "Les 'Akk se rendent à toi, en captifs, eux qui sont les adorateurs yéménites. Que nous fassions encore une fois le Pèlerinage, malgré toutes les difficultés et que celles-ci apportent le salut". (cf. Ibn Habîb - "Muhabbar" - p. 313 ; Ibn Al-Kalbî - "Açnâm" - p. 7).

On faisait 7 tournées rituelles autour de la Ka'ba, mais on ne sait pas exactement ce qui s'y passait. Le Coran parle de ces pratiques avec dédain : "Leur prière rituelle près de la Maison n'était que sifflements et battements de mains" (VIII-35). Al Fâkihî rapporte que lors des 7 courses entre les Monts Çafâ et Marwah, tout près de la Ka'ba, on chantait : "Que l'œil soit aujourd'hui rafraîchi en rencontrant les Marwataïn Çafâ et Marwah). (Akhbâr - "Umm al Qurà" - p. 3).

Ensuite, on se rasait la tête, et c'est ainsi que s'achevait le Pèlerinage, donc la sacralisation. Durant toute la sacralisation, on ne se lavait pas, on ne se coupait ni les cheveux ni les ongles, et souvent on prononçait le "Labbaïk" mot qui remplace la phrase "Alabbika Labbataïk" : "Je réponds par deux fois à ton appel". Il serait plus correct de traduire le mot "Labbaïk" par : "Deux fois me voici devant Toi", mais pour alléger le style, nous nous contenterons de dire simplement "Me voici devant toi".

Les formules différaient selon l'objet de la visite et, probablement, selon les tribus.

Al Hajj, Muhammad Hamidullah,
Paris : Okad Éditions, 1992 .- pp. 23-25.

2. ÉQUIVOQUES DES FAITS FONDATEURS DE L'ISLAM

A - PROBLÈMES DE LANGUE

La langue du Coran et son style ont toujours posé et posent encore, des problèmes aux plus grands spécialistes qu'ils soient arabes, musulmans ou ni l'un ni l'autre. Nous pouvons en avoir une idée à travers les différences entre les traductions en français du Coran dont nous donnons ici l'exemple de la Fâtiha (l'ouverture, l'ouvrante, la première sourate).

I — Traduction de Kasimirski

Au nom de Dieu clément et miséricordieux
1 - Louange à Dieu souverain de l'univers,
2 - le clément, le miséricordieux,
3 - Souverain au jour de la rétribution.
4 - C'est toi que nous adorons, c'est toi dont nous implorons le secours.
5 - Dirige-nous dans le sentier droit,
6 - dans le sentier de ceux que tu as comblés de tes bienfaits,
7 - de ceux qui n'ont point encouru ta colère et qui ne s'égarent point. Amen.

II — Traduction de Cheikh Boubakeur Hamza

Par le nom de Dieu, Tout-miséricordieux, Tout-compatissant.
1 - Louange à Dieu, maître des mondes.
2 - Tout-miséricordieux et Tout-compatissant,
3 - maître du jour de la rétribution.
4 - C'est toi que nous adorons ! C'est de toi que nous implorons le secours !
5 - Dirige-nous dans la bonne voie ;
6 - la voie de ceux que tu as favorisés de tes bienfaits,
7 - non de ceux qui ont démérité de ta grâce et des égarés.

III — Traduction d'André Chouraqui

1 - Au nom d'Allah, le Matriciant, le Matriciel.
2 - La désirance d'Allah, Rabb des univers,
3 - le Matriciant, le Matriciel,
4 - souverain au jour de la Créance :
5 - Toi, nous te servons, Toi, nous te sollicitons.
6 - Guide-nous sur le chemin ascendant,
7 - le chemin de ceux que tu ravis, non pas celui des courroucés ni des fourvoyés.

IV — Traduction de Jacques Berque

1 - Au nom de Dieu, le Tout miséricorde, le Miséricordieux
2 - Louange à Dieu, Seigneur des univers
3 - le Tout miséricorde, le Miséricordieux

4 - le roi du Jour de l'allégeance.
5 - C'est Toi que nous adorons, Toi de qui le secours implorons.
6 - Guide-nous sur la voie de rectitude
7 - la voie de ceux que Tu as gratifiés, non pas celle des réprouvés, non plus que de ceux qui s'égarent.

B — AUTRES ÉQUIVOQUES

Les équivoques des faits fondateurs de l'islam peuvent être illustrés par les différents versets coraniques et hadîths célèbres concernant un grand nombre de questions très importantes. D'ailleurs le Coran attire l'attention explicitement sur le caractère équivoque de son contenu en précisant : "C'est Lui qui t'a révélé le Livre comprenant des versets clairs (bien établis) qui en constituent la matrice (ou la base) et d'autres qui sont équivoques. Ceux qui ont un mauvais penchant dans le cœur suivront ce qui est équivoque par amour de division et pour l'interpréter ; Dieu seul en connaît l'interprétation. Les enracinés dans le savoir diront : nous croyons ; tout provient de Dieu." (3/5).

I — Équivoques concernant l'attitude par rapport à l'altérité

1. Énoncés favorables à une conception humaniste

- *"C'est Lui qui vous a créés d'un seul être dont Il a tiré son épouse..." (7/189)*
- *"Ô humains ! Nous vous avons créés d'un mâle et d'une femelle et Nous avons fait de vous des peuples et des tribus afin que vous vous reconnaissiez." (49/13)*
- *"Si ton Seigneur l'avait voulu il aurait fait de vous une seule communauté ; mais il a voulu vous éprouver par le don qu'Il vous a fait. Rivalisez entre vous par les bonnes actions. Votre retour à tous se fera auprès de Dieu. Alors Il vous informera sur vos divergences." (5/48)*

2. Énoncés revendiqués par les adeptes de l'islamo-centrisme

- *"La religion pour Dieu est l'Islam." (3/19)*
- *"Vous formez la meilleure communauté suscitée pour les humains ; vous recommandez le bien, vous appelez à éviter le mal et vous croyez en Dieu." (3/110)*

II — Énoncés relatifs à la liberté de conscience et au statut des non musulmans

1. Énoncés favorables à la liberté de conscience

- *"Pas de contrainte en matière de religion" (10-99, 2-256).*
- *"Celui qui veut être croyant qu'il le soit, et celui qui veut être mécréant qu'il le soit !" (18/29)*
- *"Si un polythéiste cherche asile auprès de toi accueille-le !" (9/6)*
- *"Vas-tu contraindre les gens pour en faire des croyants ?" (10/99)*
- *"Celui qui prie une autre divinité que Dieu n'a aucune preuve ; c'est à son Seigneur de lui demander des Comptes." (23/117)*

- *"Ne dites pas à celui qui vous salue (en vous souhaitant la paix) : tu n'es pas un croyant !" (4/94)*

2. Énoncés revendiqués par les adeptes de l'intolérance

- *"Tuez les associateurs là où vous les trouvez !" (9/5 et 2/191)*
- *"Combattez-les afin qu'il n'y ait pas de division et pour que toute la religion soit celle de Dieu !" (2/193 et 8/39)*

III — Statut de l'acte humain : libre arbitre ou prédestination ?

1. Énoncés favorables à l'affirmation du libre arbitre humain et de la justice divine

- *"Aujourd'hui, tout humain sera récompensé selon ce qu'il a acquis ; point d'injustice aujourd'hui !" (40/17)*
- *"Nous ne retranchons rien de ce qu'ils ont accompli, chacun est tributaire de ce qu'il a acquis." (52/21)*
- *"Nul ne sera chargé du fardeau d'un autre." (6/164)*
- *"Dieu ne change l'état d'un peuple que si celui-ci change ce qui est en lui." (13/11)*
- *"Ô vous qui croyez ! Vous êtes responsables de vous-mêmes. Celui qui s'égare ne peut pas vous nuire si vous suivez le bon chemin. Votre retour se fera auprès de Dieu ; Il vous informera sur vos actions." (5/105)*

2. Énoncés favorables à l'affirmation de la prédestination et de la toute puissance divine

- *"Dis : ne peut nous atteindre que ce que Dieu a prescrit pour nous." (9/51)*
- *"Dieu vous a créés ainsi que vos actes." (37/96)*
- *"Vous ne voulez que si Dieu veut (votre volonté dépend de la volonté de Dieu)." (76/30 et 81/29)*

IV — Statut de la norme et de l'autorité

1. Norme juridique intangible ou recommandations morales ?

- *"La loi du talion vous a été prescrite pour les crimes de sang : un homme libre pour un homme libre, un esclave pour un esclave, une femme pour une femme. Celui à qui son prochain pardonne doit suivre ce qui est convenu et doit le lui rendre en bien. C'est là un allégement de la part de votre Seigneur et une miséricorde..." (2/178)*
- *"Nous leur (aux israélites) avons prescrit : vie humaine pour vie humaine, œil pour œil, nez pour nez, oreille pour oreille, dent pour dent, les blessures selon la loi du talion ; quiconque (y renonce) à titre d'aumône en verra ses péchés expiés. Ceux qui ne jugent pas selon la révélation ceux-là sont injustes." (5/45)*
- *"Pardonner c'est encore plus pieux." (2/237)*
- *"Belle et mauvaise actions ne s'équivalent : repousse (la mauvaise) par la plus belle, et voilà que celui qu'opposait à toi une inimitié devient un ami chaleureux." (41/34)*

- *"Repousse le mal par ce qu'il y a de meilleur ; Nous connaissons mieux quiconque ce qu'ils fabulent." (23/96)*
- *"Votre Seigneur s'est prescrit d'être miséricordieux : quiconque commet le mal par ignorance, puis fait retour à Dieu et s'amende, Dieu est tout pardon et miséricorde." (6/54)*
- *"Vous ne serez croyants que lorsque chacun de vous désire pour son prochain ce qu'il désire pour lui-même et refuse pour son prochain ce qu'il refuse pour lui-même." (hadîth)*

2. Énoncés favorables à une relativisation de la norme religieuse et au refus de l'autorité

- *"Rappelle ! Tu n'as pour mission que de rappeler, tu n'as pas de pouvoir de contrainte sur eux." (88/21)*
- *"Tu n'as aucun compte à leur demander et ils n'ont aucun compte à te demander." (6/52)*
- *"Dis : je ne suis pas votre tuteur !" (6/66)*
- *"Leur affaire est une question de consultation entre eux." (42/38)*
- *"Efface leur faute, implore pour eux le pardon (de Dieu), consulte-les !"*
- *"Pratique le pardon, recommande la coutume et détourne-toi des ignorants !" (7/199)*
- *"La sanction d'un mal est un mal identique ; mais celui qui pardonne et qui s'amende sera récompensé par Dieu." (42/40)*
- *"Pour ce qui est de votre religion, cela me revient ; pour ce qui est de votre monde (ici-bas) vous êtes mieux à même pour le savoir." (hadîth)*

3. Énoncés privilégiés par les lectures théocratiques

- *"Obéissez à Dieu, au Messager et aux ayant charge des affaires (aux ayant autorité) d'entre vous !" (4/59)*
- *"Si vous divergez sur une question référez-vous à Dieu et au Messager…" (4/59)*
- *"Celui dont je suis le maître 'Alî est son maître !" ; "Trouvez dans les gens de ma famille ma succession !" (hadîths mis en avant par la tradition shî'ite pour appuyer ses thèses).*
- *"Écoutez et obéissez même si vous êtes dirigés par un noir Abyssin !" (hadîth mis en avant par les traditions ibâdhite et khârijite)*
- *"Les Imâm doivent être de Quraysh !" hadîth privilégié par la tradition sunnite).*

V — Énoncés relatifs à la condition féminine

1. Énoncés privilégiés par les adeptes de l'égalité des sexes

- *"elles ont des droits équivalents à leurs obligations selon ce qui est connu." (2/228)*
- *"les croyants et les croyantes sont amis (ou responsables) ("awliyâ") les uns des autres ; ils se recommandent mutuellement le bien et s'interdisent mutuellement le mal…" (9/71)*
- *"Les meilleurs d'entre vous sont les meilleurs envers les femmes." (hadîth)*

2. Énoncés justifiant les discriminations à l'égard des femmes

- *"Au mâle l'équivalent de ce qui revient (en héritage) à deux femelles." (4/176)*
- *"Les hommes ont tutelle sur les femmes en raison de la distinction établie par Dieu entre eux et de ce qu'ils dépensent de leurs biens." (4/34)*

3. Polygamie ou monogamie ?

- *"Épousez, selon ce qui vous grée, une, deux, trois ou quatre femmes ; mais si vous craignez d'être équitable entre les quatre n'en épousez qu'une seule." (4/3)*
- *"Vous ne saurez être équitables entre les femmes même si vous vous efforcez de l'être." (4/135)*

VI — Versets relatifs à la foi, aux pratiques cultuelles et à la piété

1. Versets relatifs à la foi

Les piliers de la foi sont énoncés dans plusieurs versets tels que :

- *"Le Messager a cru en ce qui lui a été révélé par son Seigneur ; de même les croyants ont foi en Dieu, en ses anges, en ses Livres, en ses Messagers sans faire aucune différence entre ses Messagers..." (2/285)*
- *"Celui qui ne croit pas en Dieu, en ses anges, en ses Livres, en ses Messagers et au Jour dernier, est dans un égarement extrême." (4/136)*
- *La foi dans le Jour (du jugement) dernier est celle qui revient le plus souvent associée à la foi en Dieu (26 fois).*
- *Les anges sont mentionnés dans près de 90 versets dont :*
- *"Louange à Dieu, créateur des cieux et de la terre, qui prend pour messager les anges pourvus de deux, trois ou de quatre ailes..." (35/1)*
- *"Dieu élit parmi les anges des messagers comme parmi les humains..." (22/75)*
- *Les Livres (ou Écrits) sont mentionnés plus de deux cents fois ; certains versets les nomment :*
- *"C'est Nous qui avons révélé la Torah où il y a guidance et lumière..." (5/44)*
- *"Nous les avons fait suivre par Jésus fils de Marie confirmant la Torah. Nous lui avons donné l'Évangile où il y a guidance et lumière..." (5/46)*
- *le Coran est mentionné nommément 68 fois dont : "Le mois de Ramadan pendant lequel le Coran a été révélé pour guider les humains..." (2/185) ; "une promesse à laquelle Dieu s'engage dans la Torah, l'Évangile et le Coran..." (9/111)*
- *Les prophètes — messagers ou apôtres — font l'objet de près de 450 versets. Certains sont nommés tel que :*
- *"Mentionne dans le Livre Abraham ; c'était un homme de vérité et un prophète." (19/41) ; Abraham est mentionné 69 fois.*
- *"Mentionne dans le Livre Moïse ; c'était un homme sincère et un prophète-messager (...) Nous lui avons accordé par notre miséricorde son frère Aron comme prophète." (19/51 et 53) ; Moïse est mentionné 136 fois.*
- *"Mentionne dans le Livre Ismaël : il avait la promesse sincère et fut un prophète-messager." ; Ismaël est mentionné 12 fois.*

- "Mentionne dans le Livre Idrîs ; il fut un être de vérité, un prophète." (19/56)

Sont également mentionnés comme prophètes Adam (25 fois), Noé (43 fois), Joseph (28 fois), Jacob (16 fois), Jonas (4 fois), Salomon (17 fois), David (16 fois), Jésus (36 fois), et, bien sûr, Muhammad (cité nommément 4 fois).

2. Versets relatifs aux pratiques cultuelles

Outre la profession de foi liée aux croyances fondamentales déjà rappelées, les pratiques cultuelles sont :

- la prière mentionnée dans le Coran 93 fois dont :
"Accomplissez la prière..." qui revient 12 fois (2/43, 83, 110 ; 4/77 et 103 ; 6/72, etc." ; "La prière préserve de l'infamie et du blâmable." (29/45) ; "Ô croyants ! Aidez-vous par la patience et la prière è" (2/153). "N'approchez pas la prière en état d'ivresse !" (4/43) ; ou "Si vous parcourez la terre (en déplacement, ou œuvrant sur la terre), ce n'est pas un délit que de raccourcir la prière..." (4/101)
- *l'aumône (zakât) stipulée 34 fois, le plus souvent associée à la prière, dont : "Accomplissez la prière, faites l'aumône et courbez-vous (devant Dieu) avec ceux qui se courbent !" (2/43)*
- *le jeûne mentionné 13 fois dont : "Ô croyants ! Le jeûne vous a été prescrit comme il l'avait été pour ceux qui vous ont précédés." (2/183) ; "Le mois de ramadan est celui pendant lequel le Coran a été révélé pour guider les humains et les aider à distinguer (le bien du mal). Quiconque aperçoit le (début du) mois qu'il le jeûne. A qui serait malade, ou en voyage, incombe le jeûne d'un nombre égal de jours." (2/185)*
- *le pèlerinage mentionné 12 fois dont : "Un droit de Dieu sur les humains : le pèlerinage à la Maison (à La Mekke) pour quiconque en a la possibilité." (3/97)*

3. La piété

Les principales croyances, pratiques cultuelles et attitudes constitutives de la piété sont résumés dans le verset suivant : *"La piété ne consiste pas à tourner votre tête du levant au couchant ; elle consiste à croire en Dieu, au Jour dernier (du jugement dernier), aux anges, au Livre, aux prophètes, à donner de son bien, pour attaché qu'on y soit, aux proches, aux orphelins, aux pauvres, aux gens de passage, aux mendiants et pour l'affranchissement des esclaves, à accomplir la prière, à faire l'aumône, à honorer les pactes conclus, à faire preuve de patience dans la souffrance et l'adversité au moment du malheur..." (2/177)*

DOCUMENTS EXTRAITS DE
"Six originaux des lettres diplomatiques du Prophète de l'islam"
Hamidullah, Ed. Toughi, Paris, 1986

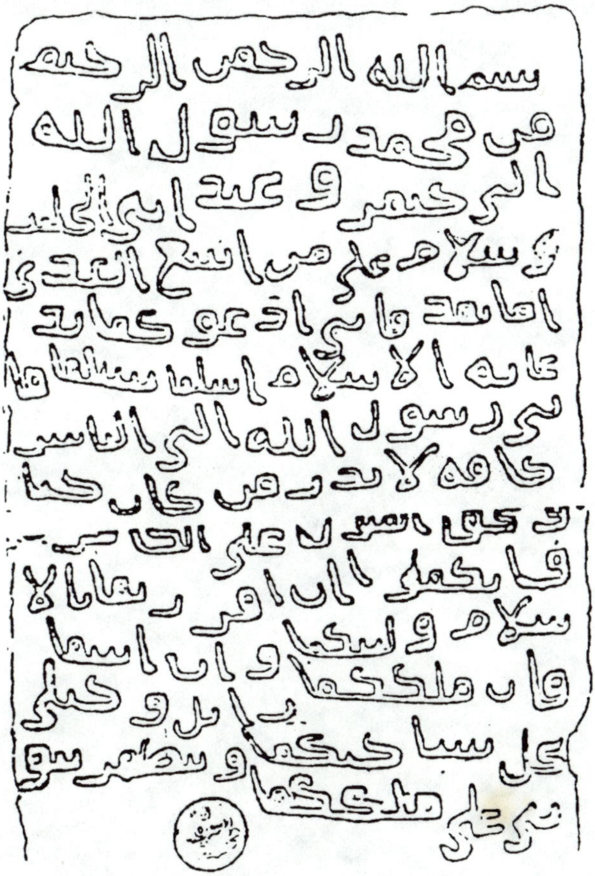
بسم الله الرحمن الرحيم
من محمد رسول الله
الى جيفر و عبد ابنى الجلندى
و سلام على من اتبع الهدى
اما بعد فانى ادعوكما بداعية
الاسلام اسلما تسلما فانى
رسول الله الى الناس
كافة لانذر من كان حيا
و يحق القول على الكافرين
فانكما ان اقررتما بالا
سلام وليتكما و ان ابيتما
ان تقرا بالاسلام فان ملككما
زائل عنكما و خيلى تحل
بساحتكما و تظهر نبوتى
على ملككما

Manuscrit d'une lettre adressée par Muhammad à deux «rois» d'Oman les invitant à embrasser l'islam
(p. 201)

Traduction d'une lettre adressée par Muhammad à Héraclius
Traduction de M. Hamidullah, op. cit. pp. 154-155

"Par le nom de Dieu, le Très Miséricordieux, le Tout Miséricordieux ! De Muhammad, Esclave de Dieu et Son Envoyé, à Héraclius, grand chef des Byzantins :

"Paix à qui suit la vraie voie ! J'ajoute que je t'appelle de tout l'appel de l'Islam : embrasse l'Islam et tu seras sauf ; embrasse l'Islam et Dieu te dispensera double mérite. Mais si tu te dérobes, le crime des paysans retombera sur toi. Et [vous], ô gens de l'Écriture Sainte, venez vers une parole qui est la même pour nous et pour vous : que nous n'adorions que Dieu, que nous ne Lui associions quoi que ce soit et que, parmi nous, les uns ne prennent point les autres comme Maîtres en dehors de Dieu. Si donc ils se dérobent, vous direz : Soyez témoins que nous sommes des Musulmans" (littéralement : des soumis à Dieu).

CHAPITRE 3
DES FAITS FONDATEURS DE L'ISLAM AUX FAITS FONDATEURS DES VOIES DE L'ISLAM

I — DISPARITION DE MUHAMMAD ET PASSAGE DE L'AUTORITÉ DU PROPHÈTE À CELLE DU CALIFE

Tout ce que l'on peut dire de l'expérience historique de Médine, du vivant de Muhammad, c'est qu'elle s'inscrivait dans la continuité de la "volonté de vivre ensemble" qui a commencé à germer chez les tribus arabes en lien avec les événements qui ont "bouleversé" le système traditionnel aux ve et vie siècles.

Tout en contestant les disparités et les injustices engendrées par les mutations consécutives au développement du commerce caravanier, l'islam a contribué à donner le fondement idéologique qui manquait à cette volonté de vivre ensemble. Ce fondement n'était pas en rupture avec celui qui servait, jusqu'alors, de base à l'organisation tribale. En effet, l'islam offrait, à travers Abraham et son fils Ismâ'îl (Ismaël), présentés comme étant les ancêtres de tous les Arabes, un fondement à l'unification des populations d'Arabie, de même nature que celui qui cimentait la solidarité tribale. Selon qu'on privilégie la figure d'Abraham ou celle d'Ismâ'îl, les frontières de la *'umma* envisagée peut être plus ou moins large : ne concerner que les Arabes (considérés comme descendant d'Ismaël), ou englober toute la descendance d'Abraham. Dans les deux cas, elle ne peut avoir un caractère monoconfessionnel : les descendants d'Ismaël ne sont pas tous musulmans ; il en va de même pour les descendants d'Abraham qui, de plus, ne sont pas tous arabes. Il est donc difficile, à partir des faits fondateurs de l'islam, de déduire une volonté de *'umma* exclusivement musulmane, même si la tentation d'une telle évolution existait déjà du vivant de Muhammad, en particulier à travers le sort réservé aux tribus juives de Médine.

L'œuvre de Muhammad et de ses compagnons ne peut être appréhendée, à ce niveau, que comme une transition du système traditionnel où les nomades représentaient le pôle dominant, vers un système où les citadins, et en particulier les commerçants, commençaient à occuper une position hégémonique dans un cadre plus large que celui de la tribu.

Sur quoi pouvait déboucher cette transition ? A la mort de Muhammad, tout était possible :

- l'éclatement de l'organisation supra-tribale née à Médine et le retour au système tribal traditionnel comme le désiraient les tribus nomades qui ne furent soumises que par la force,

- l'élargissement à tous les Arabes du cadre de cette organisation indépendamment des appartenances confessionnelles sur la base des principes de la Çahîfa de Médine,

- l'élargissement à des non arabes sur la base de l'appartenance à l'islam en excluant les non musulmans, même s'ils sont arabes, dans le prolongement des exclusions apparues à travers l'expulsion des juifs de Médine,

- enfin, la récupération de ce processus par les riches Mekkois — ou l'ensemble des citadins — pour redonner à l'unification de l'Arabie, l'orientation qu'elle avait avant l'avènement de l'islam sur la base des positions acquises durant les trois dernières années de la vie de Muhammad.

L'expérience de Médine était grosse de toutes ces possibilités, ou, du moins, ne fermait la porte à aucune de ces évolutions potentielles. Les préceptes des faits fondateurs de l'islam n'en interdisaient aucune. La mort de Muhammad a constitué l'occasion attendue par les partisans de ces différentes alternatives pour que chaque camp essaie, à sa manière, et selon ses moyens, d'imposer ses vues :

- les chefs des tribus nomades ont revendiqué le retour à l'autonomie traditionnelle de chaque tribu et ont refusé de reconnaître l'autorité d'un successeur à Muhammad pour échapper à la domination des citadins ; leur mot d'ordre était : *"nous avons fait allégeance à Muhammad en tant que Prophète de Dieu ; au nom de quoi nous demande-t-on d'accepter l'autorité de 'Abû Bakr"*, que les citadins se sont empressés de désigner comme calife pour faire face à la sécession des tribus nomades ?

- les Médinois ont revendiqué la succession de Muhammad en prétextant de leur rôle dans la consolidation et l'expansion de l'islam au moment où leurs rivaux mekkois le combattaient ;

- les Mekkois, dont les positions se sont consolidées durant les trois dernières années de la vie de Muhammad avec leur adhésion à l'islam — après l'institution du pèlerinage à La Mekke — revendiquaient la même succession à un double titre : Muhammad et ses premiers fidèles étaient des leurs, et *"les Arabes n'ont connu (cette affaire) que revenant à Quraysh"* [1] ;

- au sein des Mekkois, le clan de la famille de Muhammad s'est trouvé isolé face à une alliance des autres clans dont les principaux porte-parole furent 'Umar Ibn Al-Khattâb, 'Abû 'Ubayda Ibn al-Jarrâh et 'Abû Bakr. Le premier, 'Umar, résumait très bien l'argumentaire de cette alliance en disant au clan adverse : si vous cumulez les honneurs de la prééminence spirituelle que Dieu a donné à l'un des vôtres — c'est-à-dire Muhammad — et ceux de la prééminence sociale, votre pouvoir sera sans bornes ! On pourrait trouver dans cet argument un principe de séparation entre le politique et le religieux pour éviter toute forme de despotisme.

- Le clan de la famille de Muhammad revendiquait une légitimité héréditaire jusqu'alors inconnue dans le système tribal arabe ; c'est sans doute l'une des raisons pour lesquelles leur cause n'a pas été entendue.

Il est important de remarquer que les non musulmans n'ont pas joué un rôle notable dans cette lutte : est-ce le résultat de la marginalisation amorcée avec les exclusions que nous avons déjà rappelées ?

Il est aussi important de signaler que les arguments religieux n'ont joué qu'un rôle très secondaire dans la décision finale : le rapprochement entre la direction de la prière (imâmat) confiée par Muhammad, quand il était malade, à 'Abû Bakr, et la direction des affaires de la communauté (à laquelle les théoriciens du *califat* donneront plus tard le nom d'*imâmat* suprême) pour justifier, a posteriori, le choix de celui-ci, était loin d'être le facteur décisif. Les partisans de 'Alî avaient des arguments aussi solides, sinon plus, de ce point de vue. Les facteurs décisifs étaient liés au mode traditionnel de désignation des chefs de tribus : 'Abû Bakr était plus âgé que 'Alî et comptait parmi les premiers compagnons du Prophète dont il était, par ailleurs, le beau-père (sa fille 'Â'isha était la plus jeune des épouses de Muhammad). De plus, avant l'avènement de l'islam, il était déjà représentant de son clan dans le conseil de La Mekke, et bénéficiait du soutien des riches commerçants et des anciens notables Mekkois.

La principale raison était la révolte des nomades qui obligea les citadins — de La Mekke et de Médine — à s'entendre vite pour faire face à une situation qui risquait de remettre en cause leur hégémonie. Le choix de 'Abû Bakr qui réunissait sur son nom la majorité des notables mekkois, était, en outre, lié au rôle historique de La Mekke et à la prééminence traditionnelle de Quraysh, d'où l'argument : *"les Arabes n'ont connu cette affaire que revenant à Quraysh"*, qui deviendra l'un des arguments des théories concernant le *califat.*

La "consultation" *(shûrâ)* qui a présidé au choix du successeur (*khalîfa*, donnant calife) de Muhammad était, de ce fait, loin d'être une véritable consultation. En effet, les notables de plusieurs clans citadins — de Médine et de La Mekke, sans parler des autres centres urbains de l'intérieur de l'Arabie et du Yémen — et tous les notables des tribus nomades en étaient exclus. L'urgence de la situation, invoquée pour justifier cette "ratée" *(falta)*, selon les propres termes de 'Umar, n'est pas un argument sérieux. L'exclusion deviendra non seulement la règle, mais ira grandissant. L'institution du principe héréditaire a mis fin à la procédure de désignation du calife par consultation. Celle-ci a cessé d'être un principe constitutif du pouvoir pour devenir une simple technique de gouvernement laissée à l'appréciation des dirigeants : chaque Calife, ou gouvernant, ne consultera plus, pour les questions de son choix, que son élite *(khâçça)*, à l'exclusion de toute autre partie. Les prémisses de cette évolution étaient déjà dans la pseudo-consultation à laquelle on doit la désignation de 'Abû Bakr. Le verset coranique stipulant que *"leur affaire est une question de consultation entre eux"* (42-38), dont tout le monde, ou presque, dit qu'il est un principe de l'autorité en islam, n'a jamais été respecté : ni dans le choix du premier Calife, ni dans la désignation d'aucun des trois autres "Califes bien guidés" qui lui ont succédé. Après, les choses sont devenues plus claires : le principe héréditaire est devenu la règle. Parmi les faits fondateurs liés au califat de Médine, il convient de noter le lien établi entre l'appartenance à l'islam et l'acquittement de la *zakât* à l'autorité califale : c'était un moyen de légitimer, par la religion, la guerre contre les tribus nomades réclamant le retour à l'autonomie qu'elles avaient avant l'islam. En rapport avec ce lien, l'apostasie a été décrétée délit passible de la peine capitale. Cette innovation, dont l'origine est la volonté de légitimer par la religion une autorité politique, a fini par devenir un principe religieux interdisant à un musulman de remettre en cause son appartenance à l'islam. C'est au nom de ce principe que des penseurs et des intellectuels sont aujourd'hui condamnés à mort dès lors qu'une autorité religieuse les considère comme apostats : les cas de Bahâ'î en Iran, de Muhammad Mahmûd Taha au Soudan, de Salmân Rushdie, Taslîma Nasreen, Faraj Fûda et Nasr Hâmid Abû Zayd attestent de la pérennité de cette tradition. C'est, encore une fois, *a posteriori* que des hadîths ont été "trouvés" pour justifier cette innovation qui n'a pas de fondement dans le Coran.

Les autres formes de liens entre le politique et le religieux qui deviendront, pour certaines tendances de l'islam, des faits fondateurs, concernent le rôle même du Calife : les titres de successeur du Prophète (titre du premier Calife), ou de Commandeur des Croyants (titre pris par le deuxième Calife pour éviter la difficulté de se retrouver avec des titres impossibles tels que "successeur du successeur du successeur... du Prophète) donnent à l'autorité politique le rôle d'une autorité religieuse. Ni le Coran, ni la tradition consacrée de Muhammad ne permettent de considérer les gouvernants comme autorité spirituelle. Bien plus, l'insistance sur le rapport direct, sans intermédiaire entre Dieu et chaque croyant, ainsi que les versets coraniques stipulant à l'égard de Muhammad : *"rappelle ! Tu n'as pour mission que de rappeler ; tu n'as pas de pouvoir de contrainte sur eux"* (88-21), ou *"tu n'es pas leur tuteur"* (4-80, 6-66, 6-107, 17-60, 42-6), peuvent militer en faveur d'un anticléricalisme (au sens de refus de l'autorité des clercs) et de toutes formes d'autorité spirituelle comme l'a défendu M. 'Abduh au XIXe siècle [2].

On ne saurait parler du rôle fondateur de l'expérience de Médine dans la formation de nouveaux faits fondateurs, contestés par les uns et revendiqués par d'autres, sans s'arrêter sur la conversion de la razzia que pratiquaient les tribus nomades entre elles, en *jihâd* pour répandre l'islam. Cette conversion était le seul moyen d'orienter vers l'extérieur l'énergie guerrière des tribus nomades qui se sont révoltées contre l'autorité califale. Elle a permis d'avoir la paix nécessaire, à l'intérieur, pour jeter les bases d'une organisation étatique. Elle s'est aussi avérée fructueuse, grâce aux butins dont une partie allait au Calife et à la trésorerie créée pour capter ces revenus, ainsi que les rentrées de la *zakât* et de la *jizya* (payée par les gens du Livre pour avoir le statut de protégés). Cette évolution peut être comparée à celle qu'a connue le christianisme avec la constitution de l'État français au Moyen Âge : les Chevaliers, dont le métier était la guerre, étaient un obstacle à l'avènement de la fille aînée de l'Église. C'est pour avoir la paix nécessaire à cette constitution que l'Église appela à la "Fraternité dans le

Christ" et exploita l'énergie guerrière des Chevaliers pour mener les Croisades aussi biens contre les musulmans que contre les "hérésies" des cathares, des vaudois, des patarins puis contre les protestants.

Dans les deux cas, la "guerre sainte" a procédé d'une volonté politique visant à canaliser une énergie guerrière qui gênait une entreprise d'unification politique en l'orientant, au nom de la religion, vers l'extérieur.

Certes, l'expérience dc Jésus, crucifié avant que ses fidèles ne deviennent une communauté autonome ou hégémonique, n'offrait pas, contrairement à celle de Muhammad, de précédents pour justifier la guerre au nom de la religion qu'il professait. Cependant, cela n'a pas empêché des chrétiens d'agir comme les adeptes de n'importe quelle religion lorsqu'ils se sont trouvés dans la situation de pouvoir — ou de devoir — mener des "guerres saintes" pour des raisons qui n'étaient pas forcément religieuses.

La règle en cela est toujours et partout la même : si les faits fondateurs de la religion ne permettent pas la justification d'une pratique jugée nécessaire, on les enrichit en procédant à une **refondation**. Toutes les religions ont connu ce phénomène que nous analysons, ici, à propos de l'islam.

II — CRISE DU SYSTÈME CALIFAL DE MÉDINE ET AVÈNEMENT DES PREMIERS MOUVEMENTS POLITICO-RELIGIEUX

L'expansion de l'islam en dehors de l'Arabie, grâce à la conversion de la razzia en jihâd, a permis, un moment, de contenir les divisions liées à la question du califat. Cependant, c'est en rapport avec cette même expansion que les divisions ont repris, caractérisées par un conflit ouvert opposant, entre eux, les compagnons de la génération fondatrice du fait islamique. Dès le règne de 'Umar (634-644/13-23), des divergences sont apparues entre le Calife et les autres compagnons au sujet de la course à l'enrichissement liée aux conquêtes. 'Umar mit un terme à la politique instaurée par 'Abû Bakr (632-634/11-13), accordant des terres dans les pays conquis aux compagnons et aux notables. Scandalisé par le comportement de certains compagnons qui profitaient de leur prestige pour faire fortune dans les régions conquises, il a également essayé de leur interdire de quitter le Hijâz en leur demandant de se consacrer à la recension du Coran et de la Tradition du Prophète pour en assurer la transmission aux générations futures. Certains historiens attribuent aux réactions hostiles à ces mesures, la fin tragique du deuxième Calife, mort sous les coups de poignard d'un *mawlâ* Perse qui lui avait été recommandé par le gouverneur d'Irak.

La crise s'est aggravée sous le règne du troisième Calife (344-356/23-35) issu du clan des Omeyyades et dont le népotisme fut à l'origine d'une révolte qui s'est terminée par son assassinat. La proclamation, à Médine, de 'Alî comme calife pour lui succéder, fut contestée par deux camps :

- le premier, regroupé autour de la dernière épouse du Prophète, 'Â'isha, et de deux célèbres compagnons : Talha et Zubayr ;

- le second, regroupé autour du cousin du Calife assassiné, l'Omeyyade Mu'âwiya Ibn Abî Sufyân, qui était gouverneur de Damas.

C'était ce que les historiens ont appelé "la grande discorde" [3].

Les partisans de 'Alî réussirent à vaincre, non sans effusion de sang, le premier camp avant d'affronter à Siffine, en 657, les troupes du gouverneur de Damas. Le conflit s'acheva par un arbitrage favorable à ce dernier. Cet arbitrage engendra la constitution du premier courant politico-religieux : le khârijisme. Une partie des partisans de 'Alî ont fait dissidence contre celui-ci parce qu'il accepta l'arbitrage : un dissident se dit en arabe *"khârij"*, dont est issu leur nom : khârijites (en arabe *khawârij* pluriel de *khârij*). Nous reviendrons à l'évolution de ce courant qui donna lieu à une obédience distincte parmi les musulmans.

'Alî se retira, avec ses partisans, à Kûfa où il est reconnu comme Calife en 660/40 sur l'Irak et l'Iran, alors que son rival Omeyyade a été proclamé Calife en Syrie, Palestine, Égypte et Hijaz. L'assassinat de 'Alî, par un khârijite, en 661/40, donna au conflit d'autres dimensions. Le gouverneur de Damas en profita pour consacrer la suite de son règne à la transformation du califat en monarchie héréditaire, empruntant ses formes et ses organes institutionnels à l'organisation étatique des pays conquis, et plus particulièrement à l'administration des provinces de l'Empire Byzantin au Proche-Orient. Ce faisant, Mu'âwiya a réalisé le rêve de son père et du clan des Omeyyades qui voulaient, avant l'avènement de l'islam, créer une autorité dynastique à La Mekke, et par delà, sur l'ensemble de l'Arabie. Le rêve pour lequel les riches mekkois combattirent l'islam, finit par se réaliser au nom de l'islam.

Cette évolution fut à l'origine de la constitution des partisans de 'Alî en courant politico-religieux défendant une thèse légitimiste selon laquelle le Calife (ou l'Imâm) doit être dans la lignée du Prophète, par sa fille Fâtima et son cousin et gendre 'Alî. Ce courant engendra le shî'isme, sur les thèses et l'évolution duquel nous reviendrons dans le chapitre consacré aux obédiences.

Toujours en rapport avec l'évolution de l'institution califale, on a assisté à la constitution des prémisses des courants théologiques. En effet, c'est la justification par la volonté de Dieu, des agissements des Califes omeyyades qui fut à l'origine des débats au sujet du rapport entre les actes humains et la puissance de Dieu. Trois thèses sont apparues :

- la première, encouragée par les califes omeyyades, attribuait à la volonté divine l'origine de tous les actes humains, bons ou mauvais, licites ou illicites. C'est la thèse "jabrite" (du terme arabe *jabr* qui signifie contrainte et obligation) de la prédestination et de la négation du libre arbitre humain. Au nom de cette thèse, les hommes n'ont pas à se révolter contre la politique des gouvernants, qui serait voulue, comme leur autorité, par Dieu ;

- la deuxième, partagée par les khârijites, les shî'ites et par tous ceux qui contestaient la légitimité des Omeyyades, considérait que Dieu n'est pas responsable des actes accomplis par les hommes. Ceux-ci sont responsables de leurs actes dont ils ont à répondre, sur la terre et dans l'au-delà, en raison de la capacité *(qudra)* de discernement et de choix, entre le bien et le mal, dont Dieu les a dotés. C'est la thèse "qadarite" du libre arbitre humain comme corollaire de la justice divine ;

- la troisième, tout en reconnaissant la responsabilité humaine considère qu'il est impossible de juger de la foi d'un pécheur — qu'il soit gouvernant ou gouverné — et qu'on n'a pas à justifier la guerre contre un Calife qui a commis un péché capital, en le considérant comme un incroyant : il faut s'en remettre à Dieu pour tout jugement concernant la foi des grands pécheurs. C'est la thèse des "murji'ites" (du mot arabe *murji'a*, qui signifie "ceux qui "ajournent", ou remettent à plus tard, au jugement dernier, la détermination du statut du pécheur).

Cette thèse, comme la seconde, rencontrait l'hostilité des gouvernants pour deux raisons :

- d'une part elle admet leur responsabilité quant aux péchés qu'ils commettent et ne ferme pas complètement la porte à la remise en cause de leur légitimité ; elle s'oppose uniquement à l'attitude consistant à les considérer comme des incroyants ;

- d'autre part, elle a servi de base aux révoltes des *mawâlî* (les non-arabes convertis à l'islam) que les Omeyyades discriminaient en prétextant que leur adhésion à l'islam n'était pas sincère, se permettant ainsi de "juger de leur foi à la place de Dieu".

C'est à partir de ces prémisses que vont se constituer les courants théologiques qui participent de la formation des voies distinctes au sein de l'islam. La peur des conséquences auxquelles pourraient conduire les conflits théologiques et politiques, pour une foi encore marquée par le caractère oral de la culture dans laquelle elle a vu le jour, favorisait le développement d'une réaction traditionniste. C'est dans ce cadre qu'on a commencé à mettre par écrit la Tradition du Prophète, de ses compagnons et de leurs successeurs, pour l'entourer d'une vénération l'instituant comme une source ayant quasiment la même valeur que le Coran. Cette tradition consacrée, à l'intérieur de laquelle chacun privilégiait ses exemples et ses références, a fini par servir de base à des doctrines concernant l'exégèse coranique, les obligations cultuelles et les relations humaines. C'était le *Fiqh* (élaboration juridique) opposé au *Kalâm* (théologie dogmatique) que les traditionnistes préféraient parce qu'il s'agissait — selon l'expression du juriste Mâlik Ibn 'Anas — d'un savoir impliquant une finalité pratique, contrairement au *Kalâm* qui représentait à leurs yeux, un savoir inutile et dangereux pour la foi.

L'expansion de l'islam et la rencontre d'autres cultures ont favorisé l'accélération du passage d'une civilisation orale à une civilisation de l'écrit. Dès la fin du VIIIe/IIe siècle, une course à la traduction et à la rédaction de recueils de poésie, de hadîths, de traditions de toutes sortes, s'est emparée des musulmans de toutes origines et de toutes obédiences. Ce mouvement a permis aux différents courants, politiques et/ou théologiques, de mettre à profit — au grand dam des traditionnistes, obligés, eux-mêmes, parfois de faire comme leurs adversaires — les apports des différentes cultures pour élaborer leurs doctrines, affûter leurs argumentaires et réfuter les théories de leurs adversaires. La fin du VIIIe/IIe siècle et le début du IXe/IIIe siècle, à l'apogée de la dynastie abbasside — particulièrement sous les règnes de Hârûn Ar-Rashîd (786-809/170-193), Al-Ma'mûn (813-833/198-218) et Al-Mu'taçim (833-842/218-227) — a été une période propice à la confrontation des idées entre les partisans des différents courants de pensée, y compris des courants ne se réclamant pas de l'islam. C'était l'époque de célèbres *munâzharât* (débats contradictoires) organisées dans les mosquées ou dans les cours des califes, des vizirs et des gouverneurs pour permettre à chacun de défendre ses idées et de réfuter celles des contradicteurs à la manière des sophistes et des philosophes dans l'agora des cités grecques.

La tolérance qui permettait cette confrontation des idées était favorisée par la position hégémonique du monde musulman à cette époque : la suprématie politique, militaire et économique procuraient l'aisance et la confiance en soi nécessaires à l'épanouissement de la tolérance, à l'ouverture sur les autres cultures et au foisonnement des idées. Les musulmans n'avaient peur ni des Grecs, ni des Byzantins, ni des Perses, ni de la puissance d'aucun autre pays. Bien au contraire, ils avaient conscience de la supériorité et de la crainte qu'ils inspiraient à l'Est comme à l'Ouest, au Nord comme au Sud. Ils ne voyaient, par conséquent, aucun danger à puiser dans toutes les cultures qu'ils rencontraient. C'est là quasiment une attitude universelle : celui qui se trouve en position hégémonique n'éprouve aucun problème d'identité, aucun besoin de se replier sur soi pour se protéger des influences et de la menace des autres !

Ces facteurs ont permis à tous les courants de puiser dans les héritages gréco-romain, judéo-chrétien, hindo-persan, etc., pour élaborer les doctrines qui sont à la base de la diversité de l'islam.

Dès que le monde musulman a commencé à connaître ses premiers revers, dès que la stagnation puis le reflux ont succédé à l'expansion, l'assurance et la confiance en soi ont laissé place au doute, à la peur et à des réflexes identitaires qui furent fatals à la tolérance, à l'épanouissement des idées et de la culture en général, ainsi qu'à l'ouverture sur les autres civilisations. La confrontation des idées a fait place à l'inquisition et à la chasse aux sorcières. Plus les revers se succédaient, plus les divisions internes devenaient insupportables et sanglantes, plus l'intolérance, le fanatisme et le rigorisme devenaient la ligne de conduite des différentes composantes de l'islam. Le traditionnisme, qui n'avait jamais disparu, en profita pour imposer la suprématie de la Tradition *(naql)* sur la raison *('aql)*. Cette évolution finit par imposer la certitude que la meilleure conduite qui convenait aux musulmans était de suivre l'exemple du Prophète, de ses compagnons et de ceux qui restèrent fidèles à la Tradition. Cette attitude conduisit à fermer la porte à la réflexion et au libre examen : c'était ce que les historiens de la pensée musulmane appellent "la Fermeture de la porte de l'ijtihâd", sous prétexte que les anciens ont tout dit et qu'il ne reste plus qu'à emprunter le chemin qu'ils ont tracé pour l'éternité ! Désormais, toute nouveauté est considérée comme innovation blâmable, selon l'adage érigé en principe sacré : *"toute nouveauté est une innovation, toute innovation est une hérésie, et toute hérésie est condamnée à l'enfer"*. C'est dans le cadre de cette réaction traditionniste que les codes juridiques sont devenus des rites sacrés, que la Loi dont ils sont porteurs est devenue — sous le nom de *sharî'a* — un pilier de la religion et que les Califes-Imâms sont devenus *"l'ombre de Dieu sur la terre"*, dépositaires de sa grâce *(baraka)*, à qui *"tout musulman doit faire allégeance sous peine de mourir impie"*, selon les termes d'une tradition consacrée par les adeptes de l'institution califale.

Cette évolution commença dès la fin de la première moitié du IXe siècle avec la réhabilitation du hanbalisme et la condamnation de la théologie mu'tazilite par le calife Al-Mutawakkil (847-861/232-247). Il lui a fallu plusieurs siècles pour toucher toutes les régions et toutes les composantes du monde musulman ; certains îlots ont pu résister jusqu'au XIIIe siècle, voire au XVe siècle, permettant l'épanouissement de quelques expressions novatrices, très vite marginalisées. Ce fut le cas pour la pensée philosophique dont l'épanouissement coïncida avec l'amorce de ce processus de déclin et de fermeture ; Hegel ne disait-il pas que la philosophie est, comme l'oiseau Minerve qui n'arrive qu'à la tombée de la nuit ! Ce fut, aussi, le cas de certaines expressions du mysticisme *(taçawwuf)* dont les apports les plus riches furent les plus tardifs, en particulier avec Sohrawardî (1155-1191) et Ibn 'Arabi (1165-1241).

Le processus de fermeture a été favorisé et amplifié par l'affaiblissement de la dynastie abbasside sous l'effet de plusieurs facteurs :

- les querelles pour l'accès au trône qui ont commencé avec l'assassinat du calife 'Amîn en 813 et la proclamation d'un anti-calife en Irak en 817 ;

- les sécessions qui ont, très tôt, mis fin à l'unité de l'Empire arabo-musulman : Omeyyades en Espagne (de 751 à 1030), Idrissides au Maroc (788-974), Tâhirides (820-873) puis Saffarides (863-902) au Khorâsân, Tûlûnides en Égypte (868-905), Samanides en Transoxiane (874-999), Hamdanides au Nord de la Syrie et de l'Irak (Xe siècle), Zaydites au Yémen (dès le Xe siècle), Fatimides en Afrique du Nord puis en Égypte (909 -1171), etc. ;

- la reprise des révoltes dans les différentes provinces comme celle des Qarmates et des Zinj (les esclaves noirs) des plantations du sud de l'Irak (869-883/255-270), sans parler de celles qui ont débouché sur l'avènement de dynasties dissidentes ;

- les conflits entre les principales composantes ethniques de l'Empire, dont en particulier ceux qui ont opposé Arabes, Perses et Turcs ; ces conflits ne sont pas étrangers à la tendance à sacraliser la langue arabe comme "langue de Dieu", pour valoriser la culture des Arabes face à celle de leurs rivaux Perses.

A ces facteurs internes, les XIe et XIIe siècles ont ajouté l'effet des défaites devant les Croisés qui ont ébranlé l'assurance, la confiance en soi et le mythe de l'invincibilité des musulmans que ceux-ci considéraient comme le signe du soutien de Dieu à *"la meilleure communauté des humains"* (Coran, 3-110). A peine les Croisés chassés du Moyen-Orient, une vague d'invasions dévastatrices est venue d'Orient avec les Mongols au XIIIe siècle, pour achever ce qui restait de ce mythe et accélérer la décadence du monde musulman. La marginalisation économique, amorcée avec la perte de l'Espagne et les découvertes maritimes du XVe siècle, n'a fait qu'aggraver le déclin d'une civilisation qui s'est bâtie sur la domination des routes traditionnelles des échanges entre les trois continents du Vieux Monde : l'Asie, l'Europe et l'Afrique. C'était pour le monde musulman, le début d'une longue nuit de décadence dont il traîne encore les effets dans tous les domaines.

Au plan des conceptions et des pratiques religieuses, les différentes voies de l'islam se sont repliées chacune sur ce qu'elles considèrent comme leurs faits fondateurs. Elles sont devenues, au fil des siècles, de véritables religions dans la religion. La décadence, avec son lot de misère, d'ignorance et de désenchantement, a favorisé le fatalisme, l'obscurantisme et la superstition.

NOTES

1. Argument avancé par Abû Bakr et 'Umar pour justifier au nom de la tradition arabe, la prééminence des Mekkois.
2. M. Abduh, *L'islam et le christianisme avec la science et la civilisation*, dans le texte arabe de ses œuvres complètes, Beyroitth, al-mu'assasa al-'arabiyya, 1972.
3. Titre d'un ouvrage en arabe de Taha Hussein, et d'un autre en français de Hichem Djaït, paru chez Gallimard en 1985.

DOCUMENTS

Reconstitution de la maison de Mahomet à Médine transformée de 705 à 709 en Grande mosquée

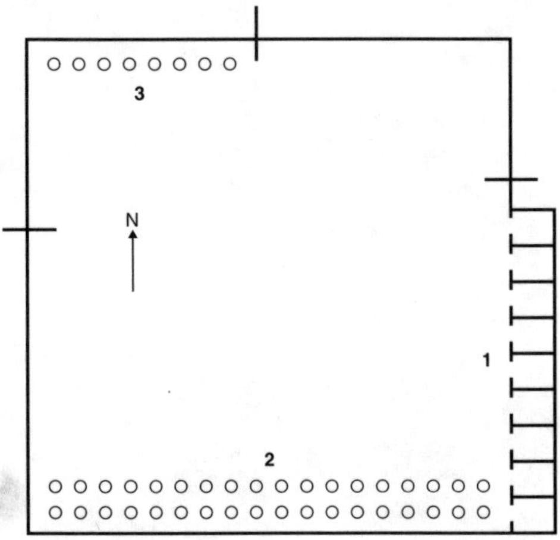

1. pièce réservée aux femmes de Mahomet.
2. haut du toit en direction de La Mekke où Mahomet prêchait.
3. toit abritant les invités.

CHAPITRE 4
OBÉDIENCES ET RITES MINORITAIRES

Le monde occidental a vécu longtemps sur le mythe de l'unité de la *'umma* de l'islam. Il a fallu le triomphe de Khomeyni sur le Shah d'Iran et l'avènement de la "République Islamique d'Iran" pour qu'on se rappelle qu'il existe en islam, comme dans les autres religions, des obédiences différentes. On a commencé par diaboliser les Shî'ites présentés comme étant les extrémistes de l'islam contrairement aux sunnites, qu'on croyait ou voulait croire, plus modérés. Puis, on s'est rendu compte que les choses étaient un peu plus complexes ; les sunnites, comme les Shî'ites et les khârijites, ont leurs "extrémistes" et leurs "modérés". En cela aussi, on a fini par réaliser la "normale normalité de l'islam", pour reprendre l'expression de B. Etienne, par rapport aux autres religions : qui pourrait prétendre que l'intégrisme ou l'extrémisme soit l'apanage exclusif de telle ou telle église chrétienne, de telle ou telle composante du judaïsme, de telle ou telle "voie" indouiste, de tel ou tel "véhicule" du bouddhisme, etc. ?

Comme nous l'avons vu plus haut, très tôt, les musulmans se sont divisés autour de la question du califat. C'est à ces divisions précoces que les trois principales obédiences — khârijites, shî'ites et sunnites — qui se partagent jusqu'à nos jours le monde musulman doivent leur existence. Qu'est-ce qui les distingue les unes des autres ? Et comment ont-elles évolué depuis leur avènement au VIIe/Ier siècle jusqu'à nos jours ? C'est ce que nous verrons en les présentant selon l'ordre chronologique de leur constitution.

I — KHÂRIJISME ET IBADISME

La plus petite composante de l'islam, par le nombre de ses adeptes aujourd'hui, le Khârijisme est la plus ancienne obédience. Son origine remonte aux divisions qui ont suivi l'assassinat du troisième Calife, 'Uthmân, en 656/35. Étymologiquement, leur nom renvoie aux notions de dissidence et de révolte : le verbe arabe : *"kharaja"* dont son dérivé le nom *khârij* et son pluriel *khawârii* — transcrit(s) en français par le terme khârijite(s) — signifie, comme nous l'avons précisé plus haut, sortir (dont sortir du rang) ; mais il veut également dire se révolter, rentrer en rébellion contre l'autorité ou l'ordre établi. Ce sont ces connotations qui militent en faveur de l'assimilation des khârijites à des dissidents de l'islam ; et c'est la raison pour laquelle les ibadites, le seul rite survivant de cette obédience, récusent cette appellation.

Les sources s'accordent pour situer la constitution de cette obédience en 657/36, lors de la bataille de Siffine qui opposa les partisans du quatrième Calife,

'Alî, à ceux du gouverneur de Damas Mu'âwiya Ibn 'abî Sufyân qui, rappelons-le, fut à l'origine de la dynastie Omeyyade (657/36-750/132 à Damas et 755/129-1030/420 à Cordoue).

Les sources sunnites et Shî'ites leur attribuent la perfidie d'avoir exigé de 'Alî l'acceptation de l'arbitrage, pour résoudre le conflit avec son rival, avant de le lui reprocher en invoquant le verset coranique : *"il n'y a d'arbitrage que revenant à Dieu"* (6-57, 12-40, 12-67, etc.). Les Khârijites contestent cette version et situent l'origine de leur avènement au refus des arguments au nom desquels 'Alî et son rival omeyyade revendiquaient le califat (ou l'imâmat). Pour eux, au départ, cette institution n'est pas une obligation de religion. Les musulmans peuvent vivre sans avoir à se soumettre à son autorité. Si, toutefois, les circonstances exigent le recours à l'arbitrage d'un imam, celui-ci doit être choisi parmi les musulmans les plus justes et les plus pieux indépendamment de son origine et de son statut social : *"même si c'est un esclave noir"*, précisent-ils à l'encontre des Shî'ites qui exigeaient que l'imâm soit de la descendance du Prophète, et donc de 'Alî [1], et à l'encontre de ceux qui voulaient que le Calife soit de la tribu mekkoise de Quraysh. Par ailleurs, si l'imam choisi s'avère injuste, incapable de "juger" — ou "arbitrer" — selon le Coran, il faut le démettre ; s'il refuse de partir, il faut le tuer. C'est ce qu'ils ont fait à l'égard de 'Alî en 661/40 ; c'est aussi ce qu'ils ont tenté de faire à l'égard de son rival omeyyade à Damas, et, plus tard, à l'égard d'autres chefs musulmans de toutes les obédiences y compris de la leur.

Par-delà les querelles quant à l'origine et aux mobiles de la constitution de cette obédience, les thèses défendues par les khârijites, au sujet du califat, incarnent le refus des tribus nomades d'Arabie, puis de l'Asie centrale et de l'Afrique du Nord, de se soumettre à un pouvoir citadin qu'il soit de La Mekke, de Médine, de Damas, de Baghdad, de Kairouan, etc., et quelle qu'en soit la légitimité. Beaucoup de spécialistes en ont conclu que le khârijisme incarne la tendance démocratique de l'islam. A mon avis, il s'agit plus d'une tendance anarchiste qu'on retrouve chez les nomades de toutes les cultures et de toutes les époques. L'attitude des Touareg et des Peuls en Afrique, des Roms (couramment appelés Tziganes ou Gitans) en Europe, des restes de tribus nomades dans les différents pays arabes, par delà les traditions, les cultures et les confessions revendiquées, atteste de cette incompatibilité entre l'organisation étatique consacrant l'hégémonie des sédentaires et plus particulièrement des citadins, et le mode de vie nomade. Les khârijites ont puisé leurs arguments dans le Coran ; d'autres pourraient les trouver dans la Bible ou n'importe quel autre texte fondateur de n'importe quelle religion : ce genre de textes, rappelons-le, peut se prêter à toutes les interprétations dans ce domaine, comme dans d'autres. Il est possible d'y trouver des arguments en faveur de toutes les formes d'organisation : de l'anarchie à la théocratie, en passant par toutes les formes dynastiques, oligarchiques, etc.. C'est ce que nous verrons en rapport avec la diversité des systèmes politiques se réclamant de l'islam.

Sur la position politique — fondée sur le refus de l'obligation religieuse de l'imâmat, le rejet du principe héréditaire (dans la lignée de 'Alî ou dans n'importe quelle branche de la tribu des Quraysh), la préférence du recours à l'antique mode électif des tribus arabes et la nécessité de juger selon "l'imâm ultime" qu'est le Coran — sont venus se greffer, au fil des siècles, divers points de vue doctrinaux qui ont divisé les khârijites entre eux et qui les distinguent des autres musulmans.

Outre les thèses constitutives du Khârijisme par rapport à la question de l'imâmat, le credo khârijite s'est cristallisé autour des points suivants :

- le refus de distinguer la Foi de l'action : la foi est concrétisée dans les actes ou elle n'est pas ; si l'on est croyant, on doit pratiquer la foi et y conformer ses actes, sinon on n'est pas croyant ;

- le refus de reconnaître, sous quelque forme que ce soit, l'autorité d'un 'imâm qui ne soit pas des leurs : il ne faut ni lui payer l'impôt religieux qu'est la *zakat*, ni faire la prière derrière lui ou avec ceux qui lui font allégeance, ni combattre sous son étendard ou pour son compte. Les tendances khârijites extrémistes vont même jusqu'à considérer comme un devoir sacré l'obligation de combattre, pour impiété, les chefs musulmans qu'ils ne reconnaissent pas comme tels.

- le refus de reconnaître comme musulman, toute personne qui ne partage pas leur credo, d'où la non participation à la prière collective (du vendredi ou à l'occasion des fêtes religieuses) des autres musulmans ; ce refus peut aller, chez certaines tendances khârijites, jusqu'à l'interdiction de toute forme de commerce et à considérer comme licite, voire comme un devoir sacré, la guerre et la spoliation des biens des musulmans qui n'adhèrent pas à leurs conceptions.

Les divergences d'interprétation de ces principes et l'opposition, entre ceux qui préconisaient l'obligation de la guerre sainte contre les autres musulmans et leurs chefs, d'un côté, et ceux qui refusaient d'en faire un principe absolu, de l'autre, ont été à l'origine de divisions entre khârijites. Quatre grandes tendances ont marqué l'histoire du khârijisme : les azraqites, les plus extrémistes, les çufrites, les najdats et les ibadites [2], qui se séparèrent des azraqites en 685/65.

Aujourd'hui, le Khârijisme n'existe qu'à travers sa version ibadite (du nom du fondateur de la doctrine dont se réclament les adeptes de cette voie de l'islam : Ibn 'Ibâdh) dont la modération lui a permis de cohabiter tant bien que mal avec les autres tendances de l'islam en pratiquant la dissimulation (kitmân), devenu l'un de ses principes doctrinaux.

Les ibadites, qui représentent près de 1 % de l'ensemble des musulmans (soit environ dix millions de personnes) vivent aujourd'hui dans les contrées qui leur ont servi de refuge durant les siècles passés :

- le Sultanat d'Oman, où ils représentent la majorité de la population (70 à 90 % selon les sources) ; cette région d'Arabie, séparée des centres du pouvoir par le vaste désert d'ar-Rub' al-Khâlî (le quart désertique), leur a servi de sanctuaire après l'échec des premières révoltes organisées contre le califat de 'Alî et les Omeyyades.

- le Mzab, en Algérie, où ils ont réussi à créer une dynastie de souche berbère en 758/141 (l'Émirat de Tahert) et où ils ont participé à l'avènement des Fatimides avant d'en devenir les victimes après la révolte dirigée par le khârijite berbère Abû Yazîd (935-946/323-334) ;

- l'île de Djerba en Tunisie et le Djebel Neffoussa en Libye, où leur présence est la continuité de celle du Mzab ;

- l'île de Zanzibar, en Tanzanie, en raison des liens qui ont toujours existé entre la côte orientale de l'Afrique, d'une part, Oman et Mascate, de l'autre.

La "dissimulation" *(Kitmân)*, qu'ils partagent avec toutes les minorités accusées d'hétérodoxie et d'hérésie par les autorités et l'islam majoritaire, est à l'origine d'une grande discrétion concernant les croyances, les rituels et les pratiques qui les distinguent des autres musulmans. Pendant longtemps, on n'en connaissait que ce qu'en disait la littérature partisane de leurs adversaires Shî'ites ou sunnites. Depuis le siècle dernier, les travaux des orientalistes, moins impliqués dans les querelles internes des musulmans, ainsi qu'une certaine tolérance favorisée par le courant réformiste [3] ont permis la constitution d'une vision plus objective de cette obédience. De même, nous assistons, depuis les changements intervenus dans le Sultanat d'Oman en 1970, à un effort de publicité en faveur du patrimoine ibadite, mené particulièrement par le Ministère Omanais du Patrimoine national et de la Culture. Les impératifs de propagande officielle et le souci de rapprochement avec les riches monarchies pétrolières voisines donnent à cet effort une dimension œcuménique. On note, en effet, une volonté d'atténuer les différences avec l'islam sunnite en insistant sur les différences entre l'ibadisme et les courants khârijites qui n'existent plus. Cette volonté va, comme nous l'avons vu plus haut, jusqu'à récuser l'appellation khârijite, sans pour autant renoncer aux thèses constitutives de son credo, au profit de "rite" ou "doctrine" ibadite dans le même sens où l'on parle de "rites" et de "doctrines" à l'intérieur de l'islam sunnite. Cette volonté semble trouver un écho favorable chez les théologiens sunnites, qui, dans le sillage de l'ouverture amorcée par les réformistes de la fin du XIXe siècle et du début du XXe siècle, ne sont pas hostiles à l'idée de considérer les tendances dites jusqu'alors schismatiques et hérétiques, comme des doctrines ou des rites au même titre que ceux que l'islam sunnite a toujours reconnus comme tels [4]. Cependant, cet œcuménisme n'est pas du goût de tout le monde. C'est pour cette raison que les ibadites continuent, en particulier là où ils vivent en minorité, d'entourer du plus grand secret leur vie religieuse. Le fanatisme qui accompagne le développement des mouvements islamistes n'est pas de nature à les rassurer pour qu'ils cessent de pratiquer la dissimulation.

Les publications et les travaux concernant le khârijisme jusqu'à nos jours montrent une forte imbrication entre ce qui relève des conceptions religieuses au sens strict, et les traditions ancestrales des populations qui s'en réclament. L'absence d'une véritable institution scolastique, d'une importante tradition d'élaboration doctrinale permanente à l'instar de ce que la position hégémonique a permis au sunnisme, et — particulièrement en Iran, mais aussi en Irak, et dans d'autres pays — au shî'isme, a donné à l'ibadisme le caractère d'une religion essentiellement populaire mêlant fortement des coutumes ancestrales d'origines diverses aux points doctrinaux professés par des 'ulamâ plutôt soucieux de sauvegarder l'essentiel, de se protéger, et de protéger les leurs, dans un milieu qui leur a toujours été hostile.

II — LE SHÎ'ISME

Le shî'isme est la deuxième obédience de l'islam par le nombre de ses adeptes qui représentent quelques 15 à 20 % des musulmans, soit environ 200 millions de personnes.

L'avènement historique de cette obédience remonte également aux conflits qui ont suivi l'assassinat du troisième Calife : 'Uthmân.

Le terme *"shî'a"* signifie, en arabe, "partisans". On parlait ainsi de *"shî'at 'Alî"* (les partisans d'Ali) comme de la *"shî'a"* de ses adversaires. Puis on s'est mis à parler de *"shî'a"*, sans précision, pour désigner ceux qui sont restés fidèles à 'Alî, et surtout pour désigner la tendance qui s'est constituée, après sa mort, sur la base de la contestation de la dynastie Omeyyade, au nom de ce qui deviendra un principe commun à tous les shî'ites jusqu'à nos jours : l'Imâmat doit être dans la descendance du Prophète par sa fille Fatima et son cousin et compagnon 'Alî, à l'exclusion de toute autre lignée. Sur cette attitude politique légitimiste, et dans des circonstances de conflits sanglants dont la descendance de 'Alî et de ses partisans seront les victimes-martyrs, vont se greffer, au fil des siècles, des doctrines théologico-politiques qui diviseront les shî'ites entre eux et les distingueront des autres musulmans, à l'instar de qui a été vu pour les khârijites.

En dehors du point de vue légitimiste exigeant que l'imâmat soit dans la descendance de Fatima et de 'Alî, et du principe de "dissimulation" (*Kitmân* ou *taqiyya*), lié à la persécution dont ils ont fait l'objet, les divergences entre les shî'ites sont aussi importantes que celles qui les opposent aux autres musulmans. Ceci est surtout vrai pour les différences entre les Zaydites et les autres tendances : les imâmites duodécimains, leur variante alaouite, les ismaïliens (ou imâmites septimains) et leur ramification qui a engendré le druzisme, pour ne parler que des composantes du shî'isme qui existent encore.

1. LE ZAYDISME

Cette tendance doit son nom à l'Imâm Zayd b. 'Alî Zayn al-'Abidîn b. Husayn b. 'Alî. Arrière petit-fils de Fâtima et 'Alî, par leur fils Husayn, cet imâm était un théologien proche du courant mu'tazilite naissant qui prônait le primat de la raison sur la tradition, le libre arbitre humain comme corollaire de la justice divine. Zayd fut l'élève du fondateur de l'école mu'tazilite Wâçil b. 'Atâ'. Sa reconnaissance comme Imâm est liée à la révolte qu'il organisa à Kûfa, en Irak, contre le Calife Omeyyade Hichâm, en 740/122, qu'il jugeait illégitime. C'est là un critère qui distingue les zaydites des autres shî'ites : **pour être imâm légitime, il ne suffit pas d'être descendant de Fâtima et 'Ali, il faut aussi le mériter en œuvrant, y compris par les armes, pour le devenir**. Pour les zaydites, l'imâmat n'est pas forcément dans la descendance de Zayd, ou de son frère, mais dans toute descendance de 'Alî et Fâtima, pourvu que celui qui la réclame remplisse les conditions de : **savoir *('ilm)*, courage, mépris pour les biens de ce monde (zuhd), générosité, capacité de mener le combat et pleine jouissance de ses sens**. La paternité de Zayd n'est donc qu'une paternité doctrinale. C'est pourquoi les Zaydites ont reconnu la dynastie qui se réclama de leur doctrine et qui gouverna le Yémen du début du xe siècle jusqu'en 1963, alors que son fondateur Yahyâ Al-Hâdî (m. 911/298) — descendant du grand juriste et théologien zaydite, proche du mu'tazilisme, Abû'l-Qâsim Ar-Rassî (m. 860/246) — ne descendait ni de Zayd, ni de Husayn, mais de l'autre fils de Fâtima et 'Alî, Hasan.

Si l'on excepte la condition alîde, la théorie zaydite de l'imâmat est très proche des théories mu'tazilites. Plusieurs éléments de cette théorie seront récupérés par les théories élaborées à ce sujet par les penseurs sunnites ultérieurement.

La proximité avec les mu'tazilites et les sunnites est attestée par leur position plutôt conciliante quant au califat de 'Abû Bakr et 'Umar : tout en pensant que 'Alî avait priorité sur eux, ils admettent la légitimité de leur pouvoir. Par contre, ils contestent la légitimité du troisième Calife 'Uthmân.

Un autre point de vue qu'ils partagent avec les mu'tazilites et que certains penseurs sunnites ont repris, concerne la possibilité de l'existence de plus d'un Imâm (Calife) en même temps. L'existence d'une communauté musulmane ne dépend donc pas de son unité politique sous l'autorité d'une seule direction "temporelle et spirituelle" comme le prétendent certains spécialistes. Les zaydites ne sont pas les seuls à l'admettre, et c'est ce qui a permis de s'accommoder de la réalité des divisions politiques caractéristiques, depuis toujours, du monde musulman.

L'affinité entre le zaydisme et le mu'tazilisme a permis de sauver une partie de l'œuvre mu'tazilite grâce aux imâms et aux 'ulamâ' zaydites du Yémen. En effet, c'est au Yémen qu'on a découvert dans les années 1950, des textes mu'tazilites qu'on croyait définitivement perdus dans le cadre de la "chasse aux sorcières" organisée contre ce mouvement à partir du règne du Calife abbasside Mutawakkil (847/232 - 861/247).

Le zaydisme a donné naissance à une principauté au Tabaristan (au Nord-Ouest de l'actuel Iran) qui a réussi à se maintenir, malgré des périodes de revers, de la fin du IXe/IIIe siècle jusqu'en 1126/520. C'est une ramification du shî'isme ismaïlien, les nizarites d'Alamût, qui a mis fin à cette principauté.

Le principal ancrage du zaydisme a été et reste le Yémen grâce à la dynastie qui s'en réclamait et qui régna sur cette partie de la presqu'île arabique de la fin du IXème siècle (897/307) jusqu'en 1963. C'est surtout dans ce pays que les zaydites se trouvent aujourd'hui : ils étaient majoritaires au Yémen du Nord avec 60 % de la population ; ils représentent 40 % de l'ensemble des Yéménites (du Nord et du Sud).

2. LES SHÎ'ITES IMÂMITES

Contrairement aux zaydites qui ont conservé à l'allégeance aux 'alides son caractère original — à savoir une option essentiellement politique —, les imâmites, duodécimains, septimaniens ou alaouites, ont fait de l'imâmat un dogme fondamental de la religion. En effet, celui-ci fait partie des cinq fondements *('uçûl)* de la foi : selon les doctrines imâmites : **l'unicité divine, la justice divine, la prophétie, l'imâmat, le jugement dernier ou la résurrection.**

L'imâmat n'est pas une question humaine dépendant du choix des croyants ou de la volonté d'un homme qui la revendique ou peut la léguer à qui il veut. C'est Dieu qui désigne les imâms comme il désigne les prophètes, pour guider les humains et les délivrer de l'errance.

Chaque Imâm transmet à son successeur, désigné à lui par Dieu, la mission qui lui a été confiée, afin qu'il continue à assurer la présence divine dans le monde. L'ordre des imâms, comme celui des prophètes, est prédéterminé par Dieu. Ils ne peuvent qu'être dans la lignée de 'Alî que le prophète a désigné, comme le premier Imâm, conformément à une injonction divine. Les sources shî'ites établissent à cet égard un lien entre le verset coranique : *"Ô Prophète ! Transmets ce qui t'a été révélé par ton seigneur ; si tu t'en abstiens tu n'auras pas transmis son message..."*(5-67) et la Tradition rapportée par la plupart des sources — shî'ites et sunnites —, selon laquelle le Prophète, au retour de son dernier pèlerinage, à l'endroit dit "Ghadîr Khumm", aurait pris la parole devant plus de cent mille personnes pour faire un prêche où il s'exprima ainsi : *"celui dont je suis le seigneur (ou le maître) 'Alî et son seigneur"*. C'est là le message que le verset coranique aurait demandé au Prophète de transmettre afin qu'il accomplisse fidèlement sa mission. Les sources sunnites ne contestent pas la véracité de cette Tradition, mais elles ne l'interprètent pas dans le même sens que les shî'ites. De même, elles contestent le lien établi entre cette Tradition et le verset coranique en question.

L'ordre et le nombre des imâms diffèrent selon les tendances shî'ites.

Pour les septimaniens, les imâms sont au nombre de sept (d'où leur nom), chiffre auquel ils attribuent une signification symbolique qui renvoie à l'ordre du cosmos, à l'instar des conceptions attribuées à Pythagore. Cette importance symbolique du nombre sept est par ailleurs appuyée sur les croyances ancestrales de l'Orient et de la Méditerranée, relatives à sa signification cosmique. On trouve dans le Coran un écho de ces croyances : le nombre sept revient dans dix huit versets, dont ceux qui parlent des *"sept cieux"* (2-29 ; 17-44 ; 41-12 ; 65-12 ; 67-3).

L'ordre chronologique du cycle de l'imâmat est le suivant :

- le premier Imâm est 'Alî, assassiné en 661/40, par un khârijite ;

- le deuxième est Hasan, premier fils de Fâtima et 'Alî ; il fut contraint de renoncer au califat devant l'armée omeyyade dépêchée en Irak pour écraser ses partisans. Les sources shî'ites accusent Mu'âwiya de l'avoir fait prisonnier pour garantir la succession à son fils Yazîd ; les mêmes sources ajoutent que Hasan n'a pas renoncé à l'imâmat mais qu'il s'est retiré à Médine pour "attendre l'ordre de Dieu" ;

- le troisième Imâm est le second fils de Fâtima et 'Alî, Husayn qui connut unc fin tragique à Karbala, massacré avec un grand nombre de ses partisans par l'armée omeyyade en 680/61.

A partir de Husayn, les imâms, selon le point de vue des septimaniens, sont exclusivement de la descendance de Husayn de père en fils, ainsi :

- le quatrième imâm et 'Alî Zay al-'Abidîn, connu pour sa piété, sa vie d'ascète et son savoir en matière de Hadîth ;

- le cinquième est Muhammad al-Bâqîr, qui jouit du même prestige que son père ; il est mort vers 735/118 ;

- le sixième est Ja'fr Aç-çâdiq (m. 765/148), reconnu par les shî'ites et par les sunnites, comme un grand théologien dont les écrits, particulièrement son Fiqh et ses interprétations du Coran et du Hadîth, comptent parmi les grandes références de la pensée musulmane ;

- enfin, le septième et le dernier est Isma'îl dont ils tirent leur nom d'ismaïlien. Il est, pour eux, le Mahdî dont ils attendent la manifestation (le retour) pour sauver le monde de l'injustice et de la corruption.

Les imâmites duodécimains considèrent que les imâms sont au nombre de douze et non de sept (d'où leur nom). Ils attachent aussi au nombre douze une importance symbolique renvoyant à l'ordre du cosmos selon une théorie où se mêlent les influences pythagoriciennes et les influences biblo-coraniques (les douze tribus d'Israël, les douze apôtres de Jésus, les versets coraniques parlant des douze mois, des douze tribus d'Israël, des douze sources que Moïse, par la volonté de Dieu, a fait jaillir avec son talon de la pierre) et des influences persanes (les douze millénaires que Zoroastre considère comme étant les âges de l'univers dont la vie est rythmée par l'antagonisme entre les ténèbres et la lumière, et, par la montée et la descente de celle-ci). Là encore, nous sommes en présence de croyances remontant à la nuit des temps où le chiffre douze a valeur de symbole. Le rythme des saisons référé à celui de la lune ne doit pas être étranger à ces croyances.

Par ailleurs, si les imâmites duodécimains s'accordent avec les septimaniens sur l'identification des six premiers imâms, ils ne reconnaissent pas l'imâmat d'Ismâ'îl. Pour eux, le septième Imâm est le frère d'Ismâ'îl, Mûsâ al-Kâzhim : persécuté par les Califes abbassides Al-Mahdî et Hâroûn Ar-Rashîd, ils est mort en captivité à Baghdad en 799/183 ; lui aussi est reconnu pour ses qualités d'homme pieux, ascète et savant ; on lui attribue des miracles. Après lui, la lignée des imâms continue dans sa descendance, toujours de père en fils, comme suit :

- le huitième imâm est 'Alî Ar-Ridhâ que le Calife abbasside Al-Ma'mûn désigna comme son successeur ; ceci fut à l'origine de révoltes contre cette orientation shî'ite du Calife ; cet imâm est mort, en 818/203, empoisonné avant le Calife auquel il devait succéder ;

- le neuvième est Muhammad al Jawâ'd (m. 835/220) : il est reconnu comme imâm à l'âge de sept ans ; on dit qu'il est, lui aussi, mort empoisonné ;

- le dixième est 'Alî Al- Hâdî (m. 868/254) ; il fut assigné à résidence par le Calife abbasside Al-Mutawaqqil dans la ville de Samarrâ' où il fut ramené avec sa famille de Médine ;

- le onzième est Hasan Al-'Askarî (dit Az-Zakî) ; il a vécu, comme son père, en résidence surveillée dans une caserne à Samarrâ' jusqu'à sa mort en 874/260 ; les sources imâmites accusent le calife Al-Mu'tamid de l'avoir fait empoisonner ;

- le douzième et dernier est Muhammad Al-Muntazhar, qui représente pour les duodécimains, le Mahdî attendu ; à la mort de son père il avait, selon les sources, de 6 à 8 ans ; l'histoire ne dit rien de son devenir, mais les sources imâmites disent qu'il a disparu dans les souterrains de Samarrâ' ; c'est le début de la "petite occultation" dont ils attendent la fin pour libérer le monde de l'injustice qui s'est abattue sur la famille du Prophète et, de ce fait, sur toute l'humanité. La "grande occultation" a commencé en 940/329, avec la mort du quatrième représentant de "l'imâm caché" avant qu'il n'ait désigné un successeur.

Pour les imamîtes, septimaniens ou duodécimains, la conception de l'imâmat fait partie de la Foi et s'inscrit dans une cosmogonie dont les éléments sont puisés dans différentes sources :

- la mythologie biblo-coranique,

- les croyances ancestrales de l'Orient mésopotamien, de la Perse antique comme des conceptions indouistes,

- les théories attribuées à Pythagore considérant les nombres comme des principes du cosmos, de la loi et des choses,

- la théorie platonicienne opposant les Idées comme essences éternelles et immuables, au monde sensible qui n'en serait que l'image,

- le néo-platonicisme dont les penseurs imâmites, particulièrement ismaïliens, comme les philosophes musulmans se sont beaucoup inspirés pour résoudre les problèmes relatifs aux rapports entre Dieu et le monde (sous les angles de la création, de l'éternité et de la temporalité, etc.).

Selon ces théories, la justice divine ne peut pas clore le cycle de la prophétie, avec Muhammad, sans assurer la permanence de la présence divine dans le monde. C'est pourquoi au cycle de la prophétie succède le cycle de l'Imâmat qui, lui, ne peut se clore qu'avec le retour de "l'imâm caché" dont la "manifestation" *(zhuhûr)* délivrera le monde des ténèbres, de l'injustice et de la corruption.

L'imâm dont on attend le "retour" est, pour les septimaniens, Ismâ'îl, pour les duodécimains, Muhammad Al-Muntazhar. Il est "caché" ou "occulté", mais non mort. Il est toujours là dans le monde. Il attend l'heure de la délivrance que Dieu a fixée à sa "manifestation". Lorsque les imâmites en parlent, ils ajoutent toujours cette prière : "Que Dieu délivre les croyants par sa délivrance". Il s'agit d'une forme d'attente messianique. L'Imâm attendu — appelé Al-Mahdî — est souvent assimilé au Messie.

Le messianisme imâmite est à rapprocher de toutes les formes de messianisme, quelle que soit la religion de référence, que génèrent les catastrophes, les grands malheurs et les situations aussi désespérantes que celles qui ont jalonné l'histoire du shî'isme. En effet, c'est le même phénomène qu'on retrouve dans l'histoire de la chrétienté, avec la "parousie" que les disciples de Jésus attendaient après la crucifixion de celui-ci et les persécutions dont ils ont fait l'objet ; cette attente a continué à alimenter l'espoir des chrétiens déçus par les réalités du monde et des sociétés chrétiennes ; elle devient parfois tellement forte qu'elle se transforme en désir de martyr pour anticiper le Royaume de Dieu.

C'est aussi le même phénomène que représente l'attente du Messie qui doit délivrer le peuple juif des malheurs qui ont jalonné son histoire ; la tradition cabalistique donna, après les persécutions qui suivirent la Reconquista, une interprétation de "l'exil" qui rappelle les théories shî'ites : l'exil, qui est le sort récurrent du peuple juif, n'est que *"la condition même de Dieu dans le monde (...) (celui-ci) est livré, jusqu'à un terme indéterminé, au gouvernement d'un mauvais démiurge, dont l'avènement du Messie le délivrera"*, selon les termes de Daniel Lindenberg [5].

De même, les musulmans non shî'ites, qui ne croient pas à l'imâmat, ont fini par intégrer à leurs croyances l'idée d'un Mahdî — parfois assimilé au Messie — qui viendrait les sauver — et sauver le monde avec eux — de l'injustice et du mal qui règnent. Ce sont ces croyances qui sont à l'origine des mouvements mahdistes qui surgissent toujours dans les circonstances de malheurs insupportables : après des défaites politico-militaires comme ce fut le cas au XIXe et au XXe siècles, dans plusieurs pays africains dont l'islam n'a rien à voir avec celui des shî'ites : le Soudan, le Tchad, le Niger, etc.. De nos jours, les désenchantements liés à l'échec des politiques de développement sont à l'origine d'un regain de ce type de mouvements.

On pourrait en dire autant des messianismes révolutionnaires liés aux idéologies contemporaines annonçant "le grand soir" et "la lutte finale" qui ne finit pas de finir.

Dans la conception imâmite, le dogme de l'imâmat est associé à une autre croyance concernant la nature du Coran. Celui-ci a, selon eux, un contenu apparent ou exotérique *(zhâhir)*, celui que le Prophète a livré et auquel tout le monde peut accéder par les différentes techniques de lecture et de transmission, et un contenu caché, ou ésotérique *(bâtin)* que seuls les imâms peuvent, grâce à leur nature divine, connaître et révéler. C'est à cette croyance qui est à l'origine de l'expression typiquement shî'ite : *"le Coran est l'imâm muet, l'imâm est le Coran parlant"*.

En attendant la manifestation de l'imâm caché et la révélation complète du contenu ésotérique du Coran qui constitue le vrai sens de la religion, les imâmites se réfèrent au contenu exotérique du Coran, tels que l'ont interprété leurs "imâms infaillibles". Ils admettent également l'autorité de la tradition du Prophète (la *sunna*), mais seulement dans la version qu'en ont donnée leurs mêmes "imâms infaillibles", à l'exclusion de toute autre source. La *sunna* ainsi transmise et authentifiée, est considérée comme étant d'origine divine au même titre que le Coran.

Quant au consensus *(ijmâ')*, il n'a de valeur que s'il est conforme au point de vue des "imâms infaillibles". Il en est de même pour l'usage de la raison et de l'opinion personnelle *(ijtihâd)* [6].

A ce tronc commun aux imâmites se rattachent des conceptions mystiques d'origines diverses, et des doctrines juridico-théologiques qui font l'objet de divergences entre les composantes de la famille shî'ite et à l'intérieur de chaque tendance. Selon les questions, on peut trouver des points de convergence entre telle ou telle tendance shî'ite et tel ou tel rite des autres composantes de l'islam.

Les divergences et les convergences concernent le domaine des croyances comme les aspects pratiques de la vie religieuse, ou rattachées à la religion : les fêtes religieuses, la manière de faire la prière, la question du mariage temporaire dit "mariage de plaisir" *(zawâj al-mut'a)* [7] qui divisent les shî'ites et les sunnites.

Parmi les aspects cultuels qui distinguent les shî'ites, toutes tendances confondues, des autres musulmans, signalons l'appel à la prière : chez les shî'ites, on ajoute la formule : *"à la meilleure œuvre !"* (ou *"à la meilleure action !"*) *(Hayya 'alâ Khayr al-'amal !)* à la formule admise par tous : *"à la prière ! au Salut !"*.

Du point de vue des institutions religieuses, le shî'isme s'est doté au fil des siècles, de structures cléricales qui diffèrent selon les tendances et les conditions de son existence.

Le Zaydisme qui s'est identifié à la dynastie zaydite du Yémen, a fonctionné et fonctionne encore, malgré la disparition de cette dynastie, comme l'islam sunnite, avec un corps de juristes théologiens et des imâms dépendant de l'État.

L'imâmisme duodécimain, depuis qu'il est devenu la religion officielle de la Perse en 1501/907, s'est doté d'une hiérarchie cléricale disputant au pouvoir politique la mainmise sur les lieux de culte et tout ce qui est reconnu comme étant du domaine de la religion (à l'exclusion de ce qui concerne, bien sûr, les autres communautés confessionnelles, musulmanes ou autres) : enseignement, contrôle de la législation, etc..

Bien que sans fondements dans la tradition et dans les textes consacrés, cette hiérarchie est devenue, particulièrement en Iran, et à un degré moindre, là où l'imâmisme duodécimain est suffisamment structuré comme en Irak et au Liban, une véritable institution.

Parmi la masse des shî'ites, se distinguent d'abord ceux qui sont reconnus comme des descendants de la famille du Prophète : en Iran on distingue les Sayyid, ayant cette qualité par leur père, et les Mirza qui l'ont par leur mère. On en comptait plus d'un million au début des années 1980. Le véritable clergé est constitué par le corps des mollahs, rattachés aux grands centres religieux qui sont, en Iran, au nombre de trente. Chaque centre est dirigé par un Mutawallî assisté dans l'exercice de ses fonctions par les mollahs rattachés à son centre. Parmi ceux-ci, on distingue :

- les conteurs-chanteurs (rowzékhan) rappelant à la mémoire des fidèles le martyr de l'imâm Husayn ;
- les prédicateurs *(wu'âz) ;*
- les imâms des prières quotidiennes ;
- les imâms de la prière du vendredi ;
- les théologiens enseignants qui portent le titre de *Hujjatu'l-'islâm* (la preuve de l'islam).

Chaque centre dispose, à côté du Mutawallî, d'un grand théologien appelé Ayatollah (signe de Dieu). Outre l'enseignement, l'Ayatollah a le pouvoir de délivrer la Fatwâ et le privilège de récolter les dons des fidèles. Chaque ayatollah constitue une référence pour une partie de la population shî'ite fidèle ; selon son charisme et son rayonnement, son audience peut avoir une dimension nationale voire internationale. Les grands ayatollahs, au nombre de dix, sont choisis en fonction des critères relatifs à l'âge, au savoir, à la piété et à la proximité du peuple. Ce sont eux qui désignent le grand imâm et traitent au nom des fidèles et du clergé shî'ite, avec le pouvoir pour tout ce qu'ils arrivent à faire valoir comme ayant trait à la religion.

L'avènement de la République islamique a modifié les rapports entre l'institution religieuse et le pouvoir. Il est encore tôt pour savoir quelles sont les conséquences durables que cette modification aura sur l'avenir de l'imâmisme et de son institution : l'exercice du pouvoir a déjà posé le problème du statut des lois et des décisions que la République islamique a été obligée d'adopter par rapport à ce que les religieux appellent la sharî'a. Khomeiny a été obligé de donner une *fatwâ* les considérant comme faisant partie de la *sharî'a.* Jusqu'où ira cet accommodement de la *sharî'a ?* Est-ce le signe d'une extension du champ du sacré ? Ou est-ce un pas de plus vers l'inévitable sécularisation ?

3. ALAOUITES, ISMAÏLIENS ET DRUZES

Chez les Alaouites, que l'on trouve principalement en Syrie et en Turquie, pour des raisons sociales, historiques et politiques, l'organisation religieuse a longtemps épousé la structure tribale de la population qui s'en réclame. De nos jours, la fin de la persécution et de l'exclusion auxquelles les alaouites ont été souvent exposés, la laïcité — qu'ils soutiennent — des deux États où ils vivent, leur ont permis d'accéder à l'enseignement, d'avoir leurs mosquées, de véritables théologiens et une organisation par delà les structures tribales. Là aussi, il est encore tôt pour savoir quel impact auront les évolutions politiques sur l'avenir de cette tendance.

Comme nous l'avons vu pour l'ibadisme, nous assistons aujourd'hui à un tendance œcuménique relativisant les divergences entre imâmites duodécimains et alaouites ainsi qu'avec le sunnisme. Cet œcuménisme est fondé sur la référence commune des imâmites et des alaouites à la doctrine de l'imâm J. Aççâdiq dont l'autorité est reconnue par les Sunnites. C'est moins le cas avec l'ismaïlisme et ses ramifications.

L'ismaïlisme, qui joua un rôle important avec les révoltes des Qarmates aux IXe-Xe siècles et surtout avec la dynastie fâtimide en Afrique du Nord (910-969) puis en Égypte (969-1171), vit, depuis, en situation minoritaire, éclaté entre plusieurs pays et différentes tendances. Déjà, du temps des derniers califes fâtimides, des divisions ont opposé les partisans de Nizâr (les nizarites) à ceux de son frère Musta'lî (les *musta'liya*). Les premiers créèrent une principauté à Alamût qui réussit à mettre fin à la principauté zaydite de Tabaristan, agita le Moyen-Orient avec les menées de ses Hashshashîn avant que les invasions mongoles ne mettent fin à son existence en 1256/654. La fin de l'existence politique des nizarites au Moyen-Orient fut consommée avec leur reddition au moment de la soumission de la Syrie à Baiban (1270/668). Les ismaïliens de la Syrie de nos jours (quelques îlots à Hama, dans la montagne amaouite et sur la côte) se rattachent à cette branche, du moins par leur origine.

Les nizarites ont essaimé en Iran où ils se sont illustrés au XIXe siècle par le mouvement que dirigea Hasan 'Alî Shah contre les autorités iraniennes. Grâce à une intervention britannique, celui-ci fut libéré et autorisé, avec ses partisans, à quitter l'Iran pour l'Afghanistan. De là, il se rendit en Inde où il fut reconnu par les autorités britanniques comme le chef spirituel des ismaïliens avec le titre d'Agha Khan. A sa mort en 1881, ses descendants lui ont succédé dans cette fonction, de père en fils, jusqu'à nos jours. Ils ont acquis une réputation d'ouverture sur les autres composantes de l'islam comme sur les autres religions. En Inde, comme au plan international, leur action, de l'aveu même de ceux qui continuent à douter de leur fidélité à l'islam, a visé "à servir tous les musulmans sans distinction entre leurs communautés confessionnelles" [8].

Les fidèles de l'Aga Khan — qu'on trouve aujourd'hui en Inde, au Pakistan, en Afghanistan, à Nairobi, à Dâr es-Salam et Zanzibar (en Tanzanie), à Madagascar, à Ceylan, en Birmanie, en Afrique du Sud, en Syrie et dans les Amériques — vénèrent leur chef que certains vont jusqu'à considérer comme l'imâm infaillible. Certaines sources ajoutent qu'ils lui versent le cinquième de leur revenu, ce qui expliquerait son exceptionnelle richesse.

L'autre branche de l'ismaïlisme — les *musta'liya* — s'est repliée après la fin de la dynastie fâtimide en Égypte et au Yémen. Délaissant la politique pour le commerce, une partie d'entre eux s'est ainsi retrouvée en Inde et au Pakistan :

on les appelle les Baharites (par dérivation d'un vieux terme indien signifiant "commerçant" ou "épicier") ; une autre partie se trouve encore au Yémen.

Leurs pratiques cultuelles ne se distinguent pas beaucoup de celles des autres musulmans. Certains n'hésitent pas à attribuer cela à la pratique de la "dissimulation". D'autres s'en tiennent à la règle interdisant les procès d'intention en rappelant qu'on n'a pas le droit de jeter l'anathème sur quelqu'un qui a prononcé la *shahâda* (profession de foi musulmane) même s'il n'est pas pratiquant [9].

Nous avons signalé que les Druzes sont issus de l'ismaïlisme. En effet, ils se réclament jusqu'à nos jours de l'héritage et de la pensée du Calife fâtimide Al-Hâkim (disparu au Caire en 1021/411). S'ils tiennent leur nom de l'un des fervents partisans de ce Calife, Ad-Darazî, le véritable fondateur de leur doctrine est Hamza B. 'Alî. Cette doctrine considère Al-Hâkim comme un imâm infaillible, ou, selon les catégories de la philosophie ismaïlienne, l'incarnation de l'intellect universel par lequel Dieu est présent dans le monde. La vie de ce Calife et sa conduite sont l'objet de controverses jusqu'à nos jours, entre ceux qui voient en lui un réformateur qui a essayé d'unir les musulmans par delà les obédiences et les rites, un ascète et un grand esprit incompris par ses contemporains, et ceux qui le considèrent comme un fou hérétique se prenant pour Dieu incarné. Les Druzes pâtissent, jusqu'à nos jours, de ces jugements concernant Al-Hâkim. Beaucoup de musulmans continuent à les considérer comme des hérétiques [10], parce qu'ils prônent la réincarnation, ou la métempsychose, et l'abrogation des religions. En réalité, ces accusations sont le fait de raccourcis dus à l'ignorance des principes de base des conceptions ismaïliennes et druzes, et à l'intolérance qui — ici comme ailleurs — en est toujours le corollaire. De nombreux griefs maintenus à l'égard des Druzes ont été, par le passé, à l'origine de l'exclusion de courants et de penseurs aujourd'hui réhabilités. En outre, les emprunts aux sources étrangères — philosophie grecque, conceptions puisées dans les croyances antiques de l'Égypte, de l'Orient et de la Méditerranée — que certains écrits druzes et ismaïliens revendiquent clairement, ont inspiré toutes les doctrines théologiques de l'islam, du christianisme et du judaïsme. Quant à l'attitude de certains Druzes d'Israël qui, selon des enquêtes menées auprès de ces populations, mettraient en avant les liens entre leurs traditions et celles du judaïsme en niant leur appartenance à l'islam, elle n'est confirmée par aucune source druze autorisée.

Si des penseurs druzes et ismaïliens font remonter leurs origines aux sagesses des civilisations orientales antiques, voire à l'origine du monde, aucune source druze — ou ismaïlienne — ne remet en cause l'appartenance à l'islam. Au contraire, celle-ci a toujours été revendiquée, versets coraniques à l'appui des thèses au nom desquelles on cherchait à les exclure. C'est pourquoi Paul Balta se trompe en disant : *"ils ne tiennent pas le Coran pour leur livre saint"* [11]. On peut ne pas être d'accord avec les interprétations qu'ils ont du Coran et des sources consacrées de l'islam, mais cela ne suffit pas pour dire qu'ils contestent l'autorité du Coran ; car il n'existe aucune interprétation qui fait l'unanimité, ne serait-ce qu'à l'intérieur d'une seule composante de l'islam ou de tout autre religion. On ne peut, au nom de cela, les exclure, sans commettre un acte d'intolérance, d'anathème dont les conséquences ne sont pas mesurables. Car, le peu de textes publiés concernant les croyances et les conceptions religieuses des Druzes et des Ismaïliens confirment leur appartenance à l'islam, même s'ils ont une lecture différente des sources consacrées de cette religion. Les thèses qu'ils défendent quant à "l'unité de l'être", à l'incarnation qui en découle ou à la métempsychose, procèdent d'une démarche qui privilégie le caractère hermétique, ésotérique et symbolique des mêmes textes et des mêmes traditions consacrées, que d'autres lisent d'une manière littéraliste ou selon une démarche rationaliste. Au nom de quoi les uns auraient-ils plus raison que les autres ? Au nom de quoi les uns seraient-ils des croyants fidèles à la religion et les autres hérétiques formant une secte qu'il serait *"difficile de classer parmi les différents courants de l'islam"* [12], comme l'affirme précisément Paul Balta ?

Outre la revendication de l'appartenance à l'islam par leurs écrits religieux, les Druzes ont adopté des attitudes de solidarité avec les autres musulmans. En effet, les chefs Druzes ont manifesté, depuis le XIXe siècle, une solidarité avec les causes du monde musulman semblables à celle des Agha Khan. Il suffit de rappeler à cet égard le rôle joué par de grands dirigeants comme Shakîb Arslân et Kamâl Joumblât.

Les conditions de persécution et d'exclusion dont les Druzes ont fait l'objet ne sont pas étrangères à la pratique de dissimulation par laquelle ils continuent — eux aussi — à entourer leurs sources et leurs rituels.

Ce qui en transparaît montre que la structuration de la communauté a épousé, comme chez les Alaouites, et certainement pour des raisons semblables, la structure clanique. Chaque clan a ses *'uqqâ*l (hommes sages), ceux qui sont initiés — hommes et femmes — et ses *juhhâl* (ignorants), ceux qui n'ont pas encore rempli les conditions nécessaires pour être initiés. Les premiers se réunissent entre eux en *majlis* (conseil) où l'initiation se poursuit étape par étape. De grade en grade, on progresse sur la voie de la sagesse et on découvre les secrets de la doctrine qu'il ne faut jamais dévoiler à ceux qui n'y sont pas préparés parce qu'ils ne sont pas capables d'en saisir le sens. Ceci est une règle commune à toutes les traditions de type initiatique, qu'elles soient musulmanes (comme chez les soufis), juives (la tradition cabalistique), chrétiennes, animistes, ou autres. S'ils n'accordent pas la même importance aux obligations cultuelles qu'ils refusent de considérer comme piliers de la religion, avec des versets coraniques et des arguments qui valent ceux de leurs détracteurs, il est faux de dire — à l'instar de Paul Balta reprenant, encore une fois, le point de vue de leurs adversaires sans tenir compte du leur — qu'ils les remettent en cause. Ainsi, précise un penseur druze à ce sujet : *"En refusant de considérer les obligations cultuelles comme des piliers, (notre) doctrine, contrairement à ce que pensent certains, ne les remet pas en cause"* [13]. Là aussi, des musulmans d'autres obédiences disent — ou peuvent dire — la même chose.

NOTES

1. Muhammad n'a de descendants que par sa fille Fâtima, épouse de son cousin et compagnon 'Ali.
2. Voir à ce sujet, Henri Laouest, *Les schismes dans l'islam*, Paris, Payot, 1983, pp. 36-48 ; l'Encyclopédie de l'islam.
3. Cette tolérance est illustrée par les articles de R. Ridhâ, parus dans la revue Al-Manâr où il défend l'ibadisme contre les préjugés dominant à son sujet.
4. L'ouvrage à grand succès de Mustaf Ach-Chak'a, préfacé par le Grand Imâm d'Al-Azhar, Mah Shaltût, *Islâm bilâ Madhâhib* (un islam par delà les rites) s'inscrit dans cette volonté et parle de l'ibadisme, du shî'isme imamite, alaouite et zaydite comme des rites musulmans au même titre que les rites sunnites. Cependant cet œcuménisme continue à exclure les tendances jugées extrémistes auxquelles il assimile l'ismaïlisme et le druzisme (Cf. l'édition de cet ouvrage par Must-Al-Bâbi Al-Halabî, Le Caire, 1976, la première édition est paruc cn 1960.
5. Dans *État du monde des religions*, op. cit. p. 78.
6. Voir à ce sujet le livre de Cheikh Abder-Rahmân Al-Khâyyir : *'Aqîtatunâ wa wâqi'unâ nahnu'l-muslimîn al-ja'fariyîn al-'alawiyîn* (Notre foi et notre réalité, nous les musulmans Ja'farites Alaouites), 3e éd. Damas, 1992, pp. 32-35 ; et le livre de Mahmûd Ash-Ghihâbî al-Hkurâsâni : *al-islâm w'ash-shî'a (al-'imâmiyya)*, (l'islam et le shî'isme (imamite) ; 1e éd ; Téhéran 2536 du calendrier iranien.).
7. Mariage qu'un homme, pour des raisons comme le voyage ou une absence prolongée de son épouse, peut contracter de façon temporaire ; cette forme de mariage existait en Arabie avant l'islam ; elle s'est maintenue jusqu'au règne du 2ème Calife, 'Umar, qui l'a interdite. Certains musulmans n'ont pas accepté la prohibition de cette forme de mariage qui s'est maintenue parmi les populations du Golfe et en Iran de façon marginale. Au moment de la guerre entre l'Iran et l'Irak les Ayatollah Iraniens ont appelé leurs compatriotes à pratiquer cette forme de mariage pour alléger les effets de la guerre. Il semble que les islamistes Algériens qui ont pris le maquis l'ont également pratiqué ces dernières années.
8. *Islâm bi la Madâhib*, op. cit., p. 241.
9. Voir le texte de la Fatwa d'Al-Azhar concernant les Druzes, reproduite par 'Abdallah Zayn ad-Dîn dans *Kitâb maftûh* où il répond à Anîs Mançûr, éd. Matba'at Ash-Shâm, 3ème édition, s.d..
10. Cette attitude est illustrée par un pamphlet contre les Druzes de l'écrivain égyptien Anîs Mançûr auquel a répondu 'Abdallah Zayn ad-Dîn dans *Kitâb maftûh* , op. cit.
11. Paul Balta, op. cit., p. 172.
12. Ibid.
13. Nabîh Mahmûd As-Sa'dî, *Madhab at-tawhîd (ad-durziya) fî maqâlât 'ashr*, éd. Dâr al-'Ilm, Damas, 1993, p. 136.

DOCUMENTS

1. UN POINT DE VUE 'IBÂDHITE AU SUJET DU CALIFAT (OU L'IMÂMAT)

"Le Califat est, peut-être, la plus importante question sur laquelle il y a un accord entre les khârijites et les 'ibâdhites. En dehors de cette question, les "ibâdhites sont les plus éloignés des khârijites quant à la compréhension qu'ils ont de l'islam et la pratique qu'ils ont de son enseignement.

Cependant, je crois que la communauté musulmane, après les longues et amères expériences qu'elle a connues, et après que l'histoire l'ait éloignée des influences particulières qui l'avaient amenée dans une certaine direction, ne peut qu'adopter le point de vue 'ibâdhite sur la question du Califat. Si le destin veut que la communauté musulmane se rassemble, retrouve la norme divine et abroge les juridictions amenées par le colonialisme pour éloigner cette communauté de l'enseignement du Livre de Dieu, si la providence permet au Califat musulman de prendre en charge les affaires des musulmans conformément à ce que Dieu a ordonné et voulu, et que la communauté se trouve en situation de choisir un chef d'État entre les mains duquel elle remet sa destinée, elle ne pourra le faire que sur la base des règles établies par cette doctrine (ibâdhite) (...). Elle n'accordera aucune importance à l'origine hâshimite, qurayshite ou arabe (du calife), sinon en tant que critère ultime lorsque les mêmes dons et capacités se trouvent réunis de façon identique (chez tous les candidats à cette fonction). Or, il est impossible que les dons et les capacités soient réunis de façon identique dans une communauté qui compte des millions de personnes différentes du point de vue de leur capacité d'entendement et de raison comme du point de vue des mœurs".

'Alî Yahyâ Mu'ammar (m. en 1979)
Extrait de *Dirâsât 'islâmiyya fî al-'uçûl al-'ibâdhiyya* de Bakîr Sa'îd A'ûsht, Maktabat Wahba, Le Caire, 1988, pp. 114-115.

2. CREDO DU SHÎ'ISME (EXTRAITS)

L'infaillibilité des imams

«Nous croyons que l'Imam doit être, tout comme le Prophète, infaillible, c'est-à-dire immunisé contre le péché, commis publiquement ou en privé, volontairement ou involontairement, depuis son enfance jusqu'à sa mort. Il doit être aussi dépouillé de toute impureté, incapable de commettre une erreur ou de faire l'objet de perte de mémoire, car les Imams, à l'instar des Prophètes, sont les protecteurs et les défenseurs de la Foi, et l'argument qui nous conduit à croire à l'infaillibilité des Prophètes doit nous conduire également à croire à l'infaillibilité des Imams. Et il n'est pas impossible pour Allah Tout-Puissant de réunir en la personne d'un Imam, toutes ces qualités, pour en faire un modèle de perfection, tout comme il le fait avec les Prophètes.»

Obéir aux imams

«Nous croyons que les Imams font partie des "gens d'autorité" à qui l'obéissance est rendue obligatoire par Allah dans le Saint Coran, qui dit à ce propos : "Ô vous qui croyez ! Obéissez au Prophète, et à ceux d'entre vous qui détiennent l'autorité" (Sourate al-Nisâ', 4/59).

Ce sont eux qui sont les témoins de ce que font les gens. Ce sont eux qui conduisent les gens vers la Porte menant vers Allah. Ils sont le Trésor de la Connaissance Divine, les Narrateurs des Révélations d'Allah, les Piliers du Monothéisme et les Gardiens de la Religion d'Allah.»

in *Les Credos du Chiisme*, Mahammad Redhâ al-Mudhaffar,
traduit de l'anglais par Abbas Ahmad Al-Bostani,
Publication du Séminaire Islamique, Paris, 1990. p. 69 et p. 71.

3. CHRONOLOGIE SHÎ'ITE : Imams'Alides et Califes Fâtimides

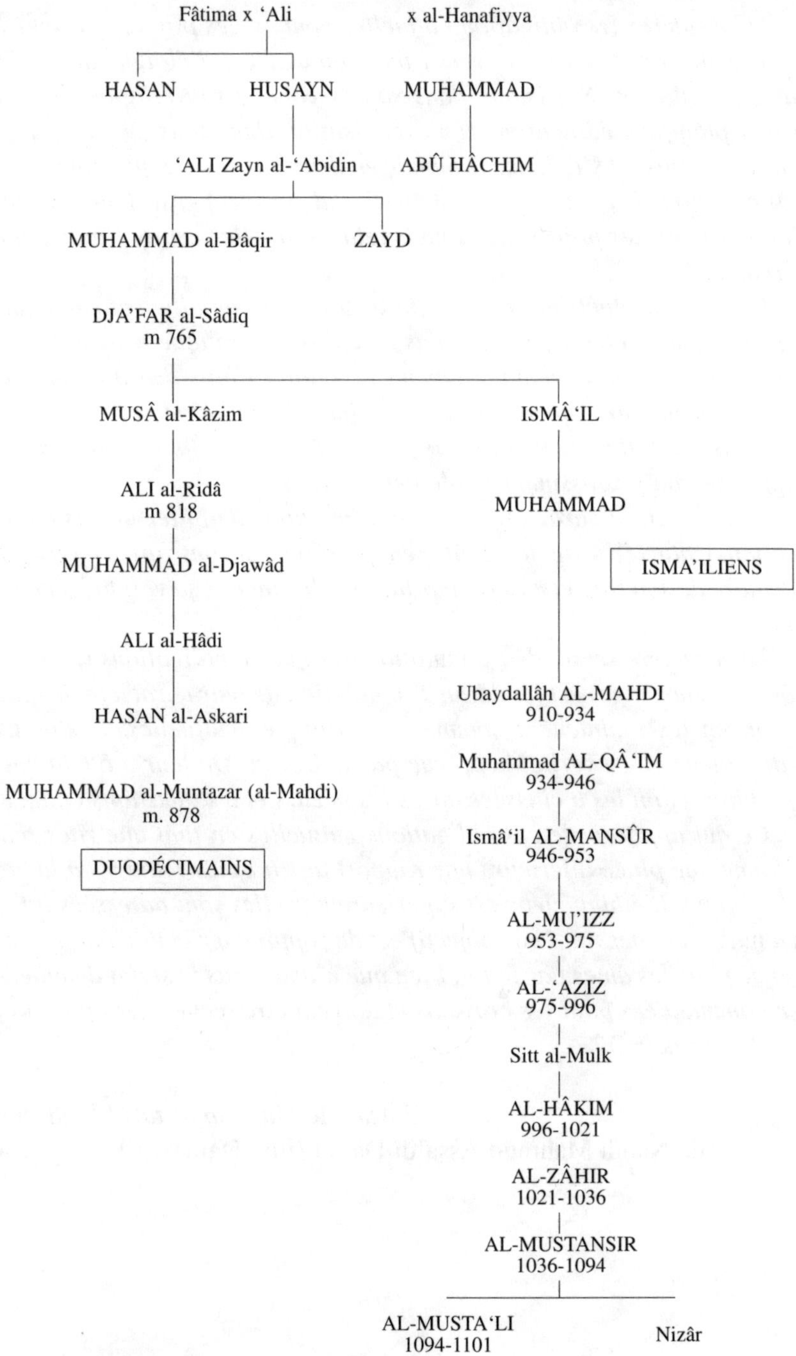

4. POURQUOI LES DRUZES RÉFUTENT-ILS LE STATUT DE "PILIERS DE L'ISLAM" AUX OBLIGATIONS CULTUELLES ?

"Considérer les obligation cultuelles comme des piliers et ériger la religion sur cette base tire l'islam vers l'individualisme et l'éloigne de ses finalités sociales essentielles. Si l'islam, dans son essence, est la religion de la société dont il a planifié l'édification et l'organisation dans tous ses aspects économiques et sociaux, et s'il divise le monde en deux parties - le domaine de la guerre (dâr alharb) et le domaine de l'islam (dâr al-'islâm)) - est-il alors concevable de l'appuyer sur des piliers individuels relatifs aux liens entre l'individu créé et son créateur ?

Bien que la doctrine (druze) nie le caractère de pilier attribué aux obligations cultuelles, elle n'en remet pas en cause la pratique comme le croient à tort ceux qui ne comprennent pas comme il se doit l'Épître de l'annulation secrète (...). D'aucuns expliquent la qualification d'annulation secrète comme une sorte de dissimulation devant la masse des musulmans. Ils y voient une annulation qu'il ne faut pas assumer publiquement (...).

Cependant, le caractère explicite (du statut) de pilier de l'islam (de ces obligations), dans le texte de l'Épître en question, est contraire à ce qu'on pourrait déduire de son titre et enlève, par là, sa substance et sa validité à cette explication.

Le caractère secret de l'annulation des quatre obligations (prière, jeûne, aumône et pèlerinage) est fondé sur l'annulation de leur caractère de pilier uniquement, en les maintenant somme des pratiques cultuelles. Il s'agit de les remettre à leur place véritable prévue par le Coran. On leur a ôté la qualification de pilier et on les a classées après les mœurs et les questions éthiques (...).

Ce qui apparaît de ces obligations cultuelles en tant que rites religieux, leur donne une place inférieure par rapport aux normes relatives à la conduite (des humains). L'éthique leur est supérieure car elles sont adressées à Dieu qui n'en a nullement besoin. Leur objectif est de rapprocher le croyant de son créateur et de polir les âmes par la foi. Bien que n'ayant pas le statut de piliers, elles sont recommandées pour les croyants et doivent être recherchées pour la purification des âmes (...)".

Extrait de *Madhab at-taxhîd (ad-durziyya)*
de Nabîh Mahmûd Assa'dî Dâr al-'ilm, Damas, 1993, pp. 136-137.

5. FATWÂ D'AL-'AZHAR CONTRE L'EXCOMMUNICATION DES DRUZES

Des dignitaires druzes (Ihsân Al-Jâbirî, Jâsim 'Alwân et Jâdû 'Izz ad-Dîn) ont adressé à Al-'Azhar la demande suivante :

«Il existe dans les pays musulmans et arabes des groupes appartenant à la communauté druze. Ils professent qu'il n'y a d'autre divinité que Dieu et que Muhammad est le Messager de Dieu ; ils croient au Coran en tant que Saint-Livre de Dieu, ils vivent parmi leurs frères musulmans, manifestent avec eux et leur sont liés ; un grand nombre de druzes ont intégré Al-'Azhar pour suivre les cours du plus grand institut musulman, certains en sont sortis pour occuper les fonctions d'imams, de prêcheurs et d'enseignants dans des mosquées musulmanes à travers les pays arabes. Cependant, certains ennemis de l'islam et des musulmans les accusent (de ne pas être musulmans) et leur réservent, sur cette base, des attitudes qui ajoutent à la division des musulmans. Pour cela, les personnes mentionnées (dans ce courrier) souhaitent l'explicitation du point de vue d'Al-'Azhar au sujet de cette communauté afin qu'ils en soient éclairés».

La réponse de la Commission de la Fatwâ d'Al-'Azhar a été la suivante :

«(...) Il est établi de façon certaine que le Messager de Dieu (...) a dit que l'islam est basé sur cinq (fondements) : la profession de foi en l'unicité divine et en la prophétie de Muhammad, l'observance de la prière, l'acquittement de l'aumône, le jeûne (du mois) du Ramadan et le pèlerinage à La Mekke pour celui qui en a les moyens. Il s'en suit que l'islam intégral (entier, parfait ?) est formellement acquis à celui qui observe ces cinq piliers. Un autre hadîth stipule que celui qui dit "je témoigne qu'il n'y a d'autre divinité que Dieu et que Muhammad est le Messager de Dieu" ira au Paradis. Dans un troisième hadîth, il est dit : "J'ai reçu l'ordre de combattre les gens jusqu'à ce qu'ils disent : "Je témoigne qu'il n'y a d'autre divinité que Dieu et que je suis le Messager de Dieu" ; s'ils le disent, leur sang et leurs biens me deviennent interdits sauf ce qu'ils en doivent au nom de l'islam ; Dieu en sera le Juge". Il s'en suit que l'islam de celui qui prononce librement la double profession de foi (en l'unicité divine et en la prophétie de Muhammad) est acquis. Il est, cependant, important de remarquer qu'il y a des degrés de différences quant à l'intensité ou la faiblesse de la foi selon que l'on observe les cinq piliers ou que l'on se suffise de la double profession de foi.

Vu que les druzes, d'après ce qui est dit dans la demande de fatwâ, prononcent la double profession de foi, qu'ils croient en ce qui est dit dans le Coran et aux enseignements relatifs à l'unicité (divine) et à la Loi religieuse (tashrî') ; et vu, par ailleurs, qu'ils n'associent qui que ce soit à Dieu et qu'on ne peut leur reprocher aucune parole et aucun acte contredisant l'islam, ils sont donc musulmans et personne n'a le droit de les accuser de non appartenance à l'islam. Une telle accusation est un facteur de division de la communauté musulmane et il n'est pas exclu que ce genre d'accusation ait pour objectif la réalisation de cette maudite division. C'est pour cela que Dieu a ordonné d'éviter ce type d'accusation en disant : "Ne dites pas à celui qui vous souhaite la paix : tu n'es pas croyant ; Dieu, dans sa Majesté, sait plus que quiconque».

Cette réponse est signée : le Président de la Commission de la Fatwâ à AL-'Azhar, Muhammad 'Abd Al-Latîf As-Sabkî.

Extrait de *Kitâb Maftûh*, réponse de 'Abd Al-lâh Zayn Ad-Dîn à Anîs Mançûr, Damas, 1993, pp. 16-17.

6. UN TEXTE ISMAÉLIEN : QUE L'ÂME EST DESCENDUE EN LA FORME HUMAINE

1. «Sache que parmi tous les êtres de l'univers, c'est en la Forme humaine (sûrat-e mardom) que l'Âme est descendue, parce que l'Âme est associée à la vie et constituée dans l'harmonie (i'tidaâl). Or, dans le monde naturel, rien de ce qui est au-dessous de l'homme ne comporte une harmonie parfaite. Les choses dans l'univers se répartissent en trois groupes : l'inanimé, le végétal et l'animal. L'Âme ne peut ni descendre, ni trouver d'attache dans les deux premiers groupes, parce qu'elle est associée à la fois à la vie sensible et à l'harmonie intelligible, et c'est dans l'homme que l'une et l'autre coexistent. C'est qu'en effet la vie est le cœur de la Nature, c'est-à-dire sa substance, et l'harmonie est le cœur de l'Intelligence. Or, ayant une face tournée vers l'Intelligence et une autre face tournée vers la Nature, l'Âme ne peut être à demeure qu'entre l'une et l'autre, à savoir ente la vie de la Nature et l'harmonie de l'Intelligence. C'est pourquoi nous avons dit que l'Âme est descendue en la Forme humaine. Comprends.»

2. *«Quant au processus de cette descente de l'Âme en la Forme humaine, le voici. L'homme commence par connaître les noms des choses et leurs qualifications grâce à l'enseignement de la mère et du père et par l'instruction qu'il reçoit des personnes au milieu desquelles il est élevé. Les hommes, sur ce point, forment trois groupes. Il y a le groupe de ceux qui se satisfont des noms et des qualifications qu'ils apprennent au cours de l'instruction qu'on leur impose. Un second groupe est formé par ceux qui s'instruisent auprès des savants de ces noms et qualifications. Ils connaissent ce qu'il leur faut nécessairement savoir : actes conformes à la Loi religieuse (kâr-bâ-ye sharî'î), droit canonique (fiqb), théologie discursive (kalâm), récits historiques (akbbâr), poésies et paraboles. Bref, ils ont connaissance de tout ce qui se rattache au côté purement exotérique (zâbir). Il y a enfin un troisième groupe. C'est le groupe de ceux qui ne se satis-*

font pas de la connaissance des noms, des qualifications et des paraboles, mais recherchent auprès des maîtres en religion (kbodâvandân-e dîn) les sens spirituels et les vérités ésotériques. Lorsqu'ils ont trouvé et ont été initiés, leur âme domine ces hautes sciences ésotériques ('ilm-bâ-ye bâtin) et les arcanes sublimes. Ils parviennent alors par les degrés successifs (marâtib) de l'Âme à la plus excellente des demeures qui puisse être, de sorte que l'Âme descend avec plénitude en la Forme d'êtres humains qui, grâce à cette haute science et à cette noblesse obtiennent l'éternité. Comprends.»

3. «En outre, l'Intelligence ne se sépare jamais de l'âme, serait-ce une seule heure, parce qu'en l'Âme il y a la contemplation de l'Intelligence, et que par l'Âme sont révélées les puissances de l'Intelligence qui lui sont conjointes. Or, l'Impératif et l'Intelligence ne se trouvent en aucun autre être qu'en l'homme, car si l'Âme existait en quelque chose qui fût au-dessous de l'homme, la descente de l'Intelligence se manifesterait en cette chose. Donc, comme l'être humain est doué de l'Intelligence par un privilège dont sont exclus les autres êtres, nous prenons conscience que c'est à cause de cette descente de l'Âme que l'Intelligence est manifestée dans le monde de la Nature. Ainsi est établie la vérité de la descente de l'Âme en la Forme humaine. Comprends.»

in Abu Ya'qub Sejestani *Le dévoilement des choses cachées, Recherches de philosophie ismaélienne* par Henry Corbin.

CHAPITRE 5
LE SUNNISME ET SES RITES

La majorité des musulmans du monde (80 %, soit près de 900 millions de personnes) se réclament des rites sunnites.

Le terme de sunna en arabe est dérivé d'une racine *(s n n)* qui renvoie à plusieurs registres dont certains ont trait à la notion de "voie à suivre", "conduite" et "tradition". C'est à ces connotations que se rattache l'appellation "sunnites" qui désigne les musulmans qui ne sont ni khârijites, ni shî'ites, ni adeptes d'aucune des fractions qui se sont constituées à la suite des divisions au sujet du Califat, entre l'assassinat du quatrième Calife et l'établissement de la dynastie omeyyade ; c'est-à-dire durant la deuxième partie du VIIe siècle et au début du VIIIe siècle, entre les années 20 et la fin du Ier siècle de l'hégire). Les sources relatives à la constitution des différentes fractions disent que l'appellation "sunnites" désigne ceux dont l'imâm Mâlik Ibn 'Anas, le fondateur de l'une des premières écoles juridiques qui servira de base à la constitution du rite mâlikite (m. 795), disait : *"Ce sont ceux qui n'ont pas un nom par lequel ils sont connus : ni jahmites, ni râfidhites (shî'ites), ni qadarites"* [1].

En vérité, l'appellation sunnite n'est apparue qu'avec l'école ash'arite, après le IXe siècle, notamment avec les disciples d'Al-'Ash'arî que furent Al-Bâqillâni, Al-Juwaynî et Al-'Isfârâ'înî. Les Ash'arites visaient ainsi à unir dans un même courant ceux qui n'étaient ni shî'ites, ni khârijîtes, ni mu'tazilites, ni adeptes d'aucune des fractions constituées sur la base d'une attitude tranchée en faveur ou contre les différents prétendants au Califat. Cette entreprise fut réalisée sur la base de la conciliation — amorcée par Al-'Ash'arî et poursuivie par ses disciples — entre le *Kalâm* (théologie fondée sur l'usage de la raison) et le traditionnisme privilégiant l'autorité du Coran, de la Tradition du Prophète, du consensus de la génération fondatrice du fait islamique (les Compagnons du Prophète, la génération qui les a connus et a suivi leur exemple), ainsi que celle des imâms fondateurs des grandes écoles juridiques que furent 'Abû Hanîfa (m. 767/150), Mâlik Ibn 'Anas (m. 795/179), Ash-Shâfi'î (m. 820/204) et Ibn Hanbal (m. 855/241). Cette conciliation est fondée sur l'acceptation du *Kalâm*, et donc de l'usage de la raison, dans les limites de ce qui est nécessaire à la défense de la religion telle que la donnent les sources fondatrices du fait islamique que sont le Coran et la Sunna (Tradition) du Prophète, de ses compagnons et des "ancêtres bienfaisants". C'est le lien établi entre l'autorité du Coran et celle de la Sunna qui est à la base de l'appellation sunnite.

La synthèse proposée par les ash'arites fut rejetée et combattue par le hanbalisme réhabilité avec le règne du Calife abbasside Al-Muwakkil aux dépens du mu'tazilisme. Les hanbalites ont vu dans l'entreprise ash'arite un mu'tazilisme déguisé. Il faudra attendre le XIIIe siècle pour voir Ibn Taymiyya atténuer cette hostilité en réhabilitant, du bout des lèvres, Al-'Ash'arî qu'on appelait déjà "l'imam des sunnites" (imâm ahl al-jamâ'a wa's-sunna). Les premiers à avoir accepté l'offre ash'arite furent les shâfi'ites, alors que les hanafites lui ont préféré une autre doctrine, le mâturîdisme, apparu à la même période que le 'ash'arisme, à Samarqand dans la Transoxiane. Le fondateur de cette doctrine, Mâtûrîdi (m. 944/333) poursuivait le même objectif qu'Al-'Ash'arî, à savoir doter le courant traditionniste d'un credo et d'une doctrine où la raison doit être au service de la foi telle que la donnent le Coran et la Tradition du Prophète et de la génération fondatrice de l'islam.

Les solutions et les arguments qui sont à la base de sa doctrine différaient de celles d'Al-'Ash'arî. Mais les travaux de leurs disciples, dont, en particulier 'Umar An-Nasafî (m. 1143/527) du côté du mâturîdisme, Fakr Ad-Dîn Ar-Râzi (m. 1209/606), du côté des Ash'arites, ont rapproché les thèses des deux courants. De nos jours, l'orthodoxie sunnite qui considère Al-'Ash'ari comme *"l'imâm de la communauté de la Tradition"* associe son entreprise à celle de Mâturîdi et insiste sur la complémentarité des rôles qu'ils ont joués dans l'élaboration et la défense du credo sunnite.

Le pouvoir politique joua un rôle essentiel dans l'adoption de la synthèse proposée par Al-'Ash'arî et Mâturîdî : le vizirat de Nizâm al-Mulk (1092/485) contribua à la protection, puis à la promotion du 'Ash'arisme au rang d'une doctrine officielle. L'avènement des Seldjûqides consolida cette promotion, notamment sous le règne de Nûr ad-dîn (1146-1174/541-569) qui en assura le succès en Irak puis en Syrie. L'historien Maqrîzî (m. 1442/845), lui-même ash'arite, nous dit que l'Ayyubide Salah Ad-Dîn, vainqueur des Fatimides et des Croisés, et son juge (Qâdi) Al-Mârinî, en ont fait la doctrine officielle de leur dynastie en Égypte et au Proche-Orient. Il ajoute qu'Ibn Tûmart, et son disciple Abdel-Mu'min Ibn 'Alî, fondateurs de la dynastie des Muwahhdûn (Almohades) qui régna sur le Maghreb de 1146/540 à 1269/668, ont assuré l'expansion du 'ash'arisme en Afrique du Nord. Il conclut : "c'est la raison pour laquelle la doctrine 'ash'arite s'est répandue dans tous les pays musulmans au point où les autres doctrines ont été oubliées. Il ne reste plus aucune doctrine qui lui soit opposée sinon celle des hanbalites..." Al-Maqrîzî développe les thèses de la doctrine 'ash'arite en précisant : "Ce sont là les fondements de son credo (c'est-à-dire du 'ash'arime) adopté par la masse des habitants des pays musulmans. Celui qui manifeste une opinion qui s'en écarte s'en trouve condamné à mort" [2]. Par-delà l'exagération des propos de Maqrîzî, ce témoignage illustre le rôle joué par l'autorité politique dans l'institutionnalisation de la doctrine ash'arite.

Au fil des siècles, le 'ash'arisme et le mâturîdisme sont devenus un pilier de l'enseignement théologique dans les madrasa et les grandes mosquées, puis dans les Universités et les Facultés de Théologie des différents pays musulmans.

Le triomphe de la synthèse ash'arite, et du mâturîdisme, l'extension de cette synthèse au soufisme dont l'audience dans les milieux populaires s'est accrue avec le développement des confréries, ont contribué à la ritualisation de ce qui n'était à l'origine que des élaborations juridiques concernant les pratiques cultuelles et les normes devant régir les relations au sein de la communauté musulmane et ses rapports avec les autres confessions.

A l'ombre de cette synthèse, et sur la base des sources privilégiées par les différentes doctrines traditionnistes, on a assisté à des tentatives plus ou moins élaborées, plus ou moins contradictoires, plus ou moins tranchées, du credo présenté comme étant la doctrine sunnite. Le concordisme tend à réduire ce credo au minimum nécessaire pour rassembler le plus grand nombre et faire cohabiter le maximum de tendances. Au contraire, le purisme pousse à étendre ce credo à toutes les questions, à tous les problèmes dans tous les domaines de la vie, au prix d'exclure de l'islam, non seulement les composantes non sunnites, mais aussi une partie plus ou moins importante des sunnites. Dans ce cas, le credo sunnite tend à se confondre non seulement avec les rites qui sont devenus, à partir du Xe-XIe siècles, les écoles juridiques mentionnées plus haut, mais avec la lecture la plus littéraliste, la plus rigoriste et la plus sclérosée de ces rites.

La première orientation tend à définir l'islam comme étant :

1 - L'adhésion aux **cinq piliers de la foi** selon la lecture sunnite la moins rigoriste : **la croyance en Dieu, en ses Prophètes, en ses Livres, en ses anges et au Jugement Dernier**, indépendamment du contenu assigné à ces dogmes, et par delà les conséquences que chacun peut en tirer quant à :

- la nature de Dieu,
- ses attributs,
- la conception qu'on a de la prophétie,
- la lecture qu'on peut avoir des livres,
- l'idée qu'on se fait des anges et du jugement dernier.

La seule condition est qu'on ne remette pas en cause ces croyances.

2 - L'acceptation de ce que la tradition sunnite appelle les piliers de l'islam, à savoir : **la profession de foi concernant l'unicité divine et la prophétie de Muhammad, la prière, le jeûne du mois de Ramadan, l'aumône légale (Zakât) et le pèlerinage à La Mekke pour ceux qui en ont les moyens.**

Cette acception **n'implique pas la pratique de ces obligations**. Il s'agit simplement de **reconnaître leur statut de devoirs prescrits par Dieu**, ou plutôt de ne pas nier ce statut. Libre à chacun, ensuite, de les observer ou pas. Il n'y a de compte à rendre à aucune autorité humaine à ce sujet. Personne n'a le droit de s'instituer juge en la matière. La règle est celle qu'énonce le verset coranique stipulant : *"Rappelle ! Tu n'as pour mission que de rappeler. Tu n'as pas de pouvoir de contrainte sur eux"* (88-21). On peut, au titre du devoir de *"commander le bien"* et *"déconseiller le mal"* rappeler quelles sont les obligations d'un fidèle, mais on ne peut en aucun cas en imposer le respect.

3 - Il en va de même pour les recommandations et les interdits concernant les différents aspects de la conduite individuelle et collective des humains que les juristes théologiens désignent par le terme de *"mu'âmalât"*.

La deuxième orientation tend à faire de l'islam un système total régissant tout :

1 - Le domaine de la foi, dans tous ses détails ; en plus des piliers de la foi mentionnés plus haut, cela implique une attitude tranchée au sujet de toutes les questions qui peuvent s'y rapporter :

- les attributs de Dieu (sont-ils, distincts, ou non, de son essence ? Participent-ils de son éternité ? Ont-ils la même valeur ? etc.) ;
- la nature et les implications de la Prophétie ;
- la nature du Coran (est-il créé ou incréé ? Est-ce un texte ésotérique ou exotérique ? Faut-il l'appliquer à la lettre ou en privilégier l'esprit ? etc.) ;
- les actes humains (sont-ils prédéterminés ou procèdent-ils d'un libre arbitre humain ? Dans quelle mesure et selon quelle modalité engagent-ils la responsabilité humaine ?) ;
- Les éléments de la mythologie biblo-coranique (s'agit-il de vérités scientifiques indépassables ou de "signes" et "symboles" ouverts à l'interprétation ?).

2 - Le domaine des pratiques cultuelles qui deviennent une obligation absolue dont l'homme a à répondre sur terre devant les autorités religieuses : la police religieuse *(hisba)*, les juges des tribunaux religieux et l'imâm ou le Calife devenu "l'ombre de Dieu sur la terre" chargé de "gérer le monde selon les exigences de la religion" ;

3 - Tout ce qui concerne la conduite individuelle et collective des gens dans quelque domaine que ce soit, puisque la religion est selon cette lecture porteuse d'un système de normes qui constitue une LOI de nature divine absolue, totale et indépassable.

Entre ces deux orientations, l'islam sunnite, comme les autres courants de l'islam, a connu à travers son histoire des combinaisons intermédiaires qui — selon les circonstances, le degré du besoin de recourir, ou non, à la religion comme procédé de légitimation politique ou comme réservoir de sens et de valeurs, etc. — se rapprochent de la première ou de la deuxième orientation.

Ces facteurs expliquent que les différents rites de l'islam sunnite présentent les mêmes niveaux et formes de diversité que les autres obédiences.

I — LE RITE HANAFITE

C'est le premier rite de l'islam sunnite aussi bien au point de vue de son avènement historique que par le nombre de ses fidèles (quelques 430 millions) : ultra-minoritaires dans l'aire africaine où il fut introduit marginalement par l'Empire ottoman, il est par contre largement majoritaire au Moyen-Orient et dans le reste de l'aire asiatique.

Son fondateur, 'Abû Hanîfa (700-767/80-150) est d'origine perse. Il vécut principalement en Irak, d'abord à Koufa, du temps des Omeyyades, puis à Bagdad. Il acquit sa formation dans un milieu marqué par le foisonnement des idées et des théories politico-théologiques khârijites, shî'ites, traditionnistes refusant de prendre part dans les conflits au sujet du Califat. Il a directement participé aux débats entre les plus grands représentants de ces courants. Il avait lui-même son propre point de vue sur les problèmes débattus : sans adhérer aux théories shî'ites et prendre part aux conflits militaires entre les différents protagonistes, il contestait la légitimité des Omeyyades et des Abbassides. Il a pris position en faveur de l'imâmat de Zayd Ibn 'Alî lors de sa révolte contre les Omeyyades en 740/122, tout comme il a soutenu la révolte contre les Abbassides de Muhammad dit An-Nafs Az-zakiyya, descendant du deuxième imâm shî'ite, Hasan Ibn 'Alî. Ces prises de position lui valurent l'accusation d'être shî'ite. Par ailleurs, il s'est appuyé pour l'élaboration de sa doctrine, aussi bien sur des sources traditionnistes revendiquées par les sunnites que sur des sources revendiquées par les shî'ites comme, précisément, les imâms Zayd, Muhammad Al-Bâqir et Ja'far Aç-çâdiq qu'il a personnellement connus. Abû Hanîfa a également connu les débuts du Kalâm mu'tazilite et les querelles au sujet de la prédestination et du libre arbitre. Il fut contemporain de 'Abû'l-Hasan Al-Baçrî (m. 728/110) — dont la paternité est revendiquée par les soufis comme par les mu'tazilites et les traditionnistes — de Jahmb Ibn çafwân (exécuté comme hérétique en 746/128), et du qadarite, Ghaylân (exécuté en 743/125). Il a lui-même pris part aux débats théologiques de son époque. On lui attribue une épître réfutant le qadarisme. Al-'Ash'arî, dans ses fameuses *Maqâlât al-'islâmiyîn* (les thèses des musulmans) le considère comme un murji'ite.

Sa formation et le milieu dans lequel il a vécu, ont eu beaucoup d'influence sur son Fiqh (élaboration du droit). Sa doctrine est la moins traditionniste de toutes les doctrines revendiquées par les sunnites. Il n'a retenu comme références de la sunna que 17 hadîths sur les quelques 900 000 hadîths rapportés par les différents traditionnistes. Abû Hanîfa a trop connu l'usage que faisaient ses contemporains du Hadîth et de la Sunna pour accepter l'autorité de tout ce qu'on attribue au Prophète et à ses compagnons. Les limites du recours à la tradition sont compensés par une place importante laissée à l'usage de l'opinion personnelle du juriste que ce soit pour l'interprétation des versets coraniques considérés comme ayant une portée juridique, ou pour la prise en compte de l'intérêt de la personne jugée et des coutumes de la société à laquelle on a à faire. Parmi les règles d'élaboration juridique, Abû Hanîfa accorde une grande importance au recours à l'analogie *(qiyâs) :* lorsque le cas envisagé n'est pas prévu par les sources consacrées (Coran, tradition ou coutume), il faut procéder par analogie. Cette règle est couplée avec le principe de l'intérêt de la personne concernée *(istihsân) :* lorsqu'on cherche à qualifier un acte, et à déterminer la sanction qui lui correspond, en procédant par analogie à partir d'autres cas prévus par les sources consacrées, il faut envisager toutes les solutions possibles pour ne retenir que celle qui préserve le mieux — ou qui compromet le moins — l'intérêt de la personne concernée. Ce recours au *qiyâs* et au 'istihsân est l'origine des fameuses "ruses" *(hiyal)* par lesquelles les juges hanbalites arrivent à contourner les normes érigées en principes juridiques. Certains disciples d'Abû Hanîfa ont développé cet art au point de s'attirer les foudres des courants rigoristes.

En effet, on explique les réactions rigoristes, sous l'influence du hanbalisme, y compris au sein du hanafisme, par l'excès du recours aux ruses qui sont l'une des caractéristiques importantes de la doctrine hanafite. Cependant, on ne peut nier que c'est là l'une des raisons du succès du hanafisme. Non seulement il est le rite le plus répandu parmi les musulmans, mais son influence a été telle qu'il n'y a pas une école juridique, pas un rite, pas une autorité qui n'a eu recours au système des ruses pour produire des fatwâ *"peu catholiques"*, ou trop hanafites, afin de s'extirper de situations impossibles. Il faut néanmoins se garder de conclure hâtivement que le hanafisme serait à l'abri de la tentation intégriste. Les sociétés musulmanes qui s'en réclament, la Turquie, l'Afghanistan, le Pakistan, etc., n'ont rien à "envier" de ce point de vue à celles qui se réclament d'autres rites ou d'autres obédiences.

C'est l'une des raisons pour lesquelles les faits religieux, quels qu'ils soient, ne peuvent pas tout expliquer, pas même leur propre devenir. Ils restent d'une manière ou d'une autre, tributaires des sociétés et des personnes qui s'en réclament et qui les interprètent selon leurs besoins. Il est important de préciser que 'Abû Hanîfa n'a pas écrit lui-même les ouvrages qu'on lui attribue. Ce sont ses disciples qui les ont écrits sur la base des cours qu'il leur dispensait.

II — LE MÂLIKISME

Le deuxième rite sunnite du point de vue de son avènement historique, et le troisième par le nombre de ses adeptes (quelques 200 millions d'adeptes), le mâlikisme, doit son origine au fiqh (élaboration juridique) de Mâlik Ibn 'Anas (712/93 - 796/179), qui fut un contemporain tardif d'Abû Hanîfa. Contrairement à celui-ci, Mâlik n'a vécu qu'à Médine qu'il ne quittait que pour se rendre en pèlerinage à La Mekke. Il était éloigné des querelles politico-théologiques qui agitaient l'Irak où le hanafisme a vu le jour. Médine, et le reste du Hijâz, étaient déjà marginalisés au profit de la Syrie des Omeyyades et de l'Irak, théâtre des révoltes qui ont permis aux Abbassides de les supplanter. Après les échecs des tentatives de ramener le pouvoir arabo-musulman à son berceau que fut Médine, ceux qui n'ont pas accepté cette évolution se sont repliés sur ce qui fit la gloire de leur cité : le souvenir de l'islam naissant, la tradition de son Prophète et de la génération fondatrice du monde où ils sont marginalisés. C'est dans ce climat que grandit le fondateur du rite mâlikite dans une famille de traditionnistes de renom : son père, son grand-père, son oncle et son frère aîné appartenaient à ce milieu qui s'est consacré à la connaissance et à la transmission de ce qui fait la gloire de Médine aux yeux de tous les musulmans. Par ailleurs, le fait qu'il n'ait pas voyagé, l'a empêché de saisir la complexité des situations et des problèmes engendrés par la rencontre d'autres cultures, d'autres coutumes. Les problèmes qui se posaient à lui ne sont pas très différents de ceux que le Prophète et ses compagnons ont rencontrés. Il lui était donc plus facile qu'à 'Abû Hanîfa de s'appuyer sur leur Tradition. Cette dernière lui était plus familière et plus accessible qu'aux juristes de l'Irak ; de plus, il l'a reçue de gens en qui il avait confiance précisément parce qu'ils n'étaient impliqués ni dans les conflits politiques, ni dans les querelles théologiques qui s'y sont greffées. Pour toutes ces raisons, après le Coran, la Tradition du Prophète, de ses compagnons et de leurs descendants et disciples, restés à Médine loin des querelles politico-théologiques agitant la Syrie et l'Irak, tient dans son Fiqh une place qu'elle n'a pas dans celui de 'Abû Hanîfa. Est-ce à dire qu'il ferme la porte à toute autre source de législation ? Est-ce à dire qu'il rejette le libre examen qui permet aux juristes de tenir compte de la complexité de la réalité ? Certes, non ! Mâlik Ibn 'Anas, conformément aux recommandations coraniques et à la Tradition qu'il vénérait, considère la "coutume", "ce qui est connu" comme une source du droit. Cependant, la coutume à laquelle il avait à faire, n'était pas très différente de celle que la génération fondatrice de l'islam avait connue. C'est pourquoi la coutume et la Tradition consacrée tendent à se confondre chez lui, alors qu'elles sont bien distinctes chez 'Abû Hanîfa.

Il en est de même pour ce qui est considéré par certains comme une source particulière au malikisme, à savoir ce qui relève de la pratique des médinois : il s'agit d'une coutume particulière qui est dans le prolongement direct de la Tradition.

Quant au libre examen — ou de l'usage de l'opinion personnelle du juriste — limités par les abondantes références à la Tradition et à la coutume, il est reconnu par Mâlik Ibn 'Anas que ce soit par la règle de l'analogie, ou pour tenir compte de l'intérêt particulier de la personne concernée *(istihsân)* ou de l'intérêt général *(al-maçâlih al-mursala)*. Cependant Malik introduit un principe pour fermer la porte aux ruses par lesquelles le recours et la notion d'intérêt n'est que prétexte pour éviter l'application de la règle juridique. C'est ce que les différentes doctrines, après lui, opposent aux "ruses" du droit hanafite sous le nom de *Sadd adh-dharâ'i'* (littéralement fermer (la porte) aux prétextes ; c'est-à-dire ne pas autoriser ce qui peut conduire à l'injustice ou à la nuisance, et fermer la porte à ce qui peut rendre l'illicite licite).

Contrairement à 'Abû Hanîfa, Mâlik a écrit un livre dans lequel il a consigné sa doctrine juridique. Cet ouvrage est connu sous le titre de *Muwatta' Mâlik (la voie aplanie de Mâlik)*. Il comporte deux volets essentiels :

1. Une compilation de Hadîth et de la Tradition du Prophète, de ses compagnons et de leurs successeurs, en matière de pratiques juridiques ;

2. Les déductions de l'auteur et ses propres avis juridiques à partir des sources qu'il a ainsi recensées.

C'est donc une œuvre de Fiqh où l'exégèse coranique se mêle au souci de consigner et transmettre la Tradition fondatrice de l'islam.

Différentes sources rapportent que la réalisation de cet ouvrage se fit à la demande du Calife abbasside Al-Mansûr (754-775/136-158) qui avait l'intention de doter les institutions de son Empire d'un code uniformisé. Les sources historiques rapportent le texte de la requête du Calife qui est très explicite à ce sujet : il demande à Mâlik de *"mettre par écrit ce savoir, d'en faire des livres où il faut éviter le rigorisme de 'Abdallah Ibn 'Umar, les autorisations (rukhaç) de 'Abdallh Ibn 'Abbâs et les exceptions de 'Abdallah Ibn Mas'ûd, et rechercher la modération en privilégiant ce qui a fait l'unanimité des Imâms et des Compagnons. Nous pourrons obliger les gens à observer les conclusions de votre travail. Nous en diffuserons (des exemplaires) dans les différents pays et recommanderons à tous de s'y conformer et de ne juger que sur la base (de vos prescriptions)"* [3].

D'autres sources donnent une version différente selon laquelle le Calife aurait demandé à Mâlik de réaliser une œuvre de nature à unifier le savoir dans ce domaine. On rapporte également que Mâlik a hésité à répondre à cette requête en avançant plusieurs raisons : la première était sa crainte de voir les gens se détourner du Coran et de la Tradition du Prophète pour leur substituer son travail qui ne serait "qu'une opinion incertaine". L'évolution ultérieure du *fiqh* et la transformation des rites en véritables religions dans la religion ont confirmé cette crainte de Mâlik. Il ne suffit plus aujourd'hui, dans certains milieux, de dire qu'on est musulman, ni même qu'on est sunnite, shî'ite ou khârijite, il faut préciser le rite auquel on est rattaché pour faire valoir son identité confessionnelle. Une autre raison, avancée par Mâlik, concerne la diversité de la Tradition des compagnons du Prophète qui est, à ses yeux, antinomique avec la volonté d'imposer partout une même doctrine. Ainsi, dit-il, selon les mêmes sources au Calife qui voulait accrocher son livre à la Ka'ba (...) : *"Ô Commandeur des croyants ! Les Compagnons du Prophète se sont répandus dans les pays ; chacun d'eux a jugé selon son opinion"* [4]. Une autre version précise que les Compagnons du Prophète ont divergé sur les questions subsidiaires (Furû'). Mâlik aurait dit, à l'adresse du Calife Hârûn Ar-Rashîd (786-809/170-193) : *"la divergence entre les 'ulamâ est une miséricorde de Dieu envers cette communauté ; chacun suit ce qu'il croit juste ; tout le monde est dans la bonne voie, et tous recherchent Dieu"* [5]. C'est avec toutes ces précautions que Mâlik a accepté de mettre par écrit sa doctrine en précisant qu'il s'agit d'un effort humain susceptible d'erreur. Il est important de préciser que cette attitude des Califes abbassides a succédé à un épisode de persécutions que leur gouverneur à Médine avait infligée à Mâlik en raison de son refus de légitimer la dynastie abbasside. Mâlik considérait que les luttes concernant le Califat, y compris entre les Compagnons du Prophète, n'avaient rien à voir avec la religion. Les sources classiques lui attribuent un jugement sévère sur l'attitude de 'Uthmân, 'Alî, Talha, Az-Zubayr et les autres compagnons qui n'ont pas hésité à faire parler les armes pour faire valoir leur ambition de devenir Calife : *"Par Dieu, ils ne se sont entretués que pour une soupe insipide !"*, dit-il à leur sujet [6]. C'est cette attitude qui explique son refus de prendre parti dans les conflits au sujet du Califat. Tout en refusant d'admettre la légitimité des Omeyyades et des Abbassides, voire même de 'Alî et, selon le point de vue rapporté par Ibn 'Abd Rabbih, 'Uthmân, il n'a jamais cautionné les révoltes menées au nom de la religion, contre l'autorité califale. Par ailleurs la légitimité de combattre les rebelles à l'autorité califale ne se légitime, à ses yeux, que si le Calife est aussi juste et pieux que 'Umar Ibn 'Abd Al-'Azîz (717-720/99-102).

Ses disciples, particulièrement du Maghreb, ont développé sa doctrine et l'ont répandue en Afrique (Afrique du Nord, de l'Ouest et la quasi totalité des pays limitrophes du Sahara, de l'Atlantique jusqu'au Soudan et à la République Centrafricaine) où le malikisme est devenu la seule conception envisageable de l'islam.

L'ouverture du code mâlikite à la prise en compte des coutumes et de l'intérêt des populations concernées a été à l'origine de l'adaptation de la doctrine de Mâlik aux réalités et à l'héritage culturel des sociétés qui s'en réclament.

Bien que Mâlik Ibn Anas ait évacué de sa doctrine les questions théologiques, en consacrant sa doctrine aux questions relatives au culte et à la conduite individuelle et sociale (les *mu'âmalât*) des musulmans, l'influence de l'ash'arisme, après les XE-XIE siècles a fini par amener les docteurs mâlikites à adopter l'essentiel de la vision de l'école ash'arite. Parmi les grands penseurs qui étaient en même temps ash'arite et mâlikite, on peut mentionner Bâqillânî, au Moyen-Orient, et le Qâdî 'Iyâd (1149/544) au Maghreb. Nous avons rappelé plus haut le rôle joué par 'Ibn Tûmart et les Almohades dans la propagation de l'ash'arisme dans l'aire mâlikite.

Outre le complément ash'arite, la ritualisation de la doctrine malikite est passée, selon les milieux et les pays, par des adaptations intégrant les conceptions des différentes confréries mystiques avec lesquelles les juristes-théologiens malikites ont été obligés de composer.

III — LE SHÂFI'ISME

Le rite shâfi'ite est le deuxième rite sunnite par le nombre de ses fidèles (quelques trois cent millions) grâce notamment à sa prééminence en Indonésie, qui compte à elle seule quelques 175 millions de musulmans. Historiquement, la doctrine shâfi'ite, qui a donné le shâfi'isme, est apparue après les doctrines hanafite et mâlikite. Ash-Shâfi'î (768/150 - 820/204) est né l'année où décéda Abû Hanîfa, à Ghaza. Son origine Quarayshîte l'amena à retourner au Hijâz, à La Mekke puis à Médine, où il reçut l'enseignement de Mâlik Ibn 'Anas. Contrairement à celui-ci, il a voyagé pour rencontrer les grands maîtres des différents courants de pensée dont l'épanouissement a été favorisé par la politique du Calife Hârûn Ar-Rashid (786-809) et, surtout, par son fils Al-Ma'mûn (813-833). Celui-ci était lui-même mu'tazilite ; il encourageait la traduction et le développement des savoirs pour lesquels il créa la plus grande bibliothèque de son époque, la célèbre Bayt Al-Hikma (Maison de la sagesse). La cour royale comme les grandes mosquées sont devenues des lieux de débat (les fameuses Munâzharât) entre les penseurs de toutes les tendances. La plupart des courants ont renoncé — pendant une période assez longue — à la "critique des armes" pour se consacrer à l'élaboration de doctrines et pour affiner leurs arguments grâce, précisément, aux Munâzharât et aux savoirs permis par la traduction des trésors des différentes cultures. Ash-Shâfi'î a profité de ce foisonnement des idées grâce aux voyages qu'il a entrepris, après le Hijâz, au Yémen, puis en Irak avant de retourner en Égypte. Ce périple lui a permis de compléter l'enseignement reçu auprès de Mâlik, et des traditionnistes de Hijâz, par l'étude de la doctrine hanafite et des conceptions propres aux différentes obédiences et aux différents courants. Il a rencontré en Irak, le maître de l'école hanafite de l'époque, Ash-Shaybânî, et Ibn Hanbal qui fut persécuté pour son refus d'adopter le dogme mu'tazilite concernant la création du Coran.

Ses études et ses rencontres, particulièrement en Irak, lui ont permis d'évoluer : traditionniste mâlikite au départ, il créa par la suite sa propre doctrine. En comparaison avec celle de son maître de Médine et de celle de 'Abû Hanîfa, sa doctrine est plus élaborée et plus systémique. Quand il parle des sources, ou fondements de l'élaboration juridique, il ne s'arrête pas au niveau de leur énumération : il les justifie, les hiérarchise, définit leurs relations internes, les intègre à un système. C'est pourquoi il est considéré comme le premier concepteur de la doctrine des fondements de l'élaboration juridique *('uçûl al-fiqh)*.

D'après sa doctrine, la source première, fondamentale de l'élaboration juridique est le Coran. Une règle coranique ne peut être abrogée que par un énoncé coranique. La *sunna* ne peut pas abroger le Coran ; elle ne peut qu'expliciter l'énoncé ou aider à y distinguer l'abrogeant de l'abrogé. La *sunna* du Prophète est pour lui la deuxième source, dont les énoncés normatifs complètent — ou explicitent — les dispositions coraniques. Ces prescriptions ont le même caractère obligatoire que la norme coranique. Elles ne peuvent être abrogées que par des dispositions du même ordre, ou d'un ordre supérieur, c'est-à-dire relevant du Coran. La Tradition des Compagnons du Prophète n'est considérée comme une source que lorsqu'il y a unanimité ou, à défaut, absence de divergences entre eux sur la question concernée. Sinon elle est soumise à la vérification pour juger de sa conformité par rapport aux deux premières sources.

Le consensus entre les 'ulamâ *('ijmâ')* n'est accepté comme une source, après le Coran et la Tradition du Prophète, qu'à la condition absolue qu'il soit général. Il diverge là avec Mâlik pour qui le consensus des seuls Médinois suffit pour avoir force de loi. Ash-Shâfi'î refuse cette prééminence des Médinois et ne considère qu'il y a **consensus** que s'il est le fait **de tous les 'ulamâs de tous les pays musulmans à un moment donné**. Cette exigence fait dire aux commentateurs de sa doctrine qu'il n'admet pas le consensus comme source de droit puisqu'un consensus répondant à l'ensemble de ces critères est impossible.

Ce n'est qu'après épuisement de ces sources, et à défaut d'y trouver une solution au(x) problème(s) envisagé(s), que Shâfi'î autorise le libre examen *(ijti-*

hâd) du juriste sur la base du *Qiyâs* (analogie) par référence aux sources supérieures (Coran, Tradition du Prophète, consensus des compagnons et des 'ulamâ).

La grande innovation de Shâfi'î est le refus de la coutume et de la considération de l'intérêt (particulier ou général) qui représentent à ses yeux une source de dérive dont les risques sont incalculables.

Pour lui, les choses sont simples : *"Personne n'a le droit de décider si une chose est licite ou illicite que du point de vue du savoir (al-'ilm) acquis soit par l'information transmise (khabar), soit par le Livre (le Coran), la Sunna, le Consensus ou la déduction par analogie"* à partir du Livre et de la Tradition du Prophète [7]. Cette rigueur s'appuie sur la certitude que Dieu, par ce qu'il a révélé dans son livre et par ce que son Prophète a explicité, n'a rien laissé au hasard. On peut donc, en se référant aux "textes sacrés", le Coran et la Sunna, trouver ou déduire la solution pour tous les problèmes. Quant au refus de la coutume, les choses sont aussi simples : *"Avant l'islam, les gens étaient soit des "gens du Livre" qui ont altéré la parole de Dieu", soit des mécréants qui ont établi des règles non ordonnées par Dieu"* [8]. Il n'y a donc aucune raison, voire nul besoin, de chercher en dehors du Coran et de la Sunna, des solutions qu'on peut trouver, directement ou par analogie, dans ces sources sacrées.

De ce point de vue on peut considérer Ash-Shâfi'î comme le premier théoricien du fondamentalisme en islam. Il a laissé plusieurs ouvrages exposant et illustrant sa doctrine dont son *Épître concernant les Fondements du Fiqh (Risâla fî 'uçûl al-Fiqh)*, et son *Kitâb al-'umm* qui apporte des exemples concrets sur son élaboration juridique.

En dépit, ou à cause, de ce fondamentalisme, les disciples d'Ash-Shâfi'î furent les premiers à accepter la synthèse ash'arite. En effet, ce sont les grands Qâdhî shâfi'ites en Irak et en Syrie qui ont assuré la défense et la promotion de la doctrine ash'arite au moment où les hanbalites pourchassaient les représentants de cette doctrine. Ainsi, de grands penseurs ash'arites comme Al-Isfarâ'înî, Al-Juwayni ou Al-Ghzâlî étaient des shâfi'ites.

La ritualisation du shâfi'isme est passée par des adaptations qui en ont atténué le rigorisme fondamentaliste, grâce, en particulier, à son ouverture à la théologie ash'arite, d'un côté, et aux influences du soufisme de l'autre : Al-Ghazâlî, qui était à la fois shâfi'ite, ash'arite et soufî, incarne bien cette synthèse. Quand on compare l'islam indonésien, qui se réclame du shafi'isme à la doctrine de Shâfi'î, on mesure l'ampleur des adaptations et de l'évolution que cette doctrine a dû subir pour devenir — ou en devenant ! — un rite.

IV — LE HANBALISME

Le dernier rite sunnite, par le nombre de ses fidèles (quelques 20 millions en Arabie Saoudite, à Qatar, et, grâce à la propagande saoudienne, au Niger), puise son origine dans la doctrine d'Ibn Hanbal (781/164 - 856/241). Celui-ci, contrairement aux précédents, était en même temps théologien et juriste. Il a dû faire face à la volonté des mu'tazilites, soutenus par Al-Ma'mûn et ses successeurs, avant le règne de Mutawakkil, qui voulaient imposer leurs thèses théologiques relatives au libre arbitre et à la création du Coran, comme la seule interprétation de l'islam. Il fut persécuté et emprisonné en raison de son refus de cautionner ces thèses. C'est sans doute la raison pour laquelle sa doctrine a comporté un volet théologique plus important que chez les traditionnistes qui l'ont précédé. S'opposant aux thèses mu'tazilites, il est à l'origine de l'institutionnalisation du dogme de l'incréation du Coran et de la prédestination. Par rapport à la question des attributs de Dieu, il professait qu'il fallait les admettre sans se poser de questions sur leur nature.

Quant à son *fiqh* (élaboration juridique), il pousse plus loin le fondamentalisme d'Ash-Shâfi'î, qui fut l'un de ses maîtres, en refusant tout recours à l'effort personnel, y compris le raisonnement par analogie à partir du Coran et de la Sunna. Pour lui, les seules sources sont, hiérarchiquement, le Coran, la Sunna du Prophète, celle de ses compagnons, puis celles de leurs successeurs qui sont restés fidèles à l'enseignement coranique et à l'exemple du Prophète.

Sa haine de tous ceux qui se sont écartés de ce qu'il considère la Tradition authentique du Prophète et des "pieux devanciers", c'est-à-dire des courants constitués à partir des divergences sur la question du Califat, l'amena à préciser sa conception à ce sujet. Pour lui, le Calife doit être, comme les quatre premiers Califes de Médine, un qurayshite. Il doit être choisi par les 'ulamâ. Une fois désigné, la communauté doit lui faire allégeance. S'il fait preuve d'injustice, la meilleure attitude à adopter est de le conseiller et, à défaut, de prier Dieu pour qu'il allège le poids de ses injustices. Pour lui, un imâm injuste vaut mieux que la *Fitna* (la division) et l'anarchie. La désobéissance à un gouvernant ne peut être légitime, au vu de sa théorie, que s'il s'écarte ouvertement de l'islam.

Ibn Hanbal était un grand traditionniste. Son *Musnad (référé)* est l'un des grands recueils des hadîths les plus célèbres du Prophète (quelques 50 000 hadîths). Son deuxième ouvrage traite de *"la Tradition du Prophète" (Kitâb As-Sunna) :* il y expose sa doctrine concernant "la voie de l'islam authentique", et y critique les thèses des différents courants qu'il considère comme déviants ou hérétiques.

Sa persécution sous le règne d'Al-Ma'mûn (813-833) et de son frère Al-Mu'taçim (833-842) et sa réhabilitation par Al-Mutawakkil ont assuré à sa doctrine une grande notoriété. Victimes de la persécution des mu'tazilites, les hanbalites deviennent à partir du règne de Mutawakkil (847-861/232-247), les grands inquisiteurs pourchassant les mu'tazilites, les ash'arites, les shî'ites, les khârijites, les soufis, les philosophes et tous ceux qui ne partagent pas leurs points de vue. C'est sans doute pour cette raison que, malgré des disciples aussi célèbres qu'Ibn Al-Jawzî, Ibn 'Aqîl, Ibn Qayyim al-Jawziyya ou Ibn Taymiyya, le hanbalisme a vu le nombre de ses adeptes se réduire au fil des siècles. Il a fallu l'avènement du wahabisme et de la dynastie séoudienne pour qu'il soit remis en selle. Il doit à cette renaissance avec le wahabisme, les quelques 20 millions d'adeptes qui se trouvent aujourd'hui en Arabie Saoudite, à Qatar et au Niger.

Cependant, le hanbalisme, grâce notamment aux développements qu'il a connus avec Ibn Taymiyya, a influencé les adeptes des autres doctrines. S'il ne constitue plus, en dehors de l'Arabie Saoudite et de Qatar, une référence juridique aussi importante que les autres doctrines, ses thèses relatives à l'incréation du Coran et à la prédestination ont fait école dans tous les rites et dans toutes les obédiences. De même, ses conceptions du politique, notamment avec les thèses élaborées par Ibn Taymiyya dans sa *Politique Légale (As-Siyâsa ash-shar'iyya)*, sont devenus une grande référence pour tous ceux qui considèrent l'islam comme une totalité liant de façon intrinsèque et indéfectible le politique et le religieux. C'est dans le hanbalisme et dans l'œuvre d'Ibn Taymiyya que les adeptes de l'islam politique de tous les rites et de toutes les obédiences puisent leurs arguments et leurs conceptions.

Il est important de préciser que le hanbalisme, malgré l'apport de ses grands penseurs, est la doctrine sunnite qui a le moins évolué par rapport à la conception définie par son fondateur. Faut-il chercher là les causes de sa marginalisation au profit des autres écoles qui, tout en subissant son influence, sont restées ouvertes à l'évolution ? Sans doute, car le dynamisme des autres écoles peut être attribué aux adaptations qu'elles ont concédées, que ce soit pour intégrer le complément théologique apporté par la doctrine 'ash'arite, ou pour cohabiter avec les différentes confréries soufies, les us et coutumes des populations qui les ont adoptées, ainsi qu'avec les formes de religiosité propres aux différents milieux socio-culturels.

Il faut dire que le hanbalisme n'avait pas besoin du complément théologique 'ash'arite puisqu'il était d'emblée une doctrine juridique et théologique. Par ailleurs, son hostilité au soufisme est congénitale et il ne s'en est jamais départi, jusqu'à nos jours. Cela n'a pas empêché, pour autant, certains hanbalites de devenir soufis : c'est précisément le cas du fondateur de l'une des premières confréries présente dans tout le monde musulman : Abdel Qâdir Al-Jîlânî, le saint Patron de Bagdâd dont la confrérie fut la première à voir le jour au XIe siècle.

Un autre facteur d'évolution présent dans l'histoire des autres doctrines, moins prégnant dans le hanbalisme, est le syncrétisme qui a compensé la fermeture de la porte de l'*ijtihâd* (l'arrêt du libre examen à partir des sources du Fiqh et l'obligation de se référer aux écoles consacrées). En effet, si l'on n'a plus le droit de déduire soi-même des règles à partir des sources, on a, en revanche, le droit de légiférer en choisissant dans les différentes doctrines consacrées les arguments et les solutions dont on a besoin. On n'est pas, autrement dit, obligé de se limiter à une seule doctrine. Ce syncrétisme, reconnu et autorisé par les autres écoles, et dédaigné par les juristes hanbalites trop attachés à la doctrine de leurs maîtres, a été l'un des facteurs de l'évolution du droit dit religieux.

DOCUMENTS

1. EXEMPLE DE PROFESSION DE FOI MALIKITE

Parmi ces devoirs est la croyance, que le cœur doit contenir et la bouche proclamer, selon laquelle on confesse qu'Allâh est une divinité unique, qu'il n'y en a point d'autre, qu'il n'a point de pareil, point d'égal, point de fils ni de père, point de compagne et point d'associé ; qu'il n'a point de commencement, ni de fin ; que l'essence de ses attributs échappe à la description des hommes ; que les esprits humains ne peuvent l'embrasser. Ceux qui réfléchissent tirent un enseignement de ses signes (âyât) ; ils ne peuvent approfondir son essence, ni embrasser une partie de sa science que dans la mesure où il le permet. Son trône (kursî) s'étend sur les Cieux et sur la Terre et il n'a point de peine à les conserver, étant le sublime et l'immense, le savant et l'informé de toutes choses, l'ordonnateur et le Tout puissant, l'entendant et le voyant, l'élevé et le grand ; qu'il est sur son Trône ('arch), glorieux par son essence même ; qu'il est en tous lieux avec sa science ; qu'il a créé l'homme ; qu'il sait à quelles tentations est exposée l'âme humaine puisqu'il est infiniment près de sa Créature, qu'aucune feuille ne tombe sans qu'il la connaisse ; qu'il n'est point de graine dans le sein ténébreux de la terre, point de végétal ni de minéral qui ne soient inscrits dans un Livre manifeste ; qu'il siège sur le Trône ; que sa puissance s'étend à tout son royaume ; qu'à Lui appartiennent les noms les plus beaux (al-asmâ' al-h'usnâ) et les sublimes attributs (aç-çifât al-'ulâ) ; qu'il n'a jamais cessé d'être avec tous ses attributs et tous ses noms ; qu'il est trop haut pour que ses attributs aient été créés et ses noms inventés ; qu'il a parlé à Moïse avec son Verbe qui est un attribut de son essence et non un objet de sa Création ; qu'il s'est manifesté au Mont [Sinaï] qui, frappé par sa Majesté, a été nivelé au sol ; que le Coran est la parole d'Allâh, non point créée et donc périssable, ni attribut d'une chose créée et par suite voué à la disparition.

Il faut croire à la prédestination (al-qadar) du mal comme du bien ; de ce qui est douceur, comme de ce qui est amertume. Tout cela résulte d'un arrêt d'Allâh, notre Seigneur. C'est lui qui partage souverainement toutes choses et elles n'arrivent que comme il l'a décidé. Il a connaissance de toute chose avant qu'elle ne soit et elle n'est que dans la mesure où il la conçoit. Ses serviteurs ne prononcent point de parole et ne font point d'acte qu'il n'ait décidé et dont il n'ait eu antérieurement connaissance. Ne connaît-il point ceux qu'il a créés, lui qui est toute finesse et toute science ? Dans sa justice, il égare qui il veut et il l'abandonne. Par sa grâce, il dirige qui il veut dans la bonne voie et il l'assiste. Ainsi chacun est amené à ce que la science et la prédestination divines lui ont réservé de bonheur ou de malheur. Allâh est trop haut pour qu'il y ait dans son royaume quelque chose qui ne résulte point de sa volonté ou quelqu'un qui puisse se passer de lui, ou un Créateur d'une chose quelle qu'elle soit, hormis Lui, le

Seigneur des Créatures, le Maître de leurs actes, celui qui détermine leurs mouvements et le terme de leur vie et qui leur a envoyé les Prophètes afin que ceux-ci engagent par leur témoignage, la responsabilité des hommes [devant Dieu].

Il faut croire qu'il a clos la série des Prophètes et mis un terme à leur mission d'avertisseurs, avec Muh'ammad, son Prophète, qu'Allâh répande sur lui ses bénédictions et lui accorde le salut, et qu'il a fait de lui le dernier des Envoyés pour annoncer la bonne nouvelle, pour avertir, pour appeler à la religion d'Allâh, conformément à son Ordre, et tel qu'un lumineux flambeau.

Il faut croire qu'Allâh a révélé à son Prophète son Livre plein de sagesse ; que, par lui, il a expliqué sa religion bien établie, a dirigé les hommes dans la voie droite ; que l'heure [de la résurrection générale] arrivera inéluctablement ; qu'Allâh ressuscitera les morts et qu'ils redeviendront tels qu'il les avait créés ; qu'Allâh dont la gloire soit proclamée, a décidé de multiplier, pour ses serviteurs Croyants, le mérite de leurs bonnes actions (h'asanât), d'être indulgent pour leurs fautes graves (kabâ'ir) s'ils s'en repentent, de pardonner entièrement leurs péchés véniels (çaghâ'ir) s'ils s'abstiennent des péchés capitaux ; que ceux qui ne se repentent point des fautes les plus graves sont abandonnés à sa discrétion, car Allâh ne pardonne pas qu'on lui donne des associés, mais il pardonne à qui il veut des manquements moins graves ; que ceux [des Croyants] qu'il aura punis de son Feu, il les en fera sortir en raison de leur foi (îmân) et les fera entrer dans son Paradis (Janna) en raison de cette même foi, car il est écrit dans le Livre Saint : «Quiconque fait un atome de bien en verra [la récompense]» ; que, sur l'intercession du Prophète (que Dieu répande sur lui ses bénédictions et lui accorde le salut) sortiront de l'enfer ceux d'entre sa nation qui auront commis des péchés capitaux ; que Dieu dont la gloire soit proclamée, a créé le Paradis et l'a réservé comme éternelle demeure pour ses fidèles et leur a fait la grâce d'y contempler son auguste face. C'est de ce Paradis qu'il précipita sur la Terre Adam, son Prophète et son lieutenant (khalîfa), en vertu d'un arrêt de sa prédestination éternelle ; qu'il a créé l'Enfer l'a réservé comme éternelle demeure à ceux qui ne croient point en lui et qui s'écartent de leur voie droite quand il s'agit de Ses signes, de Ses Livres et de Ses Prophètes, et les a privés de Sa contemplation ; qu'Allâh (qu'il soit béni et exalté) viendra au jour de la résurrection (yawm al-qiyâma), accompagné des anges rangés [en cohortes], pour inspecter les nations (umam) et leur faire rendre leurs comptes, les châtier et les récompenser ; que les balances seront [alors] disposées pour peser les actions des hommes ; que ceux dont les œuvres pies seront prépondérantes seront les triomphateurs ; que les hommes recevront les feuillets où sont inscrites leurs actions ; que ceux qui recevront leur livre de la main droite seront traités avec indulgence dans le règlement des comptes ; tandis que ceux qui le recevront par derrière leur dos, seront brûlés dans le sa'îr ; que le Çirât' existe réellement ; que son franchissement par les hommes est fonction de leurs œuvres. En effet, les uns se sauvent de l'enfer (Jahannam) en luttant de vitesse sur ce pont, les autres y sont précipités par le poids de leurs fautes.

Il faut croire au bassin (h'awd') du Prophète (que Dieu répande sur lui ses bénédictions et lui accorde le salut) où se rendra sa nation (umma) et qui apaisera la soif de ceux qui y auront bu. En seront écartés ceux qui auront été apostats ou hérétiques.

Il faut croire que la Foi consiste en paroles, en dévotion (ikhlâç) du cœur et en actes des membres ; qu'elle augmente ou diminue en proportion des œuvres 'a'mâl), celles-ci pouvant être imparfaites ou au contraire servir à intensifier la foi ; que l'expression orale de la foi n'est parfaite que quand elle s'accompagne d'actes ('amal) [des membres] ; qu'aucune parole et aucun acte ne valent que par l'intention (nîya) [quand celle-ci est requise] ; que paroles, actes et intentions ne valent que si elles sont conformes à la Sunna ; que le péché (dhanb) ne suffit point à rendre les Musulmans infidèles ; que les martyrs (chuhadâ') sont vivants auprès de leur Seigneur et qu'il est pourvu à leur existence [au Paradis] ; que les âmes des croyants fidèles demeurent et sont dans la béatitude jusqu'au jour où les croyants sont ressuscités ; que les âmes des réprouvés sont tourmentées jusqu'au jour de la résurrection ; que les croyants seront mis à l'épreuve [par les anges Munkar et Nakîr] dans leurs tombeaux et subiront un interrogatoire ; que Dieu affermira ceux qui ont cru dans la parole ferme ici-bas comme dans l'autre monde ; que toutes créatures ont des gardiens (h'afadh'a) qui enregistrent leurs actions et que rien n'en échappe à la science de leur Seigneur ; que l'ange de la mort prend possession des âmes par l'ordre de son Seigneur.

Il faut croire encore que la meilleure génération (qarn) est celle qui a vu l'Envoyé d'Allâh (qu'Allâh répande sur lui ses bénédictions et lui accorde le salut) et a cru en lui, puis celle qui l'a suivie, puis encore la suivante ; que les meilleurs Compagnons [du Prophète] sont les Califes Orthodoxes et bien dirigés, Aboû Bakr, 'Umar, 'Uthmân et 'Alî (que Dieu les garde tous !) ; qu'il ne faut parler de chacun des Compagnons [du Prophète] que très élogieusement, qu'il faut se taire sur ce qui les a divisés ; qu'ils ont plus de droit que quiconque à ce qu'on cherche pour eux les meilleures échappatoires [à la médisance] et à ce qu'on fasse bénéficier leurs opinions d'une présomption de supériorité.

On doit obéir aux Imâm-s (chefs) des Musulmans, tant à ceux qui sont chargés de les gouverner qu'à leurs savants ('ulamâ'). On doit suivre les vertueux Anciens (as-salaf aççâlih'), les imiter en tout et demander le pardon de Dieu pour eux. On doit éviter les disputes de mauvaise foi et les controverses [de parti-pris] en matière de religion et l'on doit s'abstenir des innovations des novateurs (muh'dith).

Extrait de *«La Risâla* d'Ibn Abî Zayd Al-Qayrawânî *ou Épître sur les éléments du dogme et de la loi de l'Islâm selon le rite mâlikite»*, texte arabe et traduction française avec un avant-propos des notes et trois index par Léon Bercher. 5e édition, Alger : Ed. populaires de l'armée, 1968. pp. 19-23.

2. EXEMPLE DE PROFESSION DE FOI HANBALITE

«Les gens de la Sunna vénèrent les épouses du Prophète, «les mères des croyants» ; ils croient qu'elles seront ses épouses dans l'autre monde.

Ils vénèrent plus particulièrement Hadiga qui a été la mère de la plupart des enfants du Prophète, qui a été la première à croire en lui, à la soutenir dans sa mission, et qui a toujours joui auprès de lui d'un rang élevé.

Ils vénèrent aussi d'une façon toute particulière 'A'isa la Véridique, fille d'Abu Bakr le Véridique. Le Prophète a dit : «La supériorité de 'A'isa sur les autres femmes est comparable à la supériorité du brouet sur tous les autres mets.»

[Défense des compagnons] — *Les gens de la Sunna se désolidarisent des rawafid qui haïssent et insultent les Compagnons du Prophète ainsi que des nawasib qui attaquent les gens de la Famille par leurs paroles et leurs actes.*

Ils s'abstiennent d'évoquer les différends et les querelles qui ont surgi entre les Compagnons. Ils disent que les récits transmis sur leurs mauvaises actions sont soit des inventions mensongères soit des récits amplifiés, tronqués ou défigurés.

Quand ces récits se révèlent authentiques ils croient que ces Compagnons sont à excuser ; les Compagnons en effet ne peuvent être que des mug'tahid qui ont eu raison ou des mug'tahid qui se sont trompés.

Les gens de la Sunna ne croient pas pour autant que tous les Compagnons soient impeccables et infaillibles et qu'aucune faute, grave ou légère, ne puisse leur être imputée. Les Compagnons sont, d'une manière générale, susceptibles de commettre des fautes.

Mais leurs antécédents et leurs mérites font que les fautes, à supposer qu'ils les aient commises, leur seront pardonnées.

De même leur seront pardonnées les mauvaises notions qui ne sauraient l'être chez ceux qui sont venus après eux : ils ont en effet à leur compte plus de bonnes actions qui effacent les mauvaises que ceux qui les ont suivis.

[Supériorité des Compagnons) — *Il est en effet établi, par des paroles du Prophète, que les Compagnons constituent la meilleure des générations et qu'un boisseau [de grains] donné par l'un d'eux en aumône a plus de valeur [aux yeux de Dieu] que ne saurait en avoir tout le mont Uhud en or s'il était donné par quelqu'un d'autre après eux.*

Le Compagnon qui a commis une faute peut avoir fait acte de repentir ou avoir accompli des bonnes actions qui effacent les mauvaises. Il peut aussi lui être pardonné en considération de son ancienneté dans la foi, ou à la suite d'une intercession du Prophète : de tous les hommes les Compagnons sont les plus dignes de cette intercession. Il peut enfin avoir subi en ce monde des épreuves qui constituent une expiation compensatrice.

S'il en est ainsi, quand ces Compagnons ont commis des fautes dûment établies, que dire des décisions qui résultent de leur effort personnel d'interprétation ? S'ils ont eu raison, ils auront droit à deux récompenses ; s'ils se sont trompés, ils n'auront droit qu'à une récompense et leur erreur leur sera pardonnée.

Les choses répréhensibles que certains d'entre eux ont pu commettre sont peu nombreuses et insignifiantes. Elles passent même inaperçues à côté des mérites et des belles actions des Compagnons dans leur ensemble : de leur foi en Dieu et en son Prophète, de leur combat pour la cause de Dieu, de leur émigration, de l'assistance qu'ils ont apportée au Prophète, de l'utilité de leur science et de la vertu de leur action.

Quiconque étudie leur histoire avec clairvoyance et considère les nombreux mérites dont Dieu les a gratifiés, acquiert la certitude que ce furent, après les prophètes, les meilleurs des hommes, qu'il n'y eut et qu'il n'y aura jamais d'hommes qui leur soient comparables, qu'ils constituent la véritable élite de toutes les générations de cette communauté qui est elle-même la meilleure et la plus généreuse des communautés, aux yeux de Dieu.

Extrait de la profession de foi d'Ibn Taymiyya :
La Wâsitiyya, H. Laoust. Paris : Edit. Geuthner. 1986. - pp. 80-82.

NOTES

1.- Jahmite : adepte du point de vue de Jahm Ibn çafwân (exécuté comme hérétique en 746/128),

- Râfidhites : les shî'ites qui refusent la légitimité des trois premiers Califes en considérant que le Califat devait revenir, dès la mort du Prophète, à 'Alî et à sa descendance par Fâtima ;

- Qadarites : ceux qui professent le libre arbitre de l'être humain ; c'est un point de vue commun, à l'époque de Mâlik, aux courants opposés à la légitimité des Omeyyades dont en particulier, les shî'ites zaydites, les mu'tâzilites et les khârijites ; l'un des premiers défenseurs de cette thèse, Ghaylân, a été exécuté sur ordre du Calife omeyyade Hishâm en 443/125.

2. Maqrîzî, *Al-khutat*, ed. Dâ-Sâdir, Beyrouth s.d., vol. 2, pp. 358-360.

3. D'après M. Ash-shak 'a, *op. cit.*, p. 414.

4. *Ibid.*

5. *Ibid.*, p. 417.

6. Ibn 'Abd-Rabbih, *Al-'Iqd al-Farîd*, lijnat at-ta'lîf wa't-tarjama wa'n-nashr, Le Caire, vol., p. 235.

7. *Ar-Risâla*, Le Caire, 1940, pp. 39-40.

8. *Ar-Risâla*, op. cit., pp. 8 10.

CHAPITRE 6
DIVERSITÉ DES FORMES DE RELIGIOSITÉ

Ce qui est visé par la notion de forme de religiosité, c'est la manière de concevoir et de vivre le rapport au sacré ou la manière d'être croyant. Il est difficile de cerner toutes les formes de religiosité et on pourrait, sans risque d'exagération, dire que chacun peut avoir sa manière de vivre sa rcligion.

L'étude des faits islamiques nous permet de distinguer trois grandes formes de religiosité :

— les formes de religiosité qui conçoivent le rapport au sacré, en l'occurrence, pour une religion monothéiste comme l'islam, la relation à Dieu, à son message et, partant, à son Prophète, aux institutions et aux personnes qui s'en arrogent — à tort ou à raison, peu importe — le vicariat *(Khilâfat)*, comme un rapport d'obéissance soit par peur *(khawf, khishya)* de sa colère, de son châtiment dans ce monde comme dans l'après mort, soit par désir de le contenter (ridhâ) pour mériter ses promesses ;

— les formes de religiosité vivant cette relation sur le mode de l'amour, de la recherche de la proximité de Dieu, de la Vérité ; voire du désir de pousser cette proximité jusqu'à l'identification *(tamâhî)*, l'union *(ittihâd)*, et la fusion de son être dans le sien ;

— celles, enfin, qui privilégient une relation fondée sur l'intellection *(dhihn)*, la compréhension *(fahm, fiqh)*, la connaissance par la raison *(nazhar)* ou par tout autre voie (les sens pour les empiristes, l'imagination, l'intuition telle que la conçoivent les différentes formes de gnose, l'apprentissage et la transmission des traditions, etc.).

Cette typologie des formes de religiosité ne prétend pas à l'exhaustivité. Elle vise uniquement à donner une grille de lecture permettant de rendre compte d'une façon synthétique de la manière dont les musulmans vivent leur(s) rapport(s) au sacré. De même, ces formes de religiosité ne sont pas exclusives les unes des autres : une même personne peut combiner dans sa vie plusieurs de ces formes selon les besoins du moment, le hasard des rencontres ou tout autre facteur favorisant telle ou telle forme de spiritualité.

I — LA RELIGIOSITÉ COMME OBÉISSANCE À DIEU : JURIDISME(S) ET PIÉTISME(S)

L'un des rôles de la religion dans toutes les sociétés — quelle que soit la religion et quelle que soit la société — est de participer à la socialisation des individus de façon à rendre possible la vie en groupe. C'est à ce rôle que se rattache leur dimension normative qui s'inscrit en faux contre l'illusion d'une séparation entre le temporel et le spirituel dans quelque religion que ce soit. Les normes sont souvent énoncées sur le mode impératif ; pour qu'elles soient respectées, elles sont souvent assorties de promesses pour ceux qui y conforment leur conduite, et de sanctions pour ceux qui y contreviennent : c'est le principe "de la carotte et du bâton" lié à toute normativité soucieuse d'efficacité. La peur de la sanction — le "bâton", l'enfer ou la sanction terrestre que les lectures juridico-politiques de la norme religieuse envisagent dans ce monde —, et le désir de mériter la récompense promise — "la carotte", le paradis ou la réalisation des vœux accompagnant la "bonne action" — sont les mobiles d'une religiosité centrée sur l'idée d'obéissance à Dieu et à ceux qu'on croit être ses représentants.

Les sources consacrées de l'islam, comme nous l'avons vu, ne manquent pas d'éléments favorables à cette forme de religiosité. Le texte coranique est plein de promesses, tant au paradis que dans la vie de ce monde, pour ceux qui "craignent Dieu", "accomplissent les bonnes actions", *"s'acquittent de leurs devoirs à l'égard de Dieu", "agissent en conformité avec ce qui est révélé", "obéissent à Dieu et à son Prophète"*, etc. : *"régner sur la terre"*, gloire et fortune dans ce monde et tous les plaisirs de rêve que l'imagination la plus fertile puisse concevoir dans le Paradis (des houris éternellement jeunes et belles, des rivières de vin et de miel, etc.). Quant à ceux qui *"désobéissent"*, qui *"font le mal", "suivent leurs penchants"* plutôt que les recommandations de Dieu et de son Prophète, qui succombent à la tentation de Satan, transgressent les limites instituées par Dieu entre le *"licite et l'illicite", "ne jugent pas selon la révélation"*, qu'ils soient *"impies", "hypocrites", "injustes", "grands ou petits pécheurs"*, ils auront eux aussi à répondre de leurs actes : qui *"éternellement en enfer"*, qui *"châtié au feu de la géhenne"*, qui *"à tuer, à crucifier, à amputer des mains et des jambes alternés"*, ou/et *"à exiler de la terre"* pour les *"avilir dans ce monde"* en attendant *"le châtiment cruel"* dans l'autre (5/33), sans parler des sanctions énoncées pour les différentes transgressions de la norme religieuse (flagellation pour une multitude de cas, amputation de la main du voleur, etc.).

Les traditions consacrées amplifient cette vision du salut et de la perdition au point que Dieu en arrive à incarner, pour les croyants qui privilégient cet aspect de la religion, la figure d'un gendarme et d'un juge sévère qui n'a rien d'autre à faire qu'à comptabiliser et classer nos actions bonnes ou mauvaises afin que *"celui qui a fait l'équivalent d'un atome de bien le trouve et celui qui a fait l'équivalent d'un atome de mal le trouve"* (99-7 et 8) le jour du Jugement Dernier. C'est d'ailleurs très significatif de concevoir l'après-mort en terme de jugement : Dieu est le Juge suprême auquel rien ne peut échapper, et qui nous demandera des comptes sur tout. Il faut donc lui obéir et le craindre. La piété est définie comme la crainte de Dieu : le terme coranique pour dire piété *(taqwâ)* réfère, précisément à la crainte. Cette perception du rapport au sacré est à la base d'une religiosité fondée sur l'observation scrupuleuse des obligations cultuelles comme des règles considérées comme religieuses. On est constamment préoccupé de ne pas oublier ce qu'il faut faire pour plaire à Dieu, mériter sa satisfaction *(ridhâ)*, sa miséricorde *(rahma)* et ses promesses *(wa'd)*, comme on est soucieux d'éviter l'illicite *(harâm)*, toute action qui peut susciter son courroux *(ghadhab)* et son châtiment *('adhâb)*. Pour en être sûr, on consulte ceux qu'on estime mieux placé que soi pour "savoir ce que Dieu et le Prophète ont dit" *(ya'raf mâ qâla Allah wa'n-nâbî')* : cela va de celui qui sait lire et écrire l'arabe, la langue des textes fondateurs de l'islam, au "marabout", à l'imâm de la mosquée, au mufti ou à n'importe quel "clerc religieux" dont l'autorité est d'autant plus grande que les croyants sont ignorants des textes et de l'histoire de la religion.

C'est à cette forme de religiosité qu'on doit toute une littérature concernant le *"licite et l'illicite en islam"*, pour reprendre un titre qui a défrayé la chronique. Nous en avons pour tous les niveaux et pour toutes les préoccupations : cela va des traités de droit, de morale et de politique aux recettes de *"bonnes paroles"* et de *"bonnes actions"* qui correspondent à toutes les situations de la vie de tous les jours. Rien n'est épargné : cultes, relations sociales, transactions commerciales, manière de s'habiller, de manger, de boire, de se laver, rapports familiaux, relations sexuelles, etc.. La matière de cette abondante littérature alimente les prêches des imâms, les réponses données par les spécialistes en questions religieuses recrutés par les radios, les chaînes de télévision et les journaux, à une clientèle soucieuse de connaître "le point de vue de la religion" à propos de tel ou tel problème, etc.. Ces prêches et ces conseils sont vendus, comme des recettes, sous toutes les formes : brochures, cassettes, vidéo-cassettes, etc..

L'élaboration des codes juridiques qui ont servi de base aux différents rites procède, par certains aspects, de cette forme de religiosité ; notamment pour tout ce qui concerne le souci de prendre, dans la mesure du possible, pour étalons, des normes tirées du Coran, de la Sunna ou de la tradition consacrée des "ancêtres bienfaisants". Il en est de même pour les théories concernant "la politique conforme à la religion", pour reprendre un titre célèbre d'Ibn Taymiyya *(as-siyâsa ash-shar'iyya)*, qui a toujours inspiré la tendance à faire de l'islam une idéologie de légitimation politique depuis l'avènement du califat jusqu'aux mouvements islamistes contemporains.

On peut, enfin, considérer cette forme de religiosité comme la matrice de tous les piétismes qui consistent à se conformer en tout à ce que la tradition consacrée rapporte au sujet de la conduite du Prophète, et de ses compagnons. Ce conformisme traditionniste peut s'étendre à tous les domaines : de l'accomplissement des obligations cultuelles jusqu'aux moindres actes de la vie quotidienne, au prix parfois de se couper, comme chez les plus intégristes, de sa famille, de la société et du monde pour éviter toute compromission qui risquerait de susciter le courroux *(ghadhab)* de Dieu. Le principe régissant cette attitude n'est pas la conviction, mais la prudence : on suit l'exemple du Prophète et de ses "compagnons promis au paradis" : s'ils ont eu raison on est sauvé ; s'ils se sont trompés, on est également sauvé puisque Dieu leur a promis le paradis et ne peut, par conséquent, leur pardonner à eux sans pardonner à ceux qui ont suivi leur exemple !

L'audience de ces formes de religiosité et le rigorisme qui s'y attache, varient en ampleur et en intensité selon les situations socio-culturelles (les conditions matérielles, le niveau d'instruction) et selon la part qui revient à la religion dans le sens donné à la vie.

C'est contre cet esprit calculateur et mercantile que les autres formes de religiosité ont réagi, en privilégiant un autre rapport au sacré fondé sur une autre conception de Dieu.

II — LA RELIGIOSITÉ FONDÉE SUR L'AMOUR : LE TAÇAWWUF

L'un des aspects de la diversité des voies et des faits islamiques nous est offert par le foisonnement des confréries mystiques. L. Massignon en dénombrait, de son vivant, quelques trois cents principales confréries dont dépendaient des confréries locales de moindre envergure [1].

Malgré une hostilité plus ou moins grande selon les rites et les obédiences, ces confréries existent, plus ou moins ouvertement, dans tous les pays musulmans. On a cru, à un certain moment, que les modernisations entreprises au lendemain des indépendances, conjuguées à l'hostilité traditionnelle des autres formes de religiosité, allaient avoir raison de cet aspect populaire de l'islam [2]. Le chaos sur lequel ces modernisations ont souvent débouché d'une part, et l'inquiétude suscitée par le développement de l'islam politique, d'autre part, ont été très favorables au renouveau des confréries mystiques. Souvent, le retour de cette forme de religiosité, jugée, aujourd'hui, moins dangereuse que le messianisme des mouvements islamistes, est encouragé par les mêmes autorités politiques et religieuses qui combattaient, comme "forme rétrograde" jusqu'à la fin des années 1970. Quelles sont les spécificités de cette expression qui traverse toutes les composantes de l'islam ? Quelles en sont les origines et l'évolution ? Quels rapports a-t-elle avec les autres formes de religiosité ?

Nous nous limiterons à une réponse synthétique à ces questions, car il est difficile, dans le cadre de ce travail, de développer tous les aspects relatifs à ce phénomène, du reste assez étudié par de grands spécialistes : L. Massignon, L. Gardet et, Anawaty, P. Nwyia, etc..

Si l'on excepte les druzes et les ismaïliens qui font remonter l'origine de leur mysticisme aux vieilles sagesses de l'Orient méditerranéen, grec et égyptien, voire à l'origine du monde, les adeptes du *taçawwuf* se réfèrent à la génération fondatrice de l'islam. Ils se réclament souvent de la figure du célèbre compagnon Abû Darr Al-Ghafâri connu pour sa piété, son refus de l'injustice et son audace à critiquer les califes, au prix de s'exposer à leur persécution. Il fut ainsi exilé en Syrie, puis aux confins du désert d'Arabie où il trouva la mort dans le dénuement le plus total. Outre Abû Dharr, tous les compagnons refusèrent de prendre part à l'enrichissement lié aux butins des conquêtes musulmanes, préférant la vie d'ascètes, habillés, à la manière de Ghandi, d'un drap de laine (*çûf* d'où sont, pour la plupart des sources, dérivés les termes de *çûfî* (mystique) et de *taçawwuf* (mysticisme), la laine étant considérée comme le symbole d'une vie austère et rude, par opposition à la soie, symbole d'une vie de luxe).

Au plan des idées, le précurseur du taçawwuf est Hasan Al-Baçrî (m. 728/110), connu lui aussi, par son mépris pour les querelles au sujet du califat, et pour sa vie d'ascète se consacrant entièrement à la recherche du savoir et de la vérité.

Le refus des mondanités, l'austérité et l'ascétisme constituent donc le premier trait distinctif du *taçawwuf*, mais cela ne suffit pas à le définir ; ils constituent seulement la première condition pour devenir *çûfî*.

L'essence du mysticisme réside dans la relation avec le sacré qui, pour un monothéisme comme l'islam, est centré sur l'idée de Dieu en tant que Vérité ultime.

Pour un *mutaçawwif*, l'essence de cette relation n'est pas l'obéissance aux règles d'un code régissant ce qu'il faut et ne faut pas faire pour être dans "le droit chemin" sauvant de l'enfer et conduisant au paradis.

La Relation à Dieu que les *çûfî* préfèrent, à laquelle ils vouent leur existence, est celle qui est fondée sur l'AMOUR *(hubb)* et le DÉSIR *('ishq)* prônés par des versets coraniques tels que : *"Dis : suivez moi si vous aimez Dieu ; Dieu vous aimera et vous pardonnera vos péchés"* (3/31), ou *"Dieu fera bientôt venir des gens qu'Il aimera et qui l'aimeront de leur côté !"* (5/54).

Si Hasan Al-Baçrî est considéré comme le premier çûfî, c'est précisément parce qu'il disait de Dieu : *"je le désire et Il me désire"* [3].

Cette relation est envisagée selon des voies *(turuq)* et des tendances soufis qu'il est possible de ramener à deux modalités essentielles :

- pour les uns, c'est un désir *('ishq)*, un amour *(hubb)* dont l'aboutissement est le *tajallî* (manifestation) de l'Être Divin au *murîd* (désirant) qu'est le sûfî qui s'en trouve ainsi comblé. La relation est donc ici une relation de perception intuitive, de "vision par le cœur", selon l'expression de certains soufis. C'est dans ce sens qu'on parle d'union entre l'être perçu et l'être témoignant de sa présence *(wihdat shuhûd) ;*

- pour les autres, c'est aussi un désir *('ishq)*, un amour *(hubb)* dont l'aboutissement est la fusion *(dhawabân)*, l'unité *(wihda)* la plus totale et la plus parfaite entre le soufi et l'Être désiré, la Vérité, Dieu ; unité à travers laquelle on parvient à l'unité de l'Être, de tous les étants, celle qu'Ibn 'Arabî désigne comme étant *"le créateur-créature, créateur sous une dimension, créature sous une autre ; mais le tout concret est un seul Tout"* [4]. Dans ce cas, l'unité visée est l'unité de l'Être *(wihdat al-wujûd)* où l'on ne distingue plus le désirant et le désiré. C'est cette relation qu'Al-Hallâj a voulu exprimer en disant : *"Je suis celui que j'aime. Celui que j'aime est moi"*, ou encore : *"Il n'y a sous ma tunique que Dieu"*. C'est parce qu'on ne l'a pas compris, ou qu'on n'a pas voulu le comprendre, qu'il fut conduit au bûcher et brûlé en 922/309. Ses adversaires — rationalistes ou traditionnistes — ont vu dans sa manière d'exprimer son amour de Dieu, une forme insupportable de blasphème. Il fut ainsi le premier martyr du mysticisme.

C'est à ces deux tendances du mysticisme que réfère la distinction d'Ibn Khaldûn, entre la voie du *Tajallî* (manifestation) et la voie de la *wihda*. Reprenant la typologie khaldounienne, Louis Gardet nous désigne ces deux tendances comme étant la *"recherche d'une identité intentionnelle par amour", d'un côté, et la "soif d'une identité substantielle"* de l'autre [5]. Pour atteindre la "manifestation" ou "l'unité" de l'Être, le *mûrîd* doit persister dans la volonté de se détacher du moindre, en s'adonnant à des exercices basés sur la concentration, la patience, la persévérance, les prières qui lui permettent de progresser de "station" *(maqâm)* en "station", d'"état" *(hâl)* en "état", d'"étape" *(manzila)* en "étape" jusqu'au "jaillissement de la lumière" *(ishrâq)*, ou la "fusion" dans "l'être de la Vérité" *(Dât al-Haqq)*.

Les voies *(turuq)*, pour parvenir à cet état d'extase, de plénitude, de nirvana, de bonheur suprême, varient selon la sensibilité, la condition et la formation préalable de chaque *mûrîd*. Il y a des différences entre la voie poétique d'une Rabi'a 'Adawiyya ou d'un Ibn Al-Fâridh, la voie philosophique d'un Ibn 'Arabî ou d'un Sohrawardi, la voie d'un théologien comme Ghazâlî, et celles des gens du peuple adhérant à telle ou telle confrérie *(tarîqa)* mystique pour fuir l'injustice des gouvernants, les tracasseries de la police religieuse *(hisba)*, le rigorisme des juristes-théologiens, ou la misère du monde.

L'abondante littérature des grandes figures du soufisme, et les pratiques des adeptes des différentes confréries qui foisonnent dans le monde musulman, attestent de l'extrême diversité de cette forme de religiosité. Cette diversité est liée à un principe essentiel du *taçawwuf*, qu'on retrouve dans les mysticismes de toutes les religions, ainsi que dans l'indouisme et le bouddhisme, celui de la conception du salut : contrairement aux autres conceptions religieuses, il n'y a pas de salut collectif, ni par une autorité chargée de garder la religion et de régir le monde selon la norme divine, ni par un guide infaillible, ni par l'identification à une communauté promise au salut. Hors de soi, point de salut ! C'est du moins le soufisme, tel que le concevaient les grands mystiques et leurs fidèles. Les choses, nous le verrons, ont changé avec la création et l'institutionnalisation des confréries.

Arrêtons-nous, pour l'instant, sur cet aspect du soufisme. Le refus de l'idée d'un salut collectif, l'incitation des gens à se détourner du monde, des luttes pour les pouvoirs pour se consacrer à la recherche de la vérité pour assurer leur salut personnel, sont à la fois rassurants et inquiétants pour ceux qui ne partagent pas ces conceptions :

- rassurants, parce qu'une telle attitude ne menace pas les gouvernants injustes, ne concurrence aucune stratégie de domination du corps social ;

- inquiétants parce que cette attitude risque de détourner les hommes du minimum d'engagement nécessaire pour défendre le pouvoir ou pour le renverser ;

elle peut mettre en échec les stratégies de domination fondées sur l'idée de salut collectif.

Ce double aspect du mysticisme explique l'attitude mitigée, hésitante et versatile des gouvernants et de tous ceux qui se croient responsables du salut collectif de l'humanité. Ils le tolèrent jusqu'à un certain point : tant qu'il ne représente pas un obstacle à leur stratégie de domination. Cela explique l'attitude plus ou moins bienveillante dont a bénéficié le mysticisme durant les trois premiers siècles de l'islam. Mais dès qu'il commence à devenir influent, au point de faire perdre aux parties en conflit pour le pouvoir des partisans potentiels dont ils ont besoin, il devient alors la cible privilégiée de ceux qui ne tolèrent aucune neutralité : "si vous n'êtes pas avec moi, vous êtes contre moi !". C'est dans les périodes de conflits où chaque partie a besoin de la moindre voix, du moindre apport, que le soufisme se trouve exposé à la condamnation de tous, au discours de haine et à la persécution. C'est dans ce contexte de conflits idéologico-théologiques et politiques ouverts entre mu'tazilites et hanbalites, shî'ites et sunnites, Arabes, Turcs et Perses, que furent exécutés Hallâj au xe/ive siècle, 'Ayn al-Qudât Hamdânî et Sohrawardî, au xiie/vie siècle. C'est dans des circonstances et pour des raisons identiques que la persécution s'est abattue sur Muhâsibî, Ibn Karrâm, Dhû an-Nûn al-Miçrî et bien d'autres, à l'instigation des juristes et théologiens influents auprès d'une autorité politique aux abois.

Cependant le caractère, à la fois populaire et pacifique, de cette forme de religiosité, fut à l'origine d'une attitude le plus souvent complaisante de la part des autorités politiques : entre l'islam politique prôné par ceux qui lui disputent le monopole de la religion comme norme sociale et politique, et le *taçawwuf* qui détourne les gens des préoccupations terrestres pour sublimer leur misère dans la recherche mystique de la Vérité, le pouvoir — quel qu'il soit — a toujours préféré, comme un moindre mal, la seconde option. C'est pour cela, qu'en dehors des périodes où les juristes-théologiens ont eu une trop grande influence sur les politiques, des conjonctures où le pouvoir s'est senti investi de la mission promothéenne de détruire les structures sociales pour tout reconstruire à partir de lui, le *taçawwuf* a bénéficié, sinon de la bienveillance et de l'encouragement des autorités politiques, du moins d'une attitude indulgente et tolérante.

Le passage des cercles informels de *dikr* (scansion rythmée et répétitive de brèves oraisons religieuses qui se prêtent à ce genre d'exercice) des premiers çufîs, aux confréries institutionnalisées, à partir du xie/ve siècle, a joué un rôle dans l'évolution de cette forme de religiosité comme dans l'attitude des pouvoirs à son égard.

Ce passage a été favorisé par le besoin, pour le commun des croyants, d'une présence concrète du sacré. Les religions monothéistes, dont l'islam, ont essayé de combattre comme paganisme, idolâtrie et associationnisme, la vénération et la sacralisation de tout ce qui n'est pas Dieu. Cependant, les gens du peuple n'ont pas toujours la capacité d'abstraction nécessaire et suffisante pour s'en remettre à un Dieu sans présence matérielle concrète. Ils éprouvent le besoin d'une proximité matérielle du sacré. C'est pourquoi les cultes animistes et polythéistes, voués à des forces naturelles et à des représentations du sacré, ont été remplacés par le culte des saints qui sont, à l'origine, des gens pieux jouissant d'un charisme auprès de la population en raison de leur savoir, de leur conduite exemplaire ou d'actions perçues comme miraculeuses dans des situations où le miracle permet de supporter une existence invivable. Les religions monothéistes ont dû se résoudre à composer avec ce besoin de la masse des croyants d'une présence concrète du sacré en acceptant le culte des saints que beaucoup de théologiens considèrent comme une forme d'associationnisme. Dans les sociétés musulmanes, ce sont les soufis qui, en raison de leur piété, de leur dédain vis-à-vis des biens matériels et des querelles pour le pouvoir, et des actions miraculeuses que l'imagerie populaire leur attribue, qui sont les premiers à jouer ce rôle. La vénération que le peuple leur voue, ainsi qu'à leurs proches, a été à l'origine de l'avènement des confréries fondées sur la base de la fidélité à la voie *(tarîqa)* du maître vénéré.

Ce passage marque l'apparition d'une forme populaire du mysticisme très différente de celui que l'élite envisageait comme une voie de salut personnel.

L'avènement des confréries, leur institutionnalisation, l'extension de leur audience et l'emprise qu'elles ont acquise sur les milieux populaires, ont été à l'origine de la même tentation qu'ont connue d'autres formes de religiosité : à savoir la transformation du charisme du maître de la confrérie en un véritable pouvoir sur les adeptes.

Certaines confréries sont devenues de véritables "multinationales" ayant des adeptes dans plusieurs pays. C'est le cas de la Qadiriyya qui fut la première confrérie institutionnalisée et dont le fondateur est Abd Al-Qâdir Al-Jîlanî : il était juriste hanbalite avant de devenir le "saint patron" de Baghdâd. Cette confrérie a aujourd'hui des "filiales" dans la quasi-totalité des pays musulmans. C'est aussi le cas de la Shâdhuliyya, de la Naqshbandiyya, de la Rifâ'iyya, de la Tijâniyya, de la Ahmadiyya, de la Mawlâmiyya (de Mawlânâ Jalâl ad-Dîn Ar-Rûmî, maître des derviches tourneurs dont le principal centre se trouve à Konia, en Turquie), et celle des Mérémides dans l'Afrique subsaharienne et l'Ouest africain.

Cette extension a engendré une véritable hiérarchie : au sommet, le maître (*mawlâ* ou *walî*) ou son ayant-droit (un descendant ou un disciple héritier de la tradition transmise par une chaîne ininterrompue de maîtres) ; les représentants locaux (*wakîl :* agents, *khâdim :* serviteurs, etc.) qui sont dépositaires de la "baraka" du maître fondateur considéré comme un saint ayant le pouvoir d'intercéder auprès de Dieu. Les adeptes rentrent dans la confrérie individuellement ou en famille pour bénéficier de la "baraka" du saint. On fait des sacrifices, des offrandes, on apporte des dons à l'occasion des cérémonies rituelles que les adeptes organisent régulièrement dans les relais de la confrérie (Zâwiya au Maghreb, Khanqa en Orient) sous le patronage du maître de la *tarîqa* ou de l'un de ses représentants. La hiérarchie de la confrérie mène souvent, grâce aux dons de ses adeptes, un train de vie bien éloigné de celui des ascètes soufis. Par ailleurs, les adeptes doivent une totale obéissance au maître de la confrérie et à ses représentants : la soumission est la condition pour bénéficier de la "baraka" du saint auquel on demande la protection contre des maux de toutes sortes, et la réalisation de n'importe quel vœu : guérison d'une maladie, fertilité, réalisation d'un projet, réussite au baccalauréat, gain au jeu... ! Plus on est livré au désespoir, plus on devient superstitieux et plus on devient une proie facile de ceux qui se disent dépositaires de la "baraka" du maître de telle ou telle *tarîqa*.

Le pouvoir charismatique acquis à travers les confréries sur les masses populaires peut être transformé en capital politique soit pour prendre le pouvoir, soit pour l'utiliser comme moyen d'obtention de privilèges. Il est important de rappeler à cet égard, que certaines confréries ont été à l'origine de dynasties monarchiques : tel fut le cas de la confrérie militaire des murâbitûn (Almoravides) qui réussit à régner sur une grande partie du Maghreb et de l'Espagne entre 1054/466 et 1147/541 ; ce fut aussi le cas de la confrérie des sénoussis (Sanûsiyya) en Lybie. Rappelons également que la dynastie qui règne sur le Maroc depuis le XVIe siècle doit son origine à des confréries se réclamant d'une origine chérifienne (de la descendance du Prophète). Dans ce pays, jusqu'à nos jours, le poids des confréries est tel que si un candidat à l'élection n'a pas le soutien d'une confrérie, quel qu'en soit le programme, le parti politique et l'ancrage social, il ne peut espérer être élu : en l'absence d'une vie politique fondée sur la citoyenneté et les solidarités modernes, les partis politiques, comme les syndicats, se trouvent complètement "phagocytés" par les confréries et les structures de solidarité — et de domination — traditionnelles.

Les confréries sont ainsi devenues de véritables forces politiques avec lesquelles le pouvoir doit composer pour bénéficier, sinon de leur soutien, du moins de leur neutralité bienveillante. Beaucoup de confréries ont, ainsi, une longue tradition de relations compromettantes avec les pouvoirs en place, quelles qu'en soit la nature, l'origine et la politique : le caractère apolitique de la solidarité confrérique fut, et reste, un excellent prétexte à la recherche de relations de "bienveillance" avec les autorités. Cette attitude a toujours exposé les confréries à la colère des mouvements contestataires. Lorsque ceux-ci accèdent au pouvoir ils commencent toujours par leur faire payer leurs compromissions avec le pouvoir déchu, avant de se mettre à les courtiser pour acquérir, à leur tour, leur sympathie et leur neutralité. Nous avons ainsi vu des pouvoirs, passer de l'hostilité la plus farouche à une politique de récupération à l'égard des mêmes confréries.

L'évolution de cette forme de religiosité liée au soufisme, sous l'effet de son institutionnalisation par le biais des confréries, s'est souvent faite au détriment de la richesse spirituelle, de la créativité et de l'image dont jouissaient les maîtres fondateurs. C'est pourquoi des voix s'élèvent, de l'intérieur même des milieux soufis pour mettre en garde contre la confusion entre le *taçawwuf* authentique et les pratiques jugées scandaleuses des confréries.

III — LA RELATION AU SACRÉ FONDÉE SUR L'INTELLIGENCE DE LA FOI

Il s'agit des formes de religiosité fondées sur ce que Saint Augustin appelait *"l'intelligence de la foi"*. Le croyant qui privilégie ce rapport au sacré est animé par la volonté de comprendre et d'expliquer les faits religieux en cherchant, au delà des prescriptions et de la littéralité des textes, la logique, la finalité et la cohérence que ne livre pas leur sens obvie. Cette attitude se fonde sur la certitude que les faits religieux ne sont ni arbitraires, ni fortuits et que les humains, s'ils s'en donnent la peine, peuvent accéder à l'intelligibilité des causes et des finalités sont ils procèdent. Pour cela, il faut en décoder les "signes" et les lier aux "étants" qui constituent le monde et qui sont également des "signes" du même Être dont procèdent les faits religieux. Le lien entre les "signes" constitutifs des faits religieux et les "signes" révélant l'Être du monde est donné par le terme coranique 'âya (au pluriel 'âyât) qui désigne à la fois les unités du message divin (les versets) et toute chose en tant que signe à méditer pour comprendre l'origine et la finalité de l'être humain, de la vie et de l'univers. Ainsi, le "Livre" est dit composé de *"versets (âyât) clairs qui en constituent la matrice et d'autres qui sont équivoques"* (5/3). De même, *"il y a dans les cieux et sur la terre des signes (âyât)*", tout comme *"dans votre création, dans celle des animaux répandus sur la terre", "dans la succession de la nuit et du jour, dans les bienfaits que Dieu envoie du ciel et par lesquels il vivifie la terre naguère morte, dans la direction qu'il imprime au vent"* etc. (2, 3, 4 et 5/45).

Là aussi, les adeptes de ces formes de religiosité ne manquent pas d'arguments en faveur de leur(s) voie(s). Le mot *'aya* (et *'âyât*) en tant que verset(s) ou "signe(s)" à méditer *(nazhar)*, à comprendre (*fiqh* et *fahm*) auquel il faut réfléchir *(tafkîr)* pour en saisir la raison *('aql)*, pour se les rappeler *(idhdhikâr)*, revient — associé à ces différents moyens d'intellection — plus de quarante fois. L'incitation à la méditation *(nazhar)* revient quelques cinquante fois. Ibn Rushd (Averroès), dans son plaidoyer en faveur de la méditation philosophique, a insisté sur l'importance accordée, par le Coran et la Tradition du Prophète, à la recherche du savoir *('ilm)*, à la méditation *(nazhar)*, à l'interprétation *(ta'wîl)* de l'énoncé coranique et de tout ce qui constitue l'univers.

On peut rattacher à cette forme de religiosité la tendance qui privilégie, en matière d'élaboration juridique, les finalités (*ghâyât* ou *maqâçid*) sur les *ahkâm* (termes désignant à la fois la qualification légale ou le statut d'un acte, et la sanction ou le jugement qui lui est applicable). Cette tendance a existé de tout temps, dans toutes les obédiences et dans tous les rites. L'interprétation des finalités des prescriptions coraniques, et de la religion en général, comme étant "le bien" et "la justice" (conformément au verset coranique stipulant : *"Dieu ordonne la justice et le bien"* (16-90) a été à l'origine des principes d'intérêt — général ou particulier — comme source d'élaboration juridique. C'est ainsi qu'Ibn Qayyim al-Jawziyya, pourtant hanbalite, concède que *"la sharî'a a pour fondement la sagesse et l'intérêt des gens"*, et ajoute : *"là où se manifestent les signes de la vérité, là où les preuves de la raison et sa lumière s'imposent (...), là où les signes de la justice apparaissent, il y a la Loi, ou la Voie, (shar') de Dieu"* [6]. L'intégration de l'évolution des mœurs, des idées et des institutions, et l'adaptation de la religion à ces évolutions ont toujours procédé de cette attitude privilégiant la compréhension des finalités des faits religieux.

On pourrait également considérer la théologie fondée sur l'usage de la raison, l'exégèse et l'interprétation des faits religieux qui s'en inspirent, comme une approche qui relève de ces formes de religiosité. Ceci est particulièrement vrai de la théologie rationaliste incarnée par le mu'tazilisme, avec ses différentes écoles et ramifications, érigeant la raison comme critère de la vérité religieuse, même si le sens obvie du texte en contredit les conclusions. Le point de vue mu'tazilite, combattu et mis à l'index avec la réaction traditionniste à l'origine de la fermeture de la porte de l'*ijtihâd*, a pu se maintenir en influençant ses critiques. Ce sont en particulier les réformistes indiens Sayyid Ahmed Khan et Ameer Alî, puis Muhammad 'Abdu qui ont contribué à sa réhabilitation. Leur lecture du Coran et leur interprétation des faits islamiques s'en inspirent et s'y réfèrent explicitement. Cette réhabilitation fut à l'origine des recherches et des publications consacrées aux textes mu'tazilites retrouvés au Yémen dans les années 1950. Toutes les réformes, toutes les remises en cause des orthodoxies dans le cadre desquelles la pensée musulmane a été enchaînée depuis la fermeture de la porte de l'*ijtihâd*, se réclament, sinon des thèses, du moins de l'esprit de la théologie rationaliste mu'tazilite.

En effet, la théologie fondée par al 'Ash'arî et Mâturîdî, bien que se présentant comme l'antithèse du mu'tazilisme pour se faire admettre par la réaction traditionniste, doit beaucoup plus qu'elle ne le reconnaît à l'héritage mu'tazilite : les penseurs hanbalites n'étaient pas loin de la vérité en y voyant un mu'tazilisme déguisé, malgré toutes les concessions faites sur des points aussi essentiels que l'incréation du Coran et la prédestination. Nous avons vu comment un hanbalite comme Ibn Qayyim al-Jawziyya ne put échapper à l'influence du mu'tazilisme en considérant *"les lumières de la raison"* comme l'une des voies de la manifestation du "divin" (la loi de Dieu). Le mu'tazilisme pourchassé, travesti, puis repris par ses adversaires à leur insu, va renaître avec le réformisme du XIXe siècle.

Parmi les formes que le mu'tazilisme a inspirées, la philosophie a été — et reste — celle qui a permis à la rationalité qui le sous-tend d'atteindre sa plénitude en débordant le champ du religieux pour l'intégrer dans une conception générale du monde. En effet, la rationalité du mu'tazilisme restait, en tant que théologie, prisonnière de la vision religieuse du monde. La philosophie qui, à partir de Kindî, au IXe (IIIe) siècle, a prolongé cette rationalité, au moment où la réaction traditionniste commence à la marginaliser, a réduit le religieux au statut d'une question, parmi d'autres dans le champ de son investigation. C'est la raison pour laquelle, il est difficile de considérer la philosophie développée par

Kindî, Farâbî, Ibn Sîna (Avicenne) ou Ibn Rushd (Averroès), pour ne citer que les plus célèbres, comme une philosophie musulmane, au sens d'une philosophie religieuse de l'islam. Du reste, la philosophie est universelle, ou elle n'est pas. Si elle est religieuse, elle est une théologie ; si elle ne déborde pas la cadre d'une pensée ou d'une culture particulière, pour impliquer l'humain dans son universalité, elle ne peut prétendre au statut de philosophie. Un philosophe peut être musulman, perse arabe, chrétien, juif, allemand, occidental ou oriental, mais pas sa philosophie. Socrate, Platon, Aristote étaient grecs, mais leur philosophie appartient au patrimoine universel. C'est ce qui leur a permis d'avoir des adeptes et des disciples comme Kindî, Farâbî, Ibn Sîna et Ibn Rushd qui étaient musulmans. Ceux-ci ont développé à leur tour des philosophies qui ne sont pas plus musulmanes que celles qui les ont inspirées ne sont grecques ou hellénistiques. C'est à ce titre également qu'un Averroès, tout musulman qu'il était, a pu influencer des Saint Thomas d'Aquin, Abélard et bien d'autres dont la pensée a traversé les temps pour participer de notre modernité.

En tant que musulmans, les philosophes ont participé au développement d'une forme de religiosité relativisant les faits religieux pour les inscrire dans une vision universelle de l'humain et de l'univers. A ce titre, Dieu est devenu "la cause première", "le principe" dont tout procède, l'Un des philosophes grecs. Kindî reste, pour ce qui concerne l'interprétation des faits religieux, très proche de la conception mu'tazilite intégrée, dans son approche, à une vision philosophique inspirée par l'héritage grec. Pour Farâbî, Ibn Sîna, comme pour Ikhwân Aç-çafâ, la mythologie coranique (et biblique) concernant la relation entre Dieu, le monde et l'humain, est interprétée dans une perspective néoplatonicienne très proche des conceptions des ismaïliens et des druzes. Le postulat de base de la cosmogonie qu'ils ont développée est que la multitude caractéristique du monde ne peut procéder directement de Dieu car le multiple ne peut procéder de l'un. Le monde ne procède de Dieu, par conséquent, que par l'intermédiaire d'un être qui lui ressemble par son unicité. Cet être est l'intellect agent *(al-'aql al-fa"âl)* dont procède une série d'intellects *('uqûl)* et d'esprits *(nufûs)* au premier rang desquels nous trouvons l'intellect universel *(al-'aql al-kullî)* et l'Esprit universel *(an-nafs al-kulliya)*. Ceci est possible du fait de la dualité de l'intellect agent en tant qu'il est second par rapport à Dieu, créé par lui et créateur de ce qui en procède. Aux différents intellects et esprits correspondent les différentes planètes. La perfection divine étant considérée — dans le cadre de cette conception — comme incompatible avec le changement et l'altération ; l'antériorité de Dieu par rapport au monde n'est pas d'ordre chronologique impliquant le changement, mais de l'ordre de la causalité. Elle est de même nature que la priorité du soleil par rapport à la lumière qui en émane. Nous avons là le fondement de l'interprétation de la relation entre Dieu et l'univers, l'un et le multiple, en termes néoplatoniciens d'émanation *(faydh)*. Pour ce qui est de l'humain, il est doué d'un esprit *(nafs)* constitué de plusieurs "facultés" ou "puissances" *(quwâ)*, correspondant à des fonctions différentes : aux pulsions animales *(hayawaniyya)*, aux désirs *(shahwâniyya)*, à la colère *(ghâdhiba)*, imaginative *(mutakhayyila)*, spéculative *(muta'ammila)*, etc.

La prophétie est interprétée comme le fait d'une exceptionnelle puissance imaginative capable de fonctionner pendant le sommeil (le rêve) comme en état d'éveil pour recevoir de l'intellect agent et transmettre les vérités constitutives du message prophétique.

Par ailleurs, l'humain est doué d'un intellect patient, un "intellect en puissance" *('aql bi'l-quwwa)* capable de rentrer en contact avec l'intellect agent par un exercice qui consiste à dépasser l'emprise des données sensibles. La connaissance n'est que cet effort de rentrer en contact avec l'intellect agent pour recevoir ses lumières. S'il y parvient, l'intellect en puissance devient un intellect acquis *('aql mustafâd)*. C'est ce qui distingue le philosophe, le "sage" *(hakîm)* du commun des mortels.

Farâbî, qui a développé cette théorie de la connaissance centrée sur l'idée d'intellect agent, considère que les prophètes ne sont supérieurs aux philosophes que s'ils cumulent la connaissance par la puissance imaginative et la connaissance par le dépassement de l'intellect en puissance pour accéder à l'intellect acquis, c'est-à-dire s'ils sont à la fois prophètes et philosophes. Sinon, la prééminence revient aux philosophes qui, à ce titre, doit être l'imam de la "cité vertueuse" *(al-madîna al-fâdhila)*, la version farabienne de la République de Platon.

Cette interprétation des faits religieux est inspirée par une double conciliation :

- celle de la vérité religieuse révélée par Dieu à ses prophètes, dont Muhammad ;
- celle de la philosophie de Platon et d'Aristote, par Plotin interposé, en prêtant, par erreur, à Aristote, des textes de celui-ci.

Tous les philosophes musulmans n'étaient pas d'accord sur cette interprétation. Ainsi, Ibn Rushd (Averroès) (m. 1198), le dernier des grands philosophes musulmans de l'âge classique de la civilisation arabo-musulmane, refusait les postulats de la cosmogonie de ses précurseurs orientaux. C'est qu'il était un aristotélicien plus conséquent. Il refusa le syncrétisme philosophique de ses précurseurs et ne succomba pas à la tentation du mysticisme auxquelles ceux-ci n'ont pas pu — ou voulu — résister à cause des influences néoplatoniciennes. Pour le philosophe de Cordoue, il n'y a pas lieu d'imaginer toute la série d'intermédiaires que sont les intellects et les esprits séparés entre Dieu et ses créatures. Dieu crée et connaît tous les êtres directement, sans avoir pour cela, recours à aucune médiation. Il est, dans ce sens, une "cause efficiente absolue et non plus une cause émanatrice nécessitante", selon l'expression de Louis Gardet opposant la conception d'Ibn Rushd à celle d'Ibn Sînâ [7].

Le rejet des catégories intermédiaires que sont les intellects et les esprits séparés, et le refus de concilier la raison aristotélicienne avec la gnose platonicienne et la mystique néoplatonicienne, sont les raisons pour lesquelles Ibn Rushd critiqua Ibn Sînâ avec la même véhémence qui inspira sa réfutation de la critique ghazalienne de la philosophie et sa condamnation du *Kalâm*, particulièrement dans sa version ash'arite. Son reproche fondamental à l'égard d'Ibn Sînâ, et, à travers lui, à l'égard de ses précurseurs d'Orient, concerne précisément les liens qu'ils ont gardé avec la théologie et qui sont, à ses yeux, la cause des confusions entre le domaine de la pensée philosophique et celui de la pensée religieuse.

Pour lui, la philosophie est une activité de la raison capable de comprendre, par une analyse strictement rationnelle, l'essence de l'Être sans recours à aucune autre forme de connaissance, et surtout pas à la gnose mystique à laquelle ses précurseurs sont restés ouverts.

Si Ibn Sïnâ considère que la philosophie et la religion saisissent, selon des modalités différentes, la même vérité (de façon directement intelligible en philosophie, et "sous le voile des symboles et allégories" [8] dans le message prophétique), Ibn Rushd va plus loin dans sa distinction. Pour lui, la vérité philosophique doit être réservée à l'élite capable de saisir et de suivre la démarche rationnelle opérant par abstraction sur la base de concepts ; contrairement aux vérités religieuses accessibles au commun des croyants parce qu'elles font appel à la sensibilité et réfèrent à des données concrètes immédiates. S'agit-il d'une double vérité, ou de la même vérité exprimée différemment : selon une modalité accessible à tout le monde, dans le cas de la religion, et réservée à une élite dans le cas de la philosophie ? La question divise les spécialistes, et il est difficile de la trancher dans un exposé aussi succinct. Ce qui est sûr, c'est qu'Ibn Rushd considère qu'il est dangereux pour la foi du peuple de la mêler à des débats philosophiques ou théologiques comme n'ont pas hésité à le faire les théologiens. En cela, mais seulement en cela, Ibn Rushd rejoint certains mystiques et les druzes qui refusent la divulgation aux non initiés des vérités qui risqueraient de les aveugler.

Certains penseurs mystiques comme Ibn 'Arabî, Sohrawardî et Shîrâzî, peuvent, par la dimension philosophique de leur œuvre, participer de cette forme de religiosité fondée sur la compréhension, la connaissance et l'intellection du sacré plus que sur l'obéissance à sa norme ou l'identification à ce qu'il incarne.

Ce rapport au sacré, qui correspond à ce que M. Arkoun appelle "la religion individuelle", ne peut se développer que dans les conditions d'épanouissement économique et culturel, car "le besoin de philosopher" auquel s'apparente cette forme de religiosité, "est le besoin des besoins déjà satisfaits" pour reprendre la célèbre formule de Hegel. C'est la raison pour laquelle, en dehors de la période considérée comme "l'âge d'or" de la civilisation arabo-musulmane, les expressions de cette forme de religiosité, dans les domaines de la pensée comme dans ceux de l'art, des mœurs, de la politique, etc., ont été souvent marginales et limitées à quelques îlots et à quelques périodes de "renaissance", de "développement", où les espoirs de progrès et de bien-être ont permis un minimum de tolérance et d'ouverture. C'est à ces périodes que nous devons l'humanisme, dont participe cette forme de religiosité, qui inspira la grande tradition du *'adab* avec les valeurs — esthétiques et éthiques — et les formes qui en font la richesse.

De nos jours, cette forme de religiosité a été incarnée par le réformisme musulman au XIXe siècle, et par une certaine intelligentsia humaniste qui s'est efforcée de faire évoluer les faits islamiques pour les adapter au progrès des sciences, des institutions, des mœurs et des valeurs qui structurent le monde moderne. Ces efforts se heurtent à d'énormes difficultés.

En effet, la décadence, le sous-développement, la misère — matérielle et intellectuelle —, l'ignorance, les fanatismes et le despotisme, dont le monde musulman à beaucoup de peine à se débarrasser, constituent des obstacles au développement des formes de religiosité liées à cette conception humaniste du sacré.

Ces obstacles expliquent la difficulté que les musulmans ont à relativiser leur sacré et à accepter la sécularisation autrement que sous l'effet de la contrainte ou par des calculs tactiques quand ils sont en situation de minorités. Là aussi, les réalités de l'islam ne font que confirmer une tendance que nous trouvons dans toutes les religions.

D'une façon générale, les formes de religiosité sont devenues, avec les réalités nouvelles engendrées par les mutations des temps modernes, plus diverses et plus complexes qu'auparavant. Le rythme et les contraintes des sociétés nées de ces mutations a, en effet, modifié les anciennes formes de religiosité et engendré des formes inédites. Qu'il s'agisse des manifestations de rues, des prières débordant l'espace des mosquées — ou l'espace domestique — pour occuper la chaussée et les places publiques, de la transformation du pèlerinage en manifestation politique pour ou contre tel ou tel régime en place dans les pays musulmans, de l'utilisation des moyens de communication et des techniques les plus sophistiquées pour transmettre des messages religieux, du Coran psalmodié sur le rythme du jazz en Afrique du Sud, des mosquées dirigées par des femmes en Chine, des formes de religiosité développées par les "black muslims" aux États-Unis ou par les jeunes des quartiers difficiles en France, etc., il est difficile de prétendre que nous avons affaire à une même conception de la religion qui a, partout et de tout temps, déterminé le rapport des musulmans à leur sacré.

NOTES

1. *Encyclopédie de l'islam*, article **Tarîqa**, de L. Massignon.
2. Louis Gardet, dans *Panorama de la pensée islamique*, Ed. Sindbad, 1984, p. 144.
3. Louis Gardet, op. cit., p. 139.
4. *Fuçûç al-Hikam (les gemmes de la sagesse)*, cité par L. Gardet, p. 140.
5. Louis Gardet, op. cit., pp. 140-141.
6. *A'lâm al-mawaqqi'în*, vol 3, p. 3 ; Beyrouth, 1973.
7. Louis Gardet, *Panorama de la pensée islamique*, op. cit., p. 116.
8. Louis Gardet, op. cit. p. 118.

DOCUMENTS

1. TEXTES SOUFIS

De la vie universelle

«Et, de l'eau, Nous avons fait toute chose vivante» (Cor. 21 : 30).

Dieu nous informe que, par Sa volonté et Sa puissance, Il a "fait" toute chose vivante à partir de l'eau. "Faire" signifie ici "faire devenir", "former". Autrement dit : Il a fait prendre à l'eau une forme qu'elle n'avait pas. C'est pour cette raison qu'Il a attribué au verbe deux compléments, car par "chose" il faut seulement entendre ici la forme de la chose, non son esprit, lequel procède du Souffle du Très-Miséricordieux (nafas a-Rahman). D'autre part, le mot "chose" désigne "ce qui est existant" (mawjud), à l'exclusion de ce qui est non existant (ma'dum) puisqu'on ne peut donner forme au néant.

Ainsi toute chose vivante procède de l'eau. Or toute chose est vivante, car toute chose glorifie Dieu : et seul peut glorifier ce qui est vivant et sait qui il glorifie et par quoi il glorifie. "Il n'est pas de chose qui ne Le glorifie par Sa louange" (Cor. 17 : 44). La vie est donc de manière évidente coextensive à l'existence. Chaque existant est vivant, d'une vie conforme à la prédisposition qu'impliquent sa forme et son degré ontologique. Les accidents eux-mêmes ont une vie conforme à leur prédisposition puisqu'ils sont existants : en effet, l'accident est proprement ce qui, s'il existait, existerait dans une substance. Les accidents vivent par conséquent, eux aussi, d'une vie autonome, distincte de celle des substances en lesquelles ils existent.

Il en va de même pour les formes, les apparences, les paroles et les actes, ainsi que l'énoncent les traditions sûres selon lesquelles [après la mort] les actes revêtiront des formes et interpelleront celui qui les a accomplis, mettant ce dernier à l'aise dans sa tombe s'il s'agit d'actes pieux, l'y rendant malheureux s'il s'agit d'actes mauvais.

Bien que cette vie soit une — car elle n'est rien d'autre que la Vie d'Allah, par laquelle toutes les choses sont vivantes — elle se manifeste selon des modalités variées et se diversifie en fonction de la réceptivité des formes qui l'accueillent. La vie de ce qu'on appelle "accident" est différente de la vie de ce qu'on appelle "substance", qui est différente de la vie de ce qu'on appelle "minéral", "végétal", "animal" ou "homme". Mais il n'y a rien dans l'univers qui ne soit vivant, bien que dans certains cas la vie soit cachée et dans d'autres manifestée.

Sachant d'autre part que cette "eau" dont Dieu a fait toute chose vivante n'est pas l'eau perceptible par les sens — qui est l'un des quatre éléments et dont les qualités caractéristiques sont le froid et l'humidité — mais l'eau du fleuve de la vie de la Nature primordiale, qui se situe au-dessus des éléments. C'est dans ce fleuve que Jibril — sur lui la Paix ! —, ainsi que le rapporte la tradition prophétique, se plonge chaque jour, après quoi il s'ébroue et Dieu crée, de chaque goutte, un ange. C'est dans ce fleuve également que seront jetés ceux que l'intercession fera sortir du feu de l'enfer, de sorte qu'ils "repousseront", comme le rapporte le Sahih de Bukhari. C'est de lui aussi qu'il s'agit dans la tradition selon laquelle la première chose qu'Allah créa fut une pierre précieuse, qu'Il regarda avec l'œil de la Majesté : elle fondit alors de honte lorsqu'elle eut conscience de Son regard et devint une eau en laquelle sont celés tous les joyaux et toutes les perles de Sa science, etc. Il existe différentes versions de cette tradition, qui toutes font allusion à la Réalité muhammadienne, laquelle est la Materia prima de l'univers, la Réalité des réalités, la substance de tout ce qui est "autre qu'Allah".

Au même titre que les autres éléments, l'eau sensible est une des formes de l'"eau" mentionnée dans ce verset. L'ensemble des quatre éléments, considérés sous le rapport des contenus intelligibles (ma'ani) de leurs formes, constitue la Nature suprême, c'est-à-dire l'"eau" dans laquelle est faite toute chose vivante, et qui est présente en chacun des quatre éléments sensibles. Dans l'élément "feu" se trouvent donc l'eau, le feu, l'air et la terre ; dans l'élément "eau", le feu, l'eau, l'air et la terre et ainsi de suite […]".

Mawâqif. Emir Abd el-Kader, Écrits spirituels, présentés et traduits de l'arabe par Michel Chodkiewicz. - Paris : Seuil, 1994. - p. 325.

L'invocation du pèlerin au seuil du territoire sacré

"Me voici, me voici !, ô mon secret, et ma confidence ! Me voici, me voici ! ô mon but, et mon sens ! Je T'appelle, … non, c'est Toi qui m'appelles à Toi ! Comment T'aurais-je invoqué «c'est Toi» (Cor. I,4), si Tu ne m'avais susurré «c'est Moi» ?

Ô essence de l'essence de mon existence, ô terme de mon dessein, ô Toi mon élocution, et mes énonciations, et mes balbutiements ! Ô tout de mon tout, ô mon ouïe et ma vue, ô ma totalité, ma composition et mes parts ! Ô tout de mon tout, mais le tout d'un tout est une énigme, et c'est le tout de mon tout que j'obscurcis en voulant l'exprimer ! Ô Toi en qui s'était suspendu mon esprit, déjà mourant d'extase. Te voici devenu son gage dans ma détresse ! Je pleure ma peine, sevré de ma patrie, par obéissance, et mes ennemis prennent part à mes lamentations. M'approche-je, que ma crainte m'éloigne, et je tremble d'un désir qui tient à fond mes entrailles. Que ferai-je, avec cet Amant dont je suis épris, mon Seigneur ! ma maladie a lassé mes médecins. On me dit : «Guéris-t'en par Lui !» Mais je dis : «Se guérit-on d'un mal par ce mal ?» Mon amour pour mon Seigneur m'a miné et consumé, comment me plaindrais-je à mon Seigneur de mon Seigneur ? Certes, je l'entrevois, et mon cœur Le connaît, mais rien ne sau-

rait l'exprimer que mes clins d'œil. Ah ! malheur à mon esprit à cause de mon esprit, hélas pour moi à cause de moi, je suis l'origine même de mon infortune ! Comme un naufragé dont seuls les doigts surnagent pour appeler à l'aide, en vaste mer. Nul ne sait ce qui m'est advenu, sinon Celui qui s'est infondu dans mon cœur. Celui-là sait bien quel mal m'a atteint, et de Son vouloir il dépend que je meure et revive ! Ô suprême demande, et espoir, ô mon Hôte, ô vie de mon esprit, ô ma foi et ma part d'ici-bas ! Dis-moi : «Je t'ai racheté», ô mon ouïe, ô ma vue ! Jusqu'où tant de délai, dans mon éloignement, si loin ? Quoique Tu Te caches à mes deux yeux dans l'invisible, mon cœur observe Ton lever, dans la distance, de loin."

H.M. Hallâj, Dîwân, traduction et présentation : L. Massignon
Paris : Editions du Seuil, 1992. - pp. 41-42.

Réponse sur la réalité de la foi

"Pour la science, il y a des vocations ; pour la foi, une progression ; et pour les sciences comme pour les savants, il y a des expériences ; La science, c'est donc deux sciences, celle qu'on rejette, et celle qu'on acquiert, et l'océan, c'est deux mers, l'une maniable, l'autre dangereuse ; et le temps, c'est deux jours, l'un néfaste, l'autre favorable ; et le genre humain, c'est deux destins, l'un comblé, l'autre dépouillé. Recueille donc en ton cœur ce que te dit un témoin probe, et considère, grâce à ton entendement, car le discernement est un don. Pour moi, j'ai escaladé une cime sans avoir à poser le pied, cime dont la montée réserve, à d'autres qu'à moi, des périls. Et j'ai traversé un océan, sans que mon pied le sonde ; c'est mon esprit qui l'a traversé, c'est mon cœur qui l'a savouré. Car son fond de graviers est de perle, inaccessible à nos mains, mais que la prise de nos pensées peut ravir. Je m'en suis abreuvé sans bouche ouvrir, or c'est une eau (familière) dont les bouches ont déjà bu ; car mon Esprit, dès l'origine, en a eu soif, lorsque mon corps y trempa, avant que d'être façonné."

H.M. Hallâj, Diwân, traduction et présentation : L. Massignon
Paris : Editions du Seuil, 1992. - p. 43.

2. UN TEXTE JURIDIQUE : LE VOL QUALIFIÉ

«Quand un homme vole, on lui coupera la main ; ainsi l'ordonnent le Livre, la Sunna et l'igma. Dieu a dit : «Quant au voleur et à la voleuse, vous leur couperez les mains, comme rétribution de l'œuvre de leurs mains, comme châtiment venant de Dieu. Dieu est puissant et sage. Quand un homme se repent de ses fautes et se corrige, Dieu est indulgent et miséricordieux.» (v, 42-43)

Quand il est établi, par une preuve ou par un aveu, qu'un homme s'est rendu coupable d'un vol, il n'est pas permis de soustraire cet homme à la peine édictée par la loi, en le mettant en prison ou en lui infligeant une amende. On lui coupera la main, de préférence à l'heure de quelque grande solennité.

...

L'application d'une peine est un des actes du culte, comme le gihad pour la cause de Dieu. Il convient, en effet, de ne pas oublier que l'application d'une peine est, de la part de Dieu, un acte de miséricorde à l'égard de ses créatures. Tout gouverneur doit être inexorable dans l'application des peines. Inaccessible à la pitié lorsque la religion est en cause, il n'apportera nul retard dans l'application des peines légales. Sa seule volonté sera d'avoir pitié des hommes en les empêchant de commettre le mal, nullement de satisfaire ses rancunes ou son instinct de domination. Il est comme un père à l'égard du fils qu'il corrige ; lorsque le père cède aux objurgations de la mère, qui ne sait pas résister à la pitié ou à la tendresse, et renonce à donner à son fils les corrections qu'il mérite, l'enfant est mal élevé. Le père corrige son fils par pitié et pour son bien, tout en souhaitant et en préférant ne pas avoir besoin de le faire. Le prince est comparable au médecin qui donne à son malade une potion amère, coupe un membre gangrené, pose des ventouses scarifiées ou pratique une saignée. Bien plus, le prince est comparable à l'homme qui s'oblige à prendre une potion amère et qui s'impose d'autres peines pour recouvrer la santé.

C'est dans son esprit que les peines ont été édictées par la loi. C'est dans cet esprit et avec cette intention que l'homme d'État doit les appliquer, s'il veut véritablement le bonheur de ses sujets, s'il a la volonté d'interdire le mal, et d'ordonner le bien, s'il n'a d'autre idéal que Dieu et l'obéissance due à la loi. Dieu saura alors lui gagner le cœur de ses sujets, lui donner la prospérité et le mettre à l'abri de tout châtiment humain ; et il arrive parfois que des condamnés acceptent avec une satisfaction volontaire la peine qui les frappe. Mais s'il n'a d'autre but que de dominer, d'établir sur tous sa suprématie, de recueillir les adulations générales et d'obtenir tous les biens qu'il convoite, il récoltera le contraire de ce qu'il cherche.

...

Umar b. Abd al -Aziz, avant de devenir calife, avait été gouverneur d'al-Walid b. Abd al-Malik à Médine ; son administration était celle d'un sage. Al-Haggag, arrivant d'Irak, dont il avait soumis le peuple au traitement le plus dur, demanda aux Médinois ce qu'ils pensaient de Umar : «Quel prestige a-t-il, demanda al-Haggag ? — Nous n'osons, répondirent-ils, lever les yeux vers lui. — Comment l'aimez-vous ? — Nous l'aimons plus que nos parents. — Quelles peines vous inflige-t-il ? — De trois à dix coups de fouet. — Un tel prestige, un tel amour, un tel châtiment, voilà un don du ciel !»

...

La main, une fois coupée, est cautérisée. Il est recommandé de la suspendre au cou du criminel.

Quand un voleur vole une deuxième fois, on lui coupera le pied gauche.

S'il vole une troisième et une quatrième fois, les Compagnons et les jurisconsultes qui les ont suivis se partagent entre deux doctrines. Les uns soutiennent que l'on devra couper au voleur la main, puis le pied qui lui restent ; cette doctrine est celle d'Abu Bakr, de Safi'i et l'une des deux versions attribuées à Ahmad b. Hanbal. Les autres — Ali, les docteurs de Kufa et Ahmad b. Hanbal dans la deuxième opinion — estiment qu'il faut emprisonner le voleur.

...

La peine de mutilation n'est infligée que si le vol est supérieur à un minimum appelé nisab. Ce nisab, pour la plupart des docteurs de l'école du Hedjaz et du hadith, et pour quelques autres jurisconsultes, comme Malik, Safi i et Ahmad b. Hanbal, est d'un quart de dinar ou de trois dirhems. Il est fixé, par d'autres jurisconsultes, à un dinar ou dix dirhems. Quiconque donc commet un vol supérieur à cette dernière somme aura, selon l'avis unanime des jurisconsultes, la main coupée.

...

Ibn Umar rapporte, dans les deux Sahih, que le Prophète fit couper la main d'un homme qui avait volé un bouclier valant trois dirhems. Muslim dit textuellement : «Il coupa la main d'un voleur pour un bouclier de trois dirhems».

...

D'après 'A'isa, le Prophète dit qu'il fallait appliquer la peine de la mutilation à partir d'un vol d'un quart de dinar. Muslim dit textuellement : «On coupera la main du voleur pour un quart de dinar et au-dessus». Et Buhari : «Coupez la main du voleur pour un quart de dinar, mais ne le faites pas pour moins». Un quart de dinar valait trois dirhems.

...

Le vol, pour être passible de la peine de mutilation, doit avoir été commis dans un lieu gardé (hirz). Le vol d'objets perdus, de fruits qui se trouvent sur un arbre, dans un champ désert non entouré de murs, le vol de bêtes sans berger, n'entraîne pas la mutilation. Le voleur sera puni d'une peine laissée à l'estimation du chef de l'État et il sera tenu de rendre le double de ce qu'il a volé ; telle est la tradition. Les jurisconsultes ne sont pas d'accord sur la peine qui consiste à exiger du voleur de rendre le double de ce qu'il a volé ; parmi ceux qui en sont partisans se trouve Ahmad b. Hanbal.

...

Rafi b. Hudaig rapporte : «J'ai entendu le Prophète dire : On ne coupera pas la main d'un homme qui a volé quelques fruits ou un cœur de palmier». Le mot katr qui est employé ici désigne la partie blanche qui se trouve au cœur du palmier. Cette tradition se trouve dans les Sunan.

...

'Amr b. Su'aib rapporte la tradition suivante qu'il tenait de son père et de son grand-père : «J'ai entendu un homme de la tribu de Muzaina dire au Prophète : — Je suis venu, ô Prophète de Dieu, te demander ce qu'on devait faire d'un chameau égaré. — Qu'il mange et qu'il boive ce qu'il trouve sur son che-

min. Attendez l'arrivée de celui qui le recherche. — Que faire de moutons égarés ? — Il t'appartient, comme il appartient à ton frère ou au loup, de les rassembler jusqu'à l'arrivée de celui qui les recherche. — Et la brebis qui a été volée sur son pâturage ? — Le voleur en paiera deux fois le prix et recevra la flagellation. Quand des bêtes sont volées dans leur enclos, le voleur aura la main coupée, si le montant du vol atteint la valeur d'un bouclier. — O Prophète, et quand ce sont des fruits ou des cœurs de palmiers qui sont volés ? — A ceux qui les volent pour les manger, mais ne les emportent pas dans les plis de leurs vêtements, on n'infligera aucune peine. Ceux qui en emportent paieront le double de ce qu'ils ont volé et recevront la flagellation. Quiconque aura commis un vol sur une aire aura la main coupée, si le vol atteint la valeur d'un bouclier ; quand le vol est inférieur à cette somme, le voleur paiera le double de ce qu'il a volé et recevra la flagellation». Cette tradition se trouve dans les Sunan ; dans les termes où nous l'avons citée, elle est tirée d'an-Nasa i.

...

C'est pourquoi le Prophète a dit : «Ne coupez pas la main du muntahib, du muhtalis, ni de l'escroc (ha in)». Le muntahib commet son vol au su et au vu de tout le monde. Le muhtalis arrache la chose qu'il vole ; son larcin peut être connu avant même d'être commis. Quant au pick-pocket (tarrar), aussi nommé battat, qui fend les poches, les écharpes ou les manches, on doit lui couper la main".

La Risâla d'Ibn Abî Zayd Al-Qayrawânî, op. cit. p. 259.

3. TEXTE PHILOSOPHIQUE : AVERROÈS

"Si l'œuvre de la philosophie (falsafa) n'est rien de plus que la spéculation sur l'univers en tant qu'il fait connaître l'Artisan (je veux dire en tant qu'il est œuvre d'art, car l'univers ne fait connaître l'Artisan que par la connaissance de l'art qu'il révèle, et plus la connaissance de l'art qu'il révèle est parfaite, plus est parfaite la connaissance de l'Artisan), et si la Loi religieuse invite et incite à s'instruire par la considération de l'univers, il est dès lors évident que l'étude désignée par ce nom de philosophie est, de par la Loi religieuse, ou bien obligatoire ou bien méritoire.

Que la Loi divine invite à une étude rationnelle et approfondie de l'univers, c'est ce qui apparaît clairement dans plus d'un verset du Livre de Dieu (le Béni, le Très-Haut !). Lorsqu'il dit par exemple : «Tirez enseignement de cela, ô vous qui êtes doués d'intelligence !», c'est là une énonciation formelle montrant qu'il est obligatoire de faire usage du raisonnement rationnel, ou rationnel et religieux à la fois. De même, lorsque le Très-Haut dit : «N'ont-ils pas réfléchi sur le royaume des cieux et de la terre et sur toutes les choses que Dieu a créées ?» c'est là une énonciation formelle exhortant à la réflexion sur tout l'uni-

vers. Le Très-Haut a enseigné que parmi ceux qu'Il a honorés du privilège de cette science fut Abraham (le salut soit sur lui !), car le Très-Haut a dit : «C'est ainsi que nous fîmes voir à Abraham le royaume des cieux et de la terre». Le Très-Haut a dit aussi : «Ne voient-ils pas les chameaux, comment ils ont été créés, et le ciel, comment il a été élevé !» Il a dit encore : «Ceux qui réfléchissent à la création des cieux et de la terre», et de même dans les versets innombrables.

Puisqu'il est bien établi que la Loi divine fait une obligation d'appliquer à la réflexion sur l'univers la spéculation rationnelle, comme la réflexion consiste uniquement à tirer l'inconnu du connu, à l'en faire sortir, et que cela est le syllogisme, ou se fait par le syllogisme, c'est pour nous une obligation de nous appliquer à la spéculation sur l'univers par le syllogisme rationnel ; et il est évident que cette sorte de spéculation, à laquelle la Loi divine invite et incite, prend la forme la plus parfaite quand elle se fait par la forme la plus parfaite du syllogisme, qu'on appelle démonstration.

Puisque la Loi divine incite à la connaissance approfondie, par la démonstration, du Dieu Très-Haut et des êtres dont il est l'Auteur comme il est préférables ou même nécessaire, pour qui veut connaître par la démonstration Dieu (le Béni, le Très-Haut) et tous les autres êtres, de connaître préalablement les diverses espèces de démonstrations et leurs conditions, de savoir en quoi le syllogisme démonstratif diffère du syllogisme dialectique, du syllogisme oratoire et du syllogisme sophistique ; et comme cela n'est pas possible si l'on ne sait préalablement ce qu'est le syllogisme en général, que l est le nombre de ses espèces, lesquelles sont des syllogismes concluants et lesquelles n'en sont point ; et comme cela aussi n'est pas possible à moins de connaître préalablement celles des parties du syllogisme qui viennent les premières (je veux dire les prémisses) et leurs espèces ; — il est obligatoire pour le croyant, de par la Loi divine, dont l'ordre de spéculer sur les êtres doit être obéi, de connaître, avant d'aborder la spéculation, les choses qui sont pour la spéculation comme les instruments pour le travail. De même que le jurisconsulte infère de l'ordre d'étudier les dispositions légales l'obligation de connaître les diverses espèces de déductions juridiques, de savoir lesquelles sont des syllogismes concluants et lesquelles n'en sont pas, de même le métaphysicien doit inférer de l'ordre de spéculer sur les êtres l'obligation de connaître le syllogisme rationnel et ses espèces. Et à plus juste titre : car si de cette parole du Très-Haut : «Tirez enseignement, ô vous qui êtes doués d'intelligence !», le jurisconsulte infère l'obligation de connaître le syllogisme juridique, à plus forte raison le métaphysicien en inférera-t-il l'obligation de connaître le syllogisme rationnel.

Ibn Rochd (Averroès).

Extrait de : *L'accord de la religion et de la philosophie*. Paris : Sindbad. 1988. - pp. 12-14.

CHAPITRE 7
LES FAITS ISLAMIQUES ET LES DÉFIS DE LA MODERNITÉ

Pour comprendre l'attitude du monde musulman devant la modernité, il est important de rappeler ce qui constitue l'essence de celle-ci, d'une part, et d'autre part, les conditions spécifiques de sa confrontation avec l'islam.

On parle souvent de la modernité sans la définir, ou en la réduisant à tel ou tel aspect de la vie et des sociétés érigées en étalons de la modernité sans préciser en quoi elles sont plus modernes que d'autres. C'est par ce genre de raccourcis réducteurs qu'on en est venu à assimiler la modernité à l'Occident pour en déduire que la modernisation ne peut s'envisager que sous la forme d'une entreprise d'occidentalisation.

C'est aussi par le même procédé que la modernité est assimilée, par un discours à la mode, à une configuration historique qui a vu le jour en Europe à partir du XVe siècle, et qui a atteint sa plénitude avec les sociétés industrielles capitalistes et libérales d'Occident ; d'où l'interprétation de la remise en cause des fondements philosophiques, esthétiques, éthiques et politiques de ces sociétés comme des signes annonçant l'avènement d'une ère désignée par le concept négatif de post-modernité [1]. C'est une attitude égocentrique qui consiste à dire : les modernes, c'est nous, avant nous c'est l'archaïsme, après nous c'est la dégénérescence de "l'ère du vide" ! Ne parlons pas de l'attitude traditionaliste qui voit la dégénérescence dans la modernité elle-même.

On ne peut sortir de ce genre de réduction triviale qu'en définissant la modernité à partir de ce qu'elle représente dans chaque situation, dans chaque société quelle que soit l'époque et l'aire géographique dans lesquelles se manifestent son mouvement et ses effets.

L'analyse des situations qui, dans l'histoire de l'humanité, ont généré un débat et une opposition entre les Anciens et les Modernes, fait apparaître la modernité comme étant une attitude ouvrant à l'humanité de nouveaux horizons qui libèrent la société et les individus des pesanteurs de la tradition et du conservatisme. C'est le désir de la nouveauté, d'aller toujours de l'avant en brisant les chaînes qui nous rivent à un passé révolu. C'est en ce sens que la modernité peut se définir comme le refus de la sacralisation de la tradition, des ordres établis auxquels elle oppose la liberté de rechercher des voies et des perspectives nouvelles.

Du point de vue de la modernité, le salut n'est pas derrière nous, dans la recherche d'un retour à "l'âge d'or", à "la parole aurorale", à la "Tradition Fondatrice des ancêtres bienfaisants", mais, devant nous, dans la marche de l'humanité vers la maîtrise de son destin, vers l'épanouissement des corps et des esprits, grâce au progrès des sciences et des techniques qui nous libèrent des déterminations de l'ordre naturel, grâce à l'évolution des valeurs et des institutions qui nous affranchissent de l'emprise des hiérarchies et des solidarités mécaniques à la base de l'ordre traditionnel. L'attitude constitutive de la modernité est fondée sur le pari que le progrès est supérieur au conservatisme, que l'avenir ne peut être pire que le passé. Ce préjugé est souvent contredit par des conjonctures et des situations particulières et ponctuelles comme celles que nous connaissons en cette fin du deuxième millénaire ; mais il est justifié quand on se place au niveau des grandes étapes de l'histoire de l'humanité. Qu'en sera-t-il à l'avenir ? Un traditionaliste dira que les déceptions, les échecs, les catastrophes et le chaos n'en seront que plus grands ; un moderniste répondra que l'humanité est toujours sortie des crises qu'elle a traversées plus forte, plus éclairée et plus à même de peser sur son destin qu'auparavant ! Dans les deux cas, nous avons affaire à un préjugé : l'un optimiste faisant confiance à l'humanité et à l'avenir, l'autre pessimiste tournant le dos à l'histoire ! A chacun de choisir son camp ou, pour rester dans le domaine des paris, de "faire son jeu" ! L'incertitude est le corollaire de la liberté constitutive de la condition humaine. Toutes les utopies qui ont oublié cette donnée essentielle ont fini par le payer par les échecs les plus cinglants. Mais c'est là un préjugé moderniste avec lequel toutes les traditions sont obligées de composer sous peine de renoncer à leur(s) entreprise(s) pour s'en remettre à la nécessité absolue des déterminismes auxquels elles adhèrent !

Si la modernité de nos jours est identifiée au processus qui a démarré en Europe au XVe siècle avec les conditions qui ont préparé la Renaissance, et toutes les révolutions économiques, artistiques, scientifiques, philosophiques, sociales, politiques et culturelles, c'est parce que ce processus n'a été possible que par un triomphe sans pareil et sans précédent de l'attitude constitutive de la modernité sur l'une des traditions les plus hostiles à la liberté et au progrès que l'histoire nous ait permis de connaître.

Cette formidable aventure a démarré en Europe au moment où le mouvement qui a suivi l'avènement de l'islam — et qui a incarné la modernité de son époque — connaissait ses dernières convulsions. Du coup, le monde musulman n'a pas pu accompagner les progrès et les révolutions constitutives de la modernité de notre époque parce qu'il a vécu, pendant les siècles où ce mouvement se développait dans l'aire occidentale, une situation de stagnation, replié sur ses orthodoxies en attendant l'arrivée d'un "mahdî" qui viendrait le "réconcilier avec Dieu" et lui donner la prééminence promise à *"la meilleure communauté donnée aux humains"*.

De ce fait, l'islam s'est trouvé complètement déphasé par rapport à ces progrès, contrairement aux religions présentes dans l'aire occidentale qui ont subi progressivement les effets de ce mouvement. Tout en s'y opposant, le christianisme et le judaïsme s'y sont adaptés jusqu'à, parfois, intégrer ses aspects les plus hostiles aux normes que leurs autorités religieuses ont longtemps proclamées universelles et intangibles.

L'islam n'a découvert cette formidable aventure que vers la fin du XVIIIe siècle avec les premiers coups de canon des puissances coloniales l'arrachant à sa longue nuit de décadence. De la modernité de notre époque, les musulmans n'ont vu, en premier lieu, que ses aspects matériels et techniques. Ce sont d'ailleurs ces aspects qui reviennent le plus dans les discours musulmans sur la modernité que ce soit pour la critiquer ou la rejeter en tant que "civilisation matérielle sans spiritualité", ou pour en faire l'apologie en n'y voyant qu'une recette pour acquérir puissance et richesse matérielle qu'ils envient aux sociétés occidentales. Rares sont ceux qui ont saisi l'attitude constitutive de l'essence de la modernité, les aspects philosophiques, esthétiques, éthico-politiques que ce mouvement a générés en subordonnant tout à la liberté et à la raison humaine. Il faut dire que ce qui s'est présenté au monde musulman — et à l'ensemble des sociétés du Sud et de l'Est — comme étant la modernité, commençait déjà à oublier l'humain au profit d'autres impératifs fondés précisément sur les critères de puissance matérielle et technique aux dépens des valeurs de liberté, de démocratie, de laïcité et des droits de l'être humain.

Le monde musulman devait trouver ses marques face à cette modernité qui le défiait de l'extérieur, et dont il ne saisissait ni la dynamique historique, ni les implications et les présupposés philosophiques. Il devait accomplir pour cela, en quelques décennies, un effort que le monde judéo-chrétien, en Europe, a accompli en plusieurs siècles.

Ces données fondamentales doivent être prises en compte dans l'analyse du rapport entre les faits islamiques et la modernité pour éviter les pièges des comparaisons hâtives et "boiteuses".

Outre les handicaps du monde musulman face à la modernité, il est important d'ajouter que les musulmans ont repris à leur compte le discours occidental assimilant la modernité à l'Occident, lui-même assimilé à tel ou tel modèle auquel la complexité des réalités occidentales s'est trouvée abusivement réduite. Du coup, la modernité, s'est trouvée identifiée à un système allogène qu'il faut soit adopter, soit combattre et rejeter, à partir d'une position d'extériorité.

Si les musulmans ont été d'emblée divisés entre ceux qui adoptaient la modernité par fascination et ceux qui la rejetaient par peur, l'histoire de la confrontation entre la modernité et l'islam, depuis le XVIIIe siècle, fait apparaître deux grandes phases assez distinctes :

I — DE LA FIN DU XVIIIe SIÈCLE JUSQU'À LA PREMIÈRE GUERRE MONDIALE

Durant cette période, l'attitude dominée par la fascination, tout en marquant le pas, au fur et à mesure de la généralisation de la colonisation, l'emportait sur l'attitude de rejet. L'évolution de la pensée réformiste, qui domina cette période est, à cet égard, très significative. On note une nette différence entre l'attitude de l'Égyptien Rifâ'a Râfi' Tahtâwî (1801-1873), du Tunisien Keireddine (1822-1889), de l'Algérien Abdelkader (1807-1883), de l'Indien Sayyid Ahmed Khan (1817-1898), pour ne citer que ceux-là, d'une part, et celle de Jamâl ad-Dîn Al-Afghâni (1839-1897), Muhammad 'Abdû (1849-1905) et R. Ridhâ (1865-1935), d'autre part. L'effort de conciliation entre la tradition musulmane et la modernité — telle qu'ils l'ont comprise — se faisait selon un dosage où la part de la modernité allait en diminuant et celle de la tradition en augmentant au rythme des déceptions face à l'extension de la colonisation. A la fin, les positions de R. Ridhâ, le dernier représentant du mouvement réformiste du XIXe siècle, survivant à la première guerre mondiale, ne se distinguaient en rien des positions traditionalistes que le réformisme avait combattues jusqu'au début du XXe siècle.

Malgré les inconséquences, les hésitations et l'incohérence des positions défendues par le réformisme musulman du XIXe siècle, cette période a été marquée par l'entrée du monde musulman dans une ère de réformes institutionnelles inspirées par une volonté de rattraper le "retard" par rapport à l'Occident sur la voie de la modernisation. Ce mouvement a démarré avec les réformes de Nizâmi çédîd (Nouveau Régime) entreprises à la fin du XVIIIe siècle, sous le règne de Sélim III (1789-1807), pour moderniser l'Empire Ottoman. L'expédition de Napoléon Bonaparte a permis à la résistance du corps des janissaires de triompher de cette tentative de réformes, mais elle a été à l'origine des modernisations entreprises par Muhammad 'Alî (1805-1848) en Égypte : organisation d'une armée et d'une flotte sur le modèle napoléonien ; établissement d'un cadastre et distribution de terres agricoles enlevées aux aghas et pachas et distribuées aux paysans pour développer une agriculture de type industriel (tabac et coton) ; développement de secteurs industriels, bancaires avec l'aide de techniciens européens (dont les saint-simoniens) et de cadres égyptiens formés en Europe avant la mise en place d'un enseignement moderne doublant et influençant l'enseignement traditionnel qui fut réformé par l'intégration d'autres disciplines que celles consacrées à l'étude de la religion. Dans le cadre de ces réformes, on a assisté au développement de la traduction d'ouvrages scientifiques, philosophiques et littéraires. L'édition a connu un grand essor avec l'introduction de l'imprimerie : journaux, magazines, revues, livres — traduits ou écrits par la nouvelle élite formée grâce au développement de l'instruction — ont participé à l'épanouissement et au rayonnement d'un important mouvement culturel qu'on a appelé la *Nadha* (Renaissance). Ces réformes ont très vite débordé le cadre de l'Égypte pour inspirer un mouvement similaire dans l'Empire Ottoman avec les *Tanzimat* à partir de 1839, en Tunisie à partir de 1840, à Aligarh (en Inde) avec l'action de Sayyid Ahmad Khan, etc..

C'est dans ce cadre que le monde musulman eut ses premières "déclarations de droits", puis les constitutions venues limiter le pouvoir des autorités qui justifiaient, jusqu'alors, leur despotisme au nom de la religion.

Un effort de conciliation de l'islam avec les acquis de la modernité était à la base de ces réformes. Les orthodoxies furent contestées au nom de la nécessaire "réouverture de la porte de l'*ijtihâd*" pour relire les faits et les textes fondateurs de l'islam sur la base des acquis de l'évolution des sciences, des idées et des institutions.

L'homme d'État tunisien Kheireddine s'est attaché à démontrer que l'adoption d'institutions sur le modèle européen, non seulement n'était pas contraire aux principes de l'islam, mais représentait une réhabilitation de ces principes dont l'abandon est à l'origine de la décadence du monde musulman [2].

Muhammad 'Abduh, de son côté, s'est efforcé de montrer que "*l'islam et le christianisme sont favorables à la science et à la civilisation*", pour reprendre le titre de l'un de ses écrits apologétiques. Qâsim 'Amîn, quant à lui, s'est illustré par une contribution donnant de l'islam une lecture favorable à la libération de la femme [3]. 'A. Kawâkibî a dénoncé les méfaits du despotisme régnant dans le monde musulman et proposa la séparation du pouvoir politique qui doit être national et qui ne doit pas être fondé sur la discrimination confessionnelle entre les citoyens, et le pouvoir spirituel qui doit revenir à un imâm s'abstenant de toute intervention dans les affaires politiques des différents États du monde musulman et dont l'autorité doit se limiter aux lieux saints de l'islam (la région de Hijâz, en Arabie) et aux seules questions religieuses concernant les musulmans (pratiquement une sorte de Vatican musulman) [4].

D'autres tentatives ont concerné différents aspects de la confrontation entre la modernité et l'islam pour montrer aux musulmans, prisonniers des lectures traditionnelles et du carcan des orthodoxies, et aux européens, attribuant la décadence du monde musulman aux enseignements de sa religion, que l'islam n'est pas incompatible avec l'évolution et le progrès.

L'avènement de la colonisation s'est partout traduit par l'abandon de certains acquis de ces réformes — en particulier, les constitutions et tout ce qui a directement trait à l'exercice du pouvoir — renforçant ainsi la résistance des forces et des conceptions hostiles à la modernité. Mais les nécessités de l'économie coloniale ont, par ailleurs, accéléré la crise des systèmes traditionnels aggravant par là les tensions et les oppositions entre les partisans et les adversaires de la modernisation dans les différentes sociétés musulmanes.

II — DE LA PREMIÈRE GUERRE MONDIALE À NOS JOURS

La première guerre mondiale a représenté un nouveau tournant décisif dans l'évolution du monde musulman.

La généralisation de la colonisation — à laquelle n'ont pu échapper que l'intérieur de l'Arabie et la partie de l'Empire Ottoman sauvée par Mustapha Kémal Attaturk pour créer la Turquie — a annihilé ce qui restait du mythe de l'invincibilité de l'islam et de la nécessaire souveraineté des musulmans. L'abolition du Califat par Mustapha Kémal Attaturk en 1924 a mis fin à un autre mythe : celui de la nécessaire unité des musulmans sous l'autorité temporelle et spirituelle d'un calife-imâm. Après une courte période d'agitation et de tentatives de restaurer le Califat, le monde musulman s'est accommodé des réalités nouvelles inaugurées par ces événements. Même les mouvements islamistes — comme les Frères musulmans en Égypte, la Jamâ'a islâmiyya en Inde, le Parti de la Libération islamique en Jordanie, etc. — dont l'objectif initial était la restauration du Califat ont — à l'exception du dernier — très vite renoncé à ce projet. La plupart de ces mouvements ont dès la fin des années 1920, inscrit leur action dans le cadre de la compétition pour l'exercice du pouvoir au niveau des nouvelles entités nationales héritées des dislocations successives des grands empires musulmans. Dans leur programme, le Califat a fait place à des revendications centrées sur l'application de la sharî'a considérée comme le critère de l'islamité de l'État et de la société. Les velléités unitaires, n'ont point excédé les rencontres épisodiques dans le cadre des "conférences", "ligues" et autres organisations rivales, plus ou moins liées aux États aspirant au leadership du monde musulman.

Dans la situation née de ces évolutions, il n'y a plus de place pour le concordisme qui a dominé avec le réformisme, tout le XIXe siècle et jusqu'à la première guerre mondiale. Les désillusions quant à une possible entente entre l'Occident et le monde musulman, ont limité les chances de concilier les partisans et les adversaires de la modernité. Désormais, le monde musulman est le théâtre d'une confrontation ouverte et violente entre deux options :

- un traditionalisme incarné par la renaissance de la dynastie sa'udo-wahhabite en Arabie et par l'avènement et le développement des mouvements islamistes nés à l'instar des "Frères musulmans" en Égypte, en réaction à la colonisation et à l'abolition du Califat par Mustapha Kémal Attaturk ;
- les partisans d'une modernité qui a trouvé son modèle dans la Turquie kémaliste fondée sur un mélange de populisme, de nationalisme et de volontarisme politique visant la destruction des solidarités et des structures traditionnelles pour reconstruire, à partir de l'appareil de l'État, une société empruntant les formes organisationnelles des sociétés industrielles, sans la démocratie et les droits de l'Homme.

La première option pousse jusqu'au bout, les conceptions traditionnelles pour en faire un système tournant le dos à l'évolution et à l'histoire au nom de la nécessaire préservation de l'intégrité de la foi et de l'identité de l'islam contre les menaces d'une modernité qualifiée de "matérialiste", "athée", "permissive", "sans spiritualité", et sans valeurs. Le "retour aux sources" de l'islam est prôné dans le cadre d'une stratégie associant le rigorisme des orthodoxies les plus littéralistes à un populisme d'autant plus inquiétant pour les clercs traditionnels qu'il n'hésite pas à emprunter les procédés et les mécanismes des idéologies et des pratiques politiques modernes. Le souci d'efficacité transforme les sources et la tradition "vénérées" en alibi d'une conception qui ne diffère des idéologies totalitaires modernes que par ses références empruntées, de façon éclectique, aux sources et à l'histoire de l'islam, à l'instar de ce que font les idéologies similaires sous d'autres cieux, en se référant aux sources de la tradition dont elles se réclament. Cette démarche est un trait distinctif de l'islamisme contemporain qui, comme toutes les idéologies traditionalistes, rejette la modernité tout en empruntant ses formes, ses canaux et ses procédés. Les compromissions dans ce sens peuvent aller jusqu'à conclure des alliances avec les puissances dénoncées, par ailleurs, comme étant l'incarnation de tous les maux de la modernité. Les alliances entre les puissances occidentales, et en particulier la Grande-Bretagne puis les États-Unis, d'un côté, la dynastie sa'udo-wahhabite, le Pakistan, et, plus récemment, les "moujahidines" afghans ou tel ou tel mouvement islamiste, d'autre part, illustrent ce genre de compromissions. Les clercs et les milieux traditionnels ne comprennent pas la logique de ces mouvements qui leur disputent le credo de la tradition. Ils hésitent entre la tentation de leur emboîter le pas dans l'espoir de profiter de leur audience pour prendre leur revanche sur une modernité qui les a marginalisés, et l'hostilité qui va, parfois, jusqu'à jeter l'anathème sur ces mouvements considérés comme une dénaturation de l'islam. Les rapports entre les 'ulamâ d'Al-'Azhar et les mouvements islamistes en Égypte illustrent parfaitement la relation entre la tradition revendiquée par les milieux traditionnels, et le traditionalisme prôné par l'islamisme contemporain. Cette distinction peut également aider à comprendre les oppositions, en Arabie Saoudite, entre les gardiens de l'orthodoxie wahhabite, la famille royale et les réseaux islamistes financés par celle-ci à travers les œuvres de la Ligue Islamique Mondiale.

Les divergences entre traditionalisme et fidélité à la tradition sont lisibles à travers les contradictions opposant le F.I.S. et les partisans des autres mouvances islamistes en Algérie (le Hamas et la Nahda), entre les mouvements Hamâs et le Jihâd en Palestine, le mouvement de Tabligh et la Jamâ'a islamiyya au Pakistan, entre les partisans de Rafsanjani et ceux de Kaminaï en Iran, etc.. Cependant, il serait abusif de ramener toutes les contradictions au sein de l'islamisme à cette opposition. Il ne s'agit là que d'un nouveau paramètre de diversité et d'opposition qui vient s'ajouter à ceux que nous avons vus tout au long de l'histoire des sociétés musulmanes. D'autres enjeux sociaux, politiques et culturels expliquent les oppositions au sein de l'islamisme contemporain entre "islamiste de gauche" (ou "progressistes") dont les conceptions rappellent aussi bien les origines de la démocratie chrétienne, que "la théologie de la libération", ou les différentes formes du progressisme qui a soufflé sur le christianisme, aux lendemains de Vatican II. Ces oppositions témoignent de l'aptitude de l'islam à se prêter à des "refondations" selon des perspectives aussi diverses et contradictoires que celles qu'ont connues les différentes religions sous l'effet de la confrontation avec la modernité.

La deuxième option, développée dans le sillage de l'expérience kémaliste, a subi la même évolution contradictoire que l'option islamiste, avec les mêmes inconséquences congénitales par rapport à la modernité que celles qu'on a vues dans le kémalisme. Qu'il s'agisse des versions libérales excluant la démocratie et les droits de l'Homme, ou des versions socialistes soumettant tout à la bureaucratie d'un État dont les organes les plus développés sont souvent l'armée et/ou la police, les bienfaits de la modernité, au nom desquels on a détruit les solidarités traditionnelles, ont partout débouché sur un chaos dont les plus grands bénéficiaires sont les mouvements islamistes les plus traditionalistes. Les quelques progrès accomplis — dans les domaines de l'enseignement, de l'économie, de l'émancipation de la femme et de la sécularisation de certains domaines de la vie publique — ont été bloqués — et parfois remis en cause — par les inconséquences et l'incurie de leurs promoteurs modernistes avant qu'ils ne deviennent la cible des mouvements islamistes. Le déficit de légitimité que l'incompétence, la corruption et les pratiques despotiques n'ont cessé d'aggraver, a très tôt poussé les tenants de cette option à renoncer à leurs ambitions modernistes. Le recours à la politisation de la religion pour mobiliser les allégeances et retrouver une légitimité, a préparé le terrain au développement des mouvements islamistes. Souvent, ce développement a été suscité, au départ, par l'autorité elle-même pour combattre l'opposition de gauche qui avait une audience importante dans les années 1960 et 1970.

De nos jours, rares sont les forces politiques qui résistent à la tentation de mobiliser le sacré pour combattre leurs adversaires. Chaque mouvement, chaque courant, chaque leader politique, chaque État du monde musulman a sa version de l'islam au nom de laquelle il essaie de justifier son projet et disqualifier celui de ses adversaires. Nous assistons à une surenchère de discours religieux exclusifs : chacun se présente comme le meilleur gardien de l'islam et jette l'anathème sur ses concurrents. La religion tend à devenir l'ultime et l'unique recours pour légitimer l'État, la révolution et toute opinion individuelle ou collective.

Ces confrontations nouvelles au sein du monde musulman, qui ne sont pas sans rapport avec les défis d'une modernité elle-même en crise, ont ajouté de nouvelles dimensions à la diversité des faits islamiques.

NOTES

1. Voir, par exemple, G. Lipovetski, *L'ère du vide*, Gallimard, Paris, 1983.

2. Il développa cette thèse dans un ouvrage paru en arabe (à Tunis en 1867) et en français : *La plus sûre direction pour connaitre l'état des nations*, éd. Dupont, Paris, 1868.

3. Il a développé ce point de vue dans un ouvrage paru au Caire en 1898 sous le titre *Al-'islâm wa tahrîr al-mar'a* (islam et libération de la femme).

4. Son traité sur le despotisme est paru au Caire, en 1900, sous le titre *Tabâ'i' al-'istibdâd* (les caractéristiques du despotisme) ; sa thèse concernant la séparation des pouvoirs est développée dans un traité publié d'abord dans la revue AL-MANÂR (vol.5, Le Caire 1902) sous le titre *'Umm al-qurâ* (la mère des cités).

DOCUMENTS

1. DIVERSITÉ DES RÉALITÉS ISLAMIQUES

En 1985, l'Organisation de la Conférence Islamique (OCI), créée en 1969 et installée à Djedda, en Arabie Saoudite, comptait 45 États présentant plusieurs niveaux de diversité.

I — L'islam et l'État

Dans la plupart des pays musulmans, l'islam est constitutionnellement la religion de l'État. Cependant :

1) La Turquie, l'Irak, la Syrie, l'Indonésie et les ex-Républiques soviétiques de l'Asie Centrale, à majorité musulmane, ont des États laïques ou sans religion officielle ;

2) La Tunisie présente la particularité de considérer l'islam comme la religion du pays mais non de l'État ;

3) Le Liban, État membre de l'OCI, et certains pays africains, adhérant à la même organisation, ont plusieurs religions d'État en plus de l'islam.

II — Diversité des systèmes politiques

Sur les 45 États que comptait l'OCI en 1985, on peut distinguer :

- sept monarchies absolues sans aucune forme de système représentatif et sans autres références constitutionnelles et juridiques que le Coran, ce qu'on appelle la Sharî'a islamique et les coutumes non écrites : Bahreïn et Koweit avaient connu une évolution vers l'adoption d'un semblant de système représentatif très vite abandonné pour revenir à un système de monarchie absolue semblable à celui en place en Arabie Saoudite, à Qatar, au Sultanat d'Oman, en Burnéi et aux Émirats Arabes Unis ;

- trois monarchies «constitutionnelles» avec des assemblées élues au suffrage universel et un semblant de pluralisme politique ; les pouvoirs accordés aux représentants du peuple, par le biais de ces institutions, sont très limités par les pouvoirs étendus du souverain et des autorités traditionnelles ; c'est le cas au Maroc, en Jordanie et en Malaisie ;

- un système inclassable combinant l'autocratie du «chef révolutionnaire» avec la tyrannie anarchique des «comités populaires» refusant toute forme de représentation : c'est le système dit la «Jamâhiriyya» (auto gouvernement des masses en Libye) ;

- cinq «républiques islamiques» où le système représentatif fondé sur le suffrage universel se trouve étouffé par l'autorité des gardiens de la norme religieuse refusant toute législation jugée contraire à ce qu'il appelle la sharî'a islamique ; c'est le cas en Iran, au Pakistan, au Soudan, en Mauritanie et en Afghanistan ;

- différents types de «républiques» présentant la même complexité, les mêmes caractéristiques et la même diversité qu'on retrouve dans les autres pays du Sud que ce soit en Asie, en Afrique ou en Amérique latine.

Toutes les idéologies nationalistes, communistes, socialistes, progressistes, tiers-mondistes, libérales ou à la recherche de l'introuvable «troisième voie», étaient, ou sont encore, revendiquées à coup de références islamiques ! Cela n'a rien d'étonnant car, comme l'avaient justement remarqué L. Gardet et H. Laoust : «Le Coran ne dessine nullement les cadres fixes et les rouages d'une cité temporelle (...), il n'y a guère plus que trois ou quatre normes impérées par le Coran (...). D'une part (...), pouvoir et commandement *(hukm, amr)*, et, consultation *(shûrâ)* d'autre part. Tels sont les deux seuls principes intangibles. Avons-nous besoin de dire qu'ils sont susceptibles de bien d'autres mises en œuvre, et que les régimes les plus divers, monarchie, démocratie parlementaire, démocratie populaire, peuvent s'en réclamer ?» [1]

III — Diversité des systèmes juridiques

Dans certains pays, les coutumes ancestrales non écrites continuent à être le principal, sinon l'unique, référent juridique. D'autres pays sont régis par tel ou tel code juridique élaboré durant les premiers siècles de l'islam et présenté comme étant la Loi islamique ; ces codes sont souvent adaptés aux coutumes et aux réalités de chaque pays et de chaque milieu sans que ce soit dit. C'est au nom de ces codes que certaines pratiques, et certains châtiments corporels d'une autre époque, continuent à être observés. Cependant, la plupart des pays musulmans ont adopté des législations et des juridictions séculières souvent inspirées des systèmes des anciennes métropoles coloniales (notamment les systèmes français et britannique).

Dans certains pays coexistent encore, comme aux siècles passés, plusieurs types de législations et juridictions, les unes sont coutumières, les autres religieuses ou séculières.

IV — Diversité des statuts relatifs à la condition féminine

La plupart des pays musulmans perpétuent les traditions discriminatoires à l'égard des femmes sous prétexte de respecter les normes religieuses ; mais la situation est loin d'être la même :

- Des pays comme l'Arabie Saoudite et les régions du Golfe ne posent aucune condition à la pratique de la polygamie (sinon sa limitation à quatre épouses en plus des concubines), ni à la répudiation de la femme par son époux ; la mixité y est interdite ainsi que l'accès de la femme à des fonctions politiques et à toute profession les mettant en contact avec les hommes.

- Dans des pays aussi différents que le Pakistan, l'Irak, la Syrie, le Maroc, l'Indonésie, la Jordanie, l'Égypte, etc., la polygamie n'est pas interdite mais la femme y a acquis des droits lui permettant d'accéder à des fonctions publiques et même des fonctions politiques de premier plan : Bénazir Butho n'est-elle pas le premier ministre de la «République Islamique» de Pakistan ?

- En Algérie, la polygamie est limitée par le principe d'équité, invoqué par le Coran, et en particulier par la condition d'assurer à chaque épouse un logement indépendant et offrant les mêmes caractéristiques que celui de ses co-épouses : vu la crise dans le domaine du logement, c'était un moyen efficace de faire reculer la polygamie !

- En Turquie, la polygamie est prohibée dans le cadre du mariage civil, mais elle continue d'être pratiquée sous forme de mariage coutumier ou religieux que les autorités publiques tolèrent mais ne reconnaissent pas.

- En Tunisie, où le mariage doit être enregistré auprès d'un officier de l'état civil sous peine de tomber sous le coup de la loi prohibant les mariages coutumiers, la polygamie est considérée comme un délit passible d'une peine allant jusqu'à cinq ans de prison. Il n'existe qu'une seule forme de divorce : celui prononcé par un tribunal après trois séances de réconciliation et qui peut être à la demande de la femme, du mari ou des deux conjointement.

- Alors que certains pays ont accordé le droit de voter et d'être éligible aux femmes avant un pays comme la France (la Turquie en 1932, l'Égypte en 1935), ce genre de droit continue à être ignoré en Arabie Saoudite et dans les riches pétro-monarchies du Golfe.

M.C. Ferjani.

NOTE

1. Chikh Bouamrane et Louis Gardet, *Panorama de la pensée islamique*, Sindbad, Paris, 1984, pp. 185-186.

2. LE TERME DE *SHARÎ'A* DANS LE CORAN ET EN DROIT ÉGYPTIEN

• Le terme de sharî'a dans le Coran

«Il n'apparaît tel quel qu'une seule fois dans le Coran (XLV, 18 : «Nous t'avons ensuite placé sur une voie procédant de l'Ordre. Suis-la donc...») où l'on trouve trois autres occurrences de termes de la même racine (XLII, 13 ; V, 48 ; XLII, 21). Dans toutes ces occurrences, sharî'a signifie non pas les normes juridiques, mais le chemin ou la voie. Ce sens coranique du terme est celui-là même que donnent tous les dictionnaires de la langue arabe : le verbe shara'a signifie aller à un point d'eau, et les noms shir'a et sharî'a désignent soit l'abreuvoir, soit le chemin ou la déclivité qui y mène.

Au départ, sharî'a était utilisé dans ce sens de sentier ou voie de Dieu. Puis on y intégra les règles juridiques révélées dans le Coran, puis celles figu-

rant dans les hadîths, et par la suite les exégèses, gloses, opinions, ijtihâd-s, fatwâ-s et jugements, bref, tout ce qui vint compléter et éclaircir ces règles fondamentales pour constituer la jurisprudence islamique (fiqh), de sorte qu'aujourd'hui, et depuis longtemps déjà, on entend par sharî'a le fiqh tel qu'il s'est formé dans l'histoire. Et si l'on peut, dans les sciences profanes, utiliser un mot dans le sens qu'il a acquis au cours d'une longue histoire, rien ne nous y autorise lorsqu'il s'agit d'un vocable coranique. Là en effet, toute altération de sens conduit immanquablement à déformer le sens du texte, et donc à dénaturer la Révélation. Le fondamentalisme islamique authentique doit toujours commencer par retrouver le sens dans lequel les termes coraniques étaient compris au moment de leur révélation, en s'appuyant sur le Coran lui-même et sur les sources anciennes. A s'en tenir au seul sens contemporain de ces termes, l'on va au-devant de périls graves pour l'islam et toute la société.»

• **Le terme de** sharî'a **en droit égyptien**

«On le trouve à l'article 7 du Code pénal de 1937 («Les dispositions du présent Code ne portent en aucun cas atteinte aux droits personnels définis dans la sharî'a»), mais surtout à l'article premier § 2 du Code civil de 1948 selon lequel «à défaut d'une disposition législative applicable, le juge statuera d'après la coutume, ou à défaut, d'après les principes de la sharî'a islamique, et à défaut, le juge recourra au droit naturel et aux règles de l'équité». Ce texte introduit pour la première fois dans la législation égyptienne l'expression «principes de la sharî'a islamique». Le législateur n'a pas précisé ce qu'il fallait entendre par cette expression ; toutefois, il ressort des travaux préparatoires du Code civil que ce qui est visé par «principes de la sharî'a islamique», c'est l'ensemble des principes communs aux différentes écoles du fiqh (recueil des travaux préparatoires du Code civil) : autrement dit, le législateur de 1948 a choisi le sens usuel du terme.

Puis vint l'article 2 de la Constitution égyptienne de 1971 («les principes de la sharî'a islamique sont une source principale de la législation»), modifié par l'amendement constitutionnel du 22 mai 1980 : «les principes de la sharî'a islamique sont la source principale de la législation». Quoique la Constitution de 1971 ne soit pas accompagnée d'un mémorandum explicatif ou d'un recueil des travaux préparatoires permettant de connaître ce que le législateur entend par «principes de la sharî'a islamique», il y a tout lieu de penser que cette expression a dans le contexte constitutionnel la même signification que dans le Code civil : en ce sens, le rapport de la commission ad hoc chargée de préparer l'amendement de 1980 indique explicitement que «par cette expression, la commission vise l'ensemble des principes communs aux écoles de la jurisprudence islamique».

Muhammad Saïd Al-Ashmawy, in *L'islamisme contre l'islam.*
Paris : Ed. La Découverte/CEDEJ, 1989. pp. 94-95.

3. LE CREDO DES «FRÈRES MUSULMANS» (HASSAN AL-BANNA [1])

1. «Je crois que toute chose revient à Dieu, que notre maître Mohammad, que la bénédiction de Dieu soit sur lui, est le dernier des prophètes envoyé à tous les hommes, que le Coran est le livre d'Allâh, que l'Islam est une loi générale de l'ordre du monde et de l'au-delà ; je m'engage à m'appliquer à moi-même une partie du noble Coran, à m'en tenir à la Sunnah purifiante, et à étudier la vie du Prophète et l'histoire de ses nobles disciplines.

2. Je crois que la rectitude, la vertu et la science font partie des fondements de l'Islam ; je m'engage à être droit, à accomplir les rites, à m'éloigner des interdits, à être vertueux, à avoir de bonnes mœurs, à me détacher des mœurs mauvaises, à suivre les pratiques rituelles islamiques autant que faire se peut, à préférer l'amour et l'affection à la dispute et aux procès, n'ayant recours à la justice que contraint, à tirer fierté des rites de l'Islam et de sa langue, et à répandre les sciences et les connaissances utiles dans les classes de la ummah.

3. Je crois que le musulman doit agir et gagner de l'argent, que tout demandeur et toute personne qui en est privée a un droit sur l'argent qu'il gagne ; je m'engage à travailler pour gagner ma vie et à épargner pour l'avenir, à verser la zakât, à consacrer une partie de mon revenu à des œuvres de bienfaisance, à encourager tout projet économique utile, à préférer les produits de mon pays et de mes coreligionnaires, à ne pas pratiquer l'usure dans quelque affaire que ce soit, et à ne pas me perdre dans les choses dépassant ma capacité.

4. Je crois que le musulman est responsable de sa famille, qu'il est de son devoir d'en préserver la santé, les croyances et les mœurs ; je m'engage à faire tout mon possible dans ce sens, à insuffler les enseignements de l'islam aux membres de ma famille, à ne pas mettre mes fils dans n'importe quelle école qui n'enseignerait pas leurs croyances et leur morale, à boycotter tous les journaux, publications, livres, organisations, groupes et clubs qui s'opposent aux enseignements de l'islam.

5. Je crois que le musulman a pour devoir de faire revivre la gloire de l'islam, en promouvant la renaissance de ses peuples, en restaurant sa législation. Je crois que le drapeau de l'islam doit dominer l'humanité, et que le devoir de tout musulman consiste à éduquer le monde selon les règles de l'islam ; je m'engage à lutter tant que je vivrai, pour réaliser cette mission, et à lui sacrifier tout ce que je possède.

6. Je crois que tous les musulmans ne forment qu'une seule nation unie par la foi islamique et que l'islam ordonne à ses fils de faire le bien à tous ; je m'engage à déployer mon effort pour renforcer le lien de fraternité entre tous les musulmans, et pour abolir l'indifférence et les divergences qui existent entre leurs communautés et leurs confréries.

7. Je crois que le secret du retard des musulmans réside dans leur éloignement de la religion, que la base de la réforme consistera à faire retour aux enseignements de l'islam et à ses jugements, que ceci est possible, si les musulmans œuvrent dans ce sens, et que la doctrine des Frères musulmans réalise cet objectif. Je m'engage à m'en tenir fermement à ces principes, à rester loyal envers quiconque travaille pour eux, et à demeurer un soldat à leur service, voire à mourir pour eux [...].»

Traduit par A. Abdel Malek, dans
La pensée politique arabe contemporaine.
Paris : Seuil, 1970. pp. 70-71.

NOTE
1. Fondateur des frères musulmans.

4. ISLAM ET POLITIQUE SELON ALÎ ABD-AR-RÂZIQ

L'islam est une prédication religieuse, un appel à Dieu, un des systèmes qui visent la réforme du genre humain et son orientation dans la voie qui le rapproche de Dieu et lui fournit le moyen d'atteindre à la béatitude éternelle que le Seigneur a promise aux plus vertueux d'entre ses sujets. Il constitue une unité religieuse par laquelle Dieu a voulu rassembler toute l'humanité et englober toutes les contrées de la terre.

C'est une prédication sainte et pure qui réclame de tous les hommes, de tous les peuples de la terre, quelle que soit la couleur de leur peau, de se ranger à la Voie du Seigneur et de constituer en une umma unie dans le culte d'un Dieu unique, et d'être frères dans son adoration. C'est un appel à l'idéal supérieur de paix universelle, qui vise à porter le monde au niveau de la perfection qui devrait être le sien, et à la béatitude promise, en réalisant la grâce divine et le bienfait du Très-Haut pour toutes les créatures.

Appeler les hommes à fraterniser en religion est conforme à la raison et trouve dans la nature humaine des prédispositions pour sa réalisation.

Plus encore. Dieu a promis que ce vœu d'unification du genre humain se verra exaucé :

[...]

«Dieu a promis à ceux d'entre vous qui croient, effectuent les œuvres salutaires, qu'Il ferait d'eux Ses lieutenants sur la terre, comme Il a fait de leurs devanciers ; qu'Il consolidera pour eux la religion que pour eux Il agrée, qu'Il substituera à leur peur la sécurité, à condition qu'ils M'adorent, sans rien d'autre M'associer. [...] (Coran, 48/28)

Il est concevable que l'humanité puisse être unifiée au sein d'une même religion et qu'elle constitue ainsi une seule communauté religieuse. Quant à vouloir soumettre toute la terre à un seul gouvernement, à la rassembler en une seule et même entité politique, cela semble presque étranger à la nature humaine et ne peut être lié à la volonté divine.

Il s'agit là cependant d'un objectif qui s'inscrit dans le cadre de l'activité séculière que Dieu a confiée à la raison des hommes, les laissant libres d'y agir suivant leurs conceptions, leurs connaissances, leurs intérêts, leurs passions, leurs inclinations. La sagesse infinie de Dieu a voulu de la sorte que les hommes restent différents :

«Si ton Seigneur l'avait voulu, il aurait fait de tous les humains une communauté unique, alors qu'ils persistent dans leurs différends à l'exception de ceux à qui ton Seigneur dispense Sa miséricorde : aussi bien les a-t-Il créés pour ce destin.» (Coran, 11/118-119)

Pour que subsiste entre les hommes la compétition par laquelle Dieu a voulu que se réalise l'œuvre de civilisation :

«Si Dieu ne repoussait pas les hommes les uns par les autres, la terre en serait gâtée. Mais Dieu regorge en grâce à l'égard des univers.» (Coran, 2/251)

Jusqu'à ce que le destin se réalise et que le dessein de Dieu soit accompli sur terre.

Il s'agit là d'un objectif qui relève de la vie terrestre, à propos duquel le Prophète a refusé de se donner un droit de décision ou d'intervention, déclarant : «Vous êtes mieux instruits que moi de vos affaires temporelles.»

C'est donc bien un objectif temporel : nous savons par ailleurs que cette vie tout entière, ainsi que toutes les fins et tous les enjeux qu'elle peut présenter, ne mérite pas aux yeux du Très-Haut une intervention particulière pour son gouvernement en dehors de la raison, des sentiments, des connaissances et des désirs qu'Il a attribués aux hommes. Elle n'atteint pas au rang des questions dont se préoccupent et auxquelles se consacrent les envoyés de Dieu [...].

L'autorité que le Prophète avait sur les croyants était le prolongement de sa mission prophétique et ne comportait aucune des caractéristiques d'un pouvoir temporel.

En toute certitude, il n'y avait ni gouvernement, ni État, ni tendances politiques, ni visées de rois ou de princes !

Nous espérons avoir ainsi guidé vers la réponse à cette interrogation que nous avons rencontrée précédemment, à savoir l'absence, dans la première communauté islamique, de toute manifestation d'un pouvoir civil et de préoccupations pratiques. Nous espérons avoir montré qu'il n'y avait ni ordre gouvernemental, ni institution de gouverneurs ou de juges, ni création de départements administratifs, et qu'enfin la perplexité et la confusion qui nous avaient saisi ont cédé la place à la lumière et à la paix de l'esprit. [...]

L'islam et les fondements du pouvoir.
Paris : La Découverte/CEDEJ, 1994. - pp. 127-131.

[...] On voit donc que le titre de «calife» (successeur et vicaire du Prophète) ainsi que les circonstances qui ont accompagné son usage — circonstances que nous n'avons que partiellement évoquées — ont été parmi les causes de l'erreur qui s'est propagée dans la masse des musulmans, les conduisant à prendre le califat pour une fonction religieuse et à accorder à celui qui prend le pouvoir parmi les musulmans le rang occupé par le Prophète lui-même.

Ainsi s'est propagée parmi les musulmans, dès la première période de l'islam, la prétention que le califat est un poste religieux et un intérim de l'auteur de la loi (chari'a).

Il était de l'intérêt des rois de diffuser pareille illusion dans le peuple, en vue d'utiliser la religion comme moyen de défense de leurs trônes et de répression de leurs opposants. Ils ont œuvré sans répit dans ce sens par de multiples voies — s'ils avaient bien voulu y prêter attention, les chercheurs auraient pu montrer combien elles sont vraiment nombreuses —, jusqu'à inculquer la croyance que l'obéissance aux dirigeants équivaut à l'obéissance à Dieu, et la révolte contre eux à la rébellion contre Dieu. Ils ne se sont pas contentés de ce résultat ; ce qu'Abou Bakr a admis ne leur a pas suffi et ils n'ont pas eu la même indignation que lui : ils ont fait du roi le représentant de Dieu sur terre et son ombre auprès de ses créatures.

- Il n'est de dieu que Lui, tellement au-dessus de ceux qu'ils Lui associent !

Le système du «califat» a été par la suite annexé aux études religieuses, placé ainsi au même range que les articles de la foi, étudié par les musulmans en même temps que les attributs de Dieu, puis enseigné de la même façon que la profession de foi islamique : «Il n'y a point de dieu en dehors de Dieu ; Muhammad est le messager de Dieu.»

Tel est le crime des rois et le résultat de leur domination despotique : au nom de la religion, ils ont égaré les musulmans, dissimulé à leurs yeux les voies de la vérité, fait obstacle à la lumière de la connaissance. Au nom de la religion également, ils se sont approprié les musulmans, les ont avilis et leur ont interdit de réfléchir sur les questions relevant de la politique. Au nom de la religion, ils les ont bernés et ont créé toutes sortes d'obstacles devant l'activité intellectuelle, au point de les empêcher d'avoir quelque système de référence que ce soit, en dehors de la religion, même dans les matières strictement administratives et dans les affaires purement politiques.

Ils ont tout autant entravé la compréhension de la religion, enfermé les musulmans dans les limites qu'ils ont tracées eux-mêmes, puis banni toute entreprise scientifique susceptible de mettre en cause les domaines réservés du califat.

Tout cela a tué les forces vives de la recherche et de l'activité intellectuelle parmi les musulmans. Ceux-ci ont été atteints de paralysie en matière de réflexion politique et de recherche sur le système du califat et les califes.

En vérité, cette institution que les musulmans ont convenu d'appeler califat est entièrement étrangère à leur religion, tout comme les honneurs, la puissance, les attraits et l'intimidation dont elle a été entourée. Le califat ne comp-

te point parmi les actions prônées par la religion, pas plus que la judicature ou n'importe quelle fonction gouvernementale ou étatique. Ce ne sont là que des actes purement politiques, pour lesquels la religion n'a aucun intérêt, qu'elle ne cherche ni à connaître ni à ignorer, et ne peut ni recommander ni rejeter. La religion les a abandonnés aux hommes, pour qu'ils agissent en la matière conformément aux lois de la raison, à l'expérience des nations et aux règles de la politique.

Il en est de même de l'administration des armées islamiques, de la construction des villes et des fortifications, de l'organisation des administrations, lesquelles ne constituent en rien des questions qui intéressent la religion. Elles relèvent plutôt de la raison et de l'expérience, des règles de la guerre, ou bien de l'art des constructions et des avis des experts.

Aucun principe religieux n'interdit aux musulmans de concurrencer les autres nations dans toutes les sciences sociales et politiques. Rien ne leur interdit de détruire ce système désuet qui les a avilis et les a endormis sous sa poigne. Rien ne les empêche d'édifier leur État et leur système de gouvernement sur la base des dernières créations de la raison humaine et sur la base des systèmes dont la solidité a été prouvée, ceux que l'expérience des nations a désignés comme étant parmi les meilleurs.»

ibid. pp. 154-156.

5. L'ISLAM, LE TRAVAIL ET LA RAISON SELON M. ABDUH

« […] en apprenant à connaître un Dieu unique, l'homme se consacra à son service et cessa d'adorer tout autre que Lui. Tous acquirent les droits qui appartiennent à un homme libre parmi des hommes libres ; tous devinrent égaux ; il n'y eut plus entre eux ni inférieurs, ni supérieurs, ni d'autre distinction que celle découlant de leurs actions ; ni d'autre supériorité que celle de l'intelligence et du savoir. L'homme ne connut plus d'autre voie pour arriver à Dieu que la chasteté dans les pensées et la droiture et la loyauté dans les actions ; et par là même, chacun put conserver ce qu'il gagnait sans s'imposer d'autres sacrifices que le droit des pauvres et des miséreux, et d'autres restrictions que celles dictées par l'intérêt général de la communauté. Les parasites et les oisifs qui prétendaient avoir un droit sur ce gain par leur situation et le rang qu'ils occupaient, mais non par leur travail et les services qu'ils rendaient, furent obligés d'y renoncer [1].

L'islam ordonne de travailler à tous ceux qui en sont capables, il déclare que tout homme assume les conséquences de ses actes bons ou mauvais : «Celui qui fait un atome de bien le verra, et celui qui fait un atome de mal le verra.» (Cor. ch. 99, v. 7-8) «L'homme n'aura que ce qu'il a gagné» (Cor. ch. 53, v. 40). Il a permis à chacun de s'approprier toutes les choses qu'il désire, soit pour apaiser sa faim et sa soif, soit pour se vêtir et se pare ; il ne lui a interdit que celles qui peuvent nuire à lui-même ou à ceux qui sont sous sa dépendance ; et celles dont l'acquisition empiéterait sur le droit d'autrui. Il a posé pour cela des règles générales, conformes aux intérêts de l'humanité tout entière. Il a garanti à tout homme l'indépendance dans ses actes ; et alors s'ouvrit un vaste champ pour l'émulation dans l'effort, et l'activité des hommes ne rencontra plus d'autres entraves que les droits reconnus respectables.

L'islam a condamné le taqlid, c'est-à-dire l'imitation aveugle dans les croyances et l'exercice mécanique des devoirs religieux, et il lui a porté des coups décisifs ; il dispersa ses cohortes qui avaient conquis les esprits, il arracha ses racines qui s'étaient implantées dans les intelligences ; il démolit ses colonnes et ses arcanes sur lesquelles s'appuyaient les croyances des peuples. L'islam tira l'intelligence de son assoupissement, il la réveilla d'un long sommeil dans lequel elle s'oubliait car, chaque fois qu'un rayon de vérité avait pénétré jusqu'à elle, elle entendait la voix des serviteurs des faux dieux lui murmurer : «Dors, la nuit est noire, le chemin est dur, le but est loin, ta monture est fatiguée et ton bagage est petit.» La voix de l'islam s'éleva contre les préjugés de l'ignorance, il déclara que l'homme n'avait pas été créé pour se laisser traîner par la bride, mais qu'il était dans sa nature de se guider par la science et la connaissance ; la science de l'univers et la connaissance des choses du passé. Il nous apprit que nos maîtres ne font qu'éveiller notre intelligence, nous mettre sur la bonne voie et nous guider sur le chemin de la recherche ; et il déclara que les gens de la vérité sont «ceux qui écoutent tous les préceptes et suivent les meilleurs.» (Cor. ch. 39, v. 19)

Exposé de la religion musulmane, Cheikh Abdou, Rissalat Al Tawhid
Paris : Librairie orientaliste P. Geuthner. 1984. - pp. 107-108.

NOTE

1. C'est-à-dire que les hommes n'eurent plus à consacrer une partie de leur gain quotidien pour entretenir les prêtres et les devins qui s'étaient interposés entre eux et la divinité.

6. LE LICITE ET L'ILLICITE EN ISLAM

«1. L'épilation des sourcils pour les amincir

Parmi la recherche excessive de beauté interdite par l'islam est l'élimination des sourcils pour les élever au-dessus des yeux ou pour les arranger. Le Messager de Dieu (BSDL) a effectivement maudit la femme qui épile les sourcils et celle qui se les fait épiler. Cette interdiction est davantage obligatoire quand l'épilation des sourcils devient l'emblème des femmes de mauvaises mœurs.

Certains savants du rite Hanbalite ont dit : «Il est permis à la femme d'épiler son visage et de le farder avec le consentement de son mari, car cela entre dans la parue des femmes». Mais an-Nawawi a été plus sévère et a interdit l'épilation du visage qu'il rattache à l'épilation des sourcils qui est interdite. Abou Dawou lui réplique dans son recueil des hadîths : «La taille des sourcils pour les amincir et l'épilation du visage ne s'y rapporte pas».

At-Tabari a rapporté que la femme de Abou Is'haq entra une fois chez 'Aïcha, et c'était une belle femme aimant la beauté. Elle lui dit : «La femme peut-elle épiler son front pour plaire à son mari ? Elle lui dit : «Débarrasse-toi autant que tu peux de tout ce qui peut te faire du tort».

2. La teinture des cheveux

Entre aussi dans le chapitre de la parure la teinture des cheveux blancs ou des poils de barbe. On rapporte que les gens du Livre (juifs et chrétiens) s'abstiennent de teindre leurs cheveux blancs pensant que le fait de s'embellir est incompatible avec l'adoration et la piété. C'est le cas des moines et des pratiquants de l'ascétisme qui poussent la religion à l'excès. Mais, le Messager de Dieu a interdit d'imiter ces gens et de suivre leur voie afin que les musulmans aient toujours leur personnalité distincte et indépendante dans le fond et dans l'apparence. Al-Boukhari a rapporté ce hadit de Abou Houraira : «Le Messager de Dieu a dit : «Les juifs et les chrétiens ne se teignent pas les cheveux ; aussi, faites le contraire !» Mais ce n'est qu'un simple conseil et non une obligation. Ainsi, certains ont teint leurs cheveux, tels que Abou Bakr et 'Omar, et d'autres s'en sont abstenus tels qu'Obaiy Ibn Ka'b et Anas.

Mais avec quoi se fait la teinture ? Est-ce avec le noir et d'autres couleurs ? Ou bien doit-on éviter le noir ? Pour ce qui est du vieillard dont les cheveux blancs ont complètement recouvert la tête et la barbe, il ne lui convient pas de les teindre en noir après avoir atteint cet âge avancé. Aussi, lorsqu'Abou Bakr porta son père Abou Qouhafa le jour de la conquête de La Mekke et le posa devant le Prophète, ce dernier vit sa tête comme les fleurs blanches de la montagne, il lui dit : «Change-moi donc la couleur de ces cheveux blancs, mais sans employer la teinture noire».

Quant à ceux qui ne sont pas dans l'état d'Abou Qouhafa, ils ne commettent aucun péché en teignant en noir leurs cheveux. Az-Zahri a dit à ce sujet : «Nous les teignions en noir quand nous étions encore jeune, mais quand l'âge marqua notre visage et nos dents, nous y renonçâmes» (rapporté par Mouslim).

Certains de nos prédécesseurs ont permis la teinture noire et parmi eux des Compagnons du Prophète comme Sa'd Ibn Abi Waqqas, 'Oqba Ibn 'Amir, al-Hassan, al-Houssain, Jarir et d'autres.

Parmi les savants, il y en a qui ne l'autorise que dans la guerre sainte, afin d'effrayer l'ennemi quand il voit que les combattants de l'islam ont tous l'aspect de la jeunesse.

Il est dit dans un hadith rapporté par Abou Dhar : «La meilleure teinture de vos cheveux blancs est le henné et le katam — un arbre du Yémen donnant une teinture noire tirant sur le rouge» (rapporté par at-Tirmidhi). Quant au henné, il colore en rouge.

Anas de son côté a rapporté : «Abou Bakr s'est teint les cheveux au henné et au katam, tandis que 'Omar n'a employé que le henné».

Le licite et l'illicite en islam, Dr Youssef Qaradhawi.
Paris : Ed. Al-Qalam, 1995. - p. 94 et p. 96.

7. L'INAUGURATION DE LA MOSQUÉE DE PARIS (15 JUILLET 1926)

Extraits du discours du président de la République

«La République française admet, protège toutes les croyances : quelle que soit la voie que l'être humain se fraye vers son idéal, cette voie nous est sacrée ; nous la respections et nous entourons ceux qui la suivent d'une égale sollicitude.

Cette égalité, devant nos lois, des consciences humaines et de leurs élans sincères, est la marque de notre démocratie ; les docteurs musulmans ont, nous le savons, exalté le respect de la dignité individuelle et de la liberté humaine ; ils ont appelé de leurs souhaits le règne d'une large fraternité d'une justice égale. La démocratie n'a point d'autres fondements que ceux-là.

Ces ardents désirs de l'humanité, dont les musulmans tout autant que nous portent avec ferveur la flamme dans leur sein, ils sont symbolisés par cet admirable monument que vous avez avec nous élevé à la science, à la charité, à l'amour du prochain.

A cette hauteur de vues, à laquelle vous savez vous placer, les préceptes de vos docteurs et les principes de nos savants se confondent. On demanda au Prophète, dit un de vos plus célèbres docteurs, au début de son ouvrage vénéré, le Çahih d'El-Bokhari, on demanda au Prophète quel était l'islam le meilleur. Il répondit : «C'est celui du croyant dont les musulmans n'ont à redouter ni la main ni la langue.» […] Cet islam-là est aussi le nôtre, car nos actions et nos paroles s'inspireront toujours d'une commune amitié et d'un même désir du progrès.»

Gaston Doumergue, président de la République.
Les Idées en mouvement n° 33, novembre 1995.

CONCLUSION

Il est difficile de conclure ce survol des faits islamiques, approchés comme relevant de la diversité des voies de l'islam, sans revenir à la tendance, commune aux islamistes et à une certaine présentation occidentale de l'islam, à présenter cette religion comme une *'umma* unique et monolithique, défendant son "domaine de paix" *(dâr al-'islâm)*, par la guerre sainte *(jihâd)* contre la *dâr al-harb* jusqu'au triomphe de son système qui est *"à la fois religion, loi, morale, style de vie, culture,..."*.

L'histoire des sociétés musulmanes nous montre que les catégories juridico-théologiques à l'aide desquelles cette vision s'est construite, sont plus le produit des rêves messianiques que de la réalité. L'unité de la *'umma* musulmane n'a pas survécu longtemps à son Prophète. Les guerres et l'intolérance ont plus marqué les rapports entre les musulmans eux-mêmes que leurs relations aux adeptes d'autres religions ; c'est d'ailleurs là un phénomène universel : l'intolérance est toujours proportionnelle à la proximité qu'on ne veut pas admettre.

De nos jours la diversité et les divisions au sein du monde musulman ont pris, avec les nouveaux enjeux de la géopolitique internationale, une dimension jamais connue auparavant. La plupart des guerres qui agitent cette partie du monde sont celles qui opposent les musulmans entre eux. Ces guerres ne sont pas seulement le fait d'États musulmans riverains, qui se font souvent des guerres pour le compte de puissances non musulmanes ; mais elles sont, de plus en plus, des guerres civiles opposant les musulmans d'un même pays, comme le montrent de façon dramatiques les événements qui secouent l'Algérie, l'Afghanistan, le Yémen ou l'Égypte. Il n'y a pratiquement plus de "domaine de la guerre" *(dâr al-harb)* pour les musulmans que le "domaine de l'islam" *(dâr al-'islâm)* lui-même ! La *'umma*, en tant que "volonté de vivre ensemble" n'existe, en termes islamiques, que dans la tête des marchands d'illusion islamistes ou dans celle des xénophobes jouant sur la peur de l'islam. Il en est de même pour "l'autorité temporelle et spirituelle" (imâma ou khilâfa) que B. Lewis, B. Badie et bien d'autres présentent comme le prototype de "l'État musulman".

Bien avant l'abolition du Califat par M.K. Ataturk en 1924, le monde musulman vivait sous l'autorité de sultans, d'émirs et de roitelets plus soucieux de l'allégeance des tribus, des dons des seigneurs de guerre et des collecteurs d'impôts, que de légitimité religieuse.

"L'État islamique" revendiqué par les mouvements islamistes de tous les pays est dénoncé par tous les musulmans, à l'exception de la minorité qui s'y reconnaît, comme une tyrannie antinomique avec les principes de l'islam dès qu'on en annonce l'instauration : il en fut ainsi pour la monarchie Sa'udo-wahhabite comme pour la République islamique de Pakistan, d'Iran, du Soudan, d'Afghanistan, de Mauritanie, etc.. Il en sera de même, si, par malheur, d'autres mouvements islamistes réussissent à instaurer leur “État islamique”, tout simplement parce que la revendication d’une légitimité religieuse, ou idéologique, par un pouvoir — quel qu’il soit — n’est qu’une mystification destinée à masquer son déficit de légitimité. Il n’y a que la myopie de certains spécialistes et le désarroi de populations qui ne savent plus “à quel saint se vouer” pour s’y laisser prendre.

C’est aussi le cas de la *“sharî‘a islamique”* présentée par les spécialistes comme la colonne vertébrale de l’islam, et revendiquée par tous les islamistes de la terre.

Il suffit à cet égard de comparer ce qu’en dit Camille Lacoste-Desjardin au sujet du statut de la femme, à la législation, en la matière, de trois pays aussi proches que le Maroc, l’Algérie et la Tunisie, pour se rendre compte que la réalité est autrement plus complexe que ne le laissent entendre des visions aussi simplistes et aussi tronquées que celles que se permettent de présenter des spécialistes du monde musulman. En effet, au nom de la même religion, et par référence à des versets du même Coran, la polygamie est considérée comme un droit inaliénable par la *Mudawwana* marocaine de 1958, au nom d’un verset l’autorisant jusqu’à quatre épouses, comme un droit dont l’exercice est conditionné par l’équité entre les épouses surtout en matière de logement dans le Code algérien de la Famille de 1984, au nom du même verset qui précisent *“si vous craignez de ne pas être équitable une seule suffit”* (4-3), comme un délit passible d’une peine de prison, pouvant atteindre cinq années, par la législation tunisienne conformément au Code du Statut Personnel de 1958, et ce au nom d’un autre verset que Bourguiba rappela aux théologiens de la Zitouna offusqués par cette disposition : *“vous ne pourrez jamais être équitables entre les femmes même si vous vous efforcez de l’être.”* (4-129)

Ne parlons pas des autres aspects juridiques et des différences entre les législations de pays comme l'Égypte, l’Arabie Saoudite, la Syrie, l’Iran, l’Indonésie, etc.. Les différences entre les normes et les systèmes juridiques dans les différents pays musulmans ne datent pas d’aujourd’hui. Elles ont toujours été une caractéristique permanente des réalités musulmanes. On trouvait — et on trouve encore dans certaines sociétés qui ont gardé des traits du système segmentaire traditionnel — plusieurs systèmes juridiques qui cohabitaient au sein de la même société :

1. Le système dit islamique par référence à tel ou tel code juridique consacré par les orthodoxies religieuses entre le IXe et le XIe siècles, et qui ont toujours coexisté plus ou moins pacifiquement ;

2. Les coutumes ancestrales propres à chaque tribu, à chaque village, à chaque région et à chaque segment de la société ;

3. Un système séculier relevant de juridictions séculières qui n’ont jamais cessé d’exister dans les pays musulmans : des fameux tribunaux dits mazhâlim, et des juridictions de police ou militaire, jusqu’aux tribunaux civils contemporains en passant par les institutions qui ont vu le jour au fil des siècles avec les différentes dynasties.

Portrait de Mohammed.
Détail d'une miniature du XVe siècle

Mohammed prêche à Médine (miniature).

Aujourd'hui, les autorités religieuses interdisent les représentations du prophète et de sa famille.

Mohammed assis
au milieu des prophètes.
Miniature du XIVe siècle.

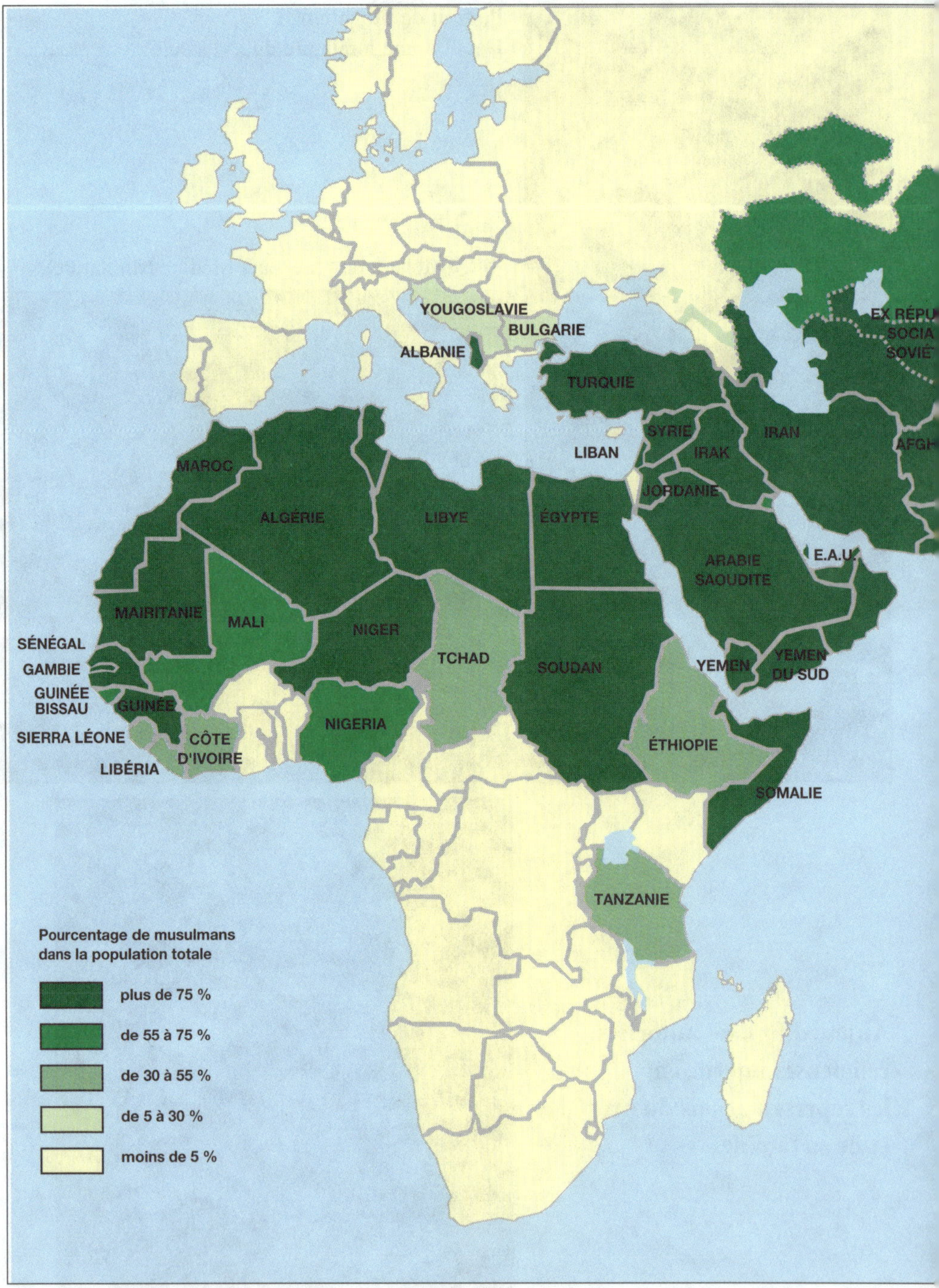

YOUGOSLAVIE
BULGARIE
ALBANIE
TURQUIE
EX RÉPU
SOCIA
SOVIÉ
SYRIE
IRAN
LIBAN
IRAK
AFGH
MAROC
JORDANIE
ALGÉRIE
LIBYE
ÉGYPTE
E.A.U.
ARABIE SAOUDITE
MAIRITANIE
MALI
NIGER
SÉNÉGAL
TCHAD
SOUDAN
YEMEN
YEMEN DU SUD
GAMBIE
GUINÉE BISSAU
GUINÉE
NIGERIA
SIERRA LÉONE
CÔTE D'IVOIRE
ÉTHIOPIE
LIBÉRIA
SOMALIE
TANZANIE
Pourcentage de musulmans dans la population totale
plus de 75 %
de 55 à 75 %
de 30 à 55 %
de 5 à 30 %
moins de 5 %

L'Is

INDE
BIRMANIE
BANGLA-
DESH
KAMPUCHÉA
PHILIPPINES
MALAISIE
INDONÉSIE

'hui

La Ka'ba d'hier et d'aujourd'hui

Plaque de céramique représentant la mosquée de la Mekke et le tombeau de Mahomet à Médine.

1. La Ka'ba
2. Tombeau de Mohammed
3. Les minarets
4. La cour de la mosquée bordée d'arcades
5. Cercle rappelant que le pèlerin doit faire sept fois le tour de la Ka'ba

A la diversité héritée des pratiques traditionnelles, les politiques menées par les différents États, qui se réclament tous de l'islam, depuis les indépendances, ont donné d'autres dimensions : certains États ont ratifié des conventions et des accords internationaux qui ont influencé l'évolution de leur(s) législation(s) et institutions ; d'autres continuent à refuser l'adhésion à toute disposition qui ne soit conforme à leur conception de l'islam. Selon les politiques menées, ou non, dans les domaines de l'enseignement, du planning familial ; selon le taux de l'urbanisation et les politiques de "développement", selon les possibilités économiques de chaque pays, les évolutions ont réduit ou creusé les écarts entre la manière dont les sociétés musulmanes, et les différents milieux, vivent leur rapport à la religion. Est-il nécessaire de préciser, à cet égard, qu'il est absurde de parler d'un "style de vie" commun à tous les musulmans vivant dans ces différentes sociétés. Les différences de modes de vie, de mœurs et de coutumes entre les sociétés musulmanes ont toujours été telles que le grand voyageur marocain Ibn Battûta, au xive siècle, à peine arrivé en Mauritanie, fut scandalisé. Ainsi, à titre d'exemple (pour les spécialistes et les islamistes qui croient à l'identité du sort des femmes musulmanes dont le statut aurait été fixé définitivement par les prescriptions coraniques), pouvons-nous lire dans le récit de ses voyages : *"Les femmes (de ce pays) sont très belles et elles ont un statut supérieur à celui des hommes. Ces gens ont des mœurs bizarres (...). Les hommes ne sont pas jaloux. La filiation n'est pas patrilinéaire : on est affilié à son oncle maternel. L'homme n'hérite que des enfants de sa sœur à l'exclusion des siens propres. Je n'ai vu cela que chez les impies (...) en Inde, alors que ceux-là sont musulmans attachés à l'observation de la prière, à l'étude du fiqh et la connaissance du Coran. Leurs femmes, tout en accomplissant la prière de façon assidue, n'ont pas honte de se montrer aux hommes (...). Elles peuvent avoir des amis et des compagnons parmi les hommes étrangers ; il en est de même pour les hommes"*. Multipliant les exemples sur ces "mœurs bizarres" il ajoute : *"Je suis rentré un jour chez Abû Muhammad Ibn Yandakân (...). Je l'ai trouvé assis sur un tapis. Au milieu de la pièce, il y avait un lit, couvert d'une ombrelle, sur lequel une femme discutait avec un homme assis (sur le même lit). Je dis : "Qui est celle-là ?" Il répondit : "C'est mon épouse". J'ai demandé : "et l'homme avec elle ?" Il dit : "C'est son compagnon". J'ai dit "Comment acceptes-tu cela après avoir vécu chez nous et connu la religion (shar') ? Il dit : "Il n'y a pas de mal, chez nous, à ce que les femmes aient ce genre de rapport avec les hommes, cela n'est pas un délit ; les femmes chez nous ne sont pas comme les femmes de votre pays." Sa stupidité m'a étonné. Je l'ai quitté sans plus revenir chez lui"* [1]. Inutile de préciser que les surprises d'Ibn Battuta ne se sont pas arrêtées là.

Les différences qui frappaient déjà notre voyageur du XIVe siècle, concernaient — et concernent — tous les aspects et tous les domaines de la vie. De nos jours, la diversité des réalités islamiques a de quoi faire perdre la tête de ceux qui les approchent à travers les constructions fantasmagoriques des marchands d'illusions. Il n'est pas besoin, pour nous en rendre compte, de refaire le voyage d'Ibn Battûta. Il suffit d'observer, en laissant de côté les fantasmes et les préjugés qui empêchent de voir la réalité, la mosaïque des styles de vie, de comportements et de pratiques qu'offre l'islam en France aujourd'hui : qu'y a-t-il de particulièrement commun, à quelque niveau que ce soit, entre des convertis à l'islam comme Garaudy, Youssef Leclerc — ou une personne qui a embrassé cette religion après, ou pour, un mariage —, un immigré malien ou sénégalais vénérant un marabout de la confrérie des mourides ou de la tijania, les éternels étudiants maghrébins plus attachés au quartier latin qu'à n'importe quel autre endroit du monde [2], les "Nanas-Beurs", les Tablighis pakistanais, le recteur de la Mosquée de Paris, Kamal Mansour et Ali Mérad ou Mohammed Arkoun etc., à part le fait que tous se disent musulmans ?

Il faut être trop spécialiste pour leur attribuer le même "style de vie", la même "façon d'être", la même "sociabilité musulmane" !

Sans tomber dans un déterminisme absolu, et à l'inverse de cette attitude qui revient à dire que la religion détermine le mode d'être, le comportement et la vie des gens, on pourrait reprendre en la nuançant, la célèbre formule de Marx : *"ce n'est pas la conscience des hommes qui détermine leur existence"*. En effet, même si la religion, intervient comme un déterminant parmi d'autres dans la vie des hommes, ce sont plus les conditions de la vie, avec ses aspects culturels et naturels, avec ses aléas et ses contingences, qui déterminent la manière d'être musulman, chrétien, juif, indouiste, bouddhiste, etc., que l'inverse. Par ailleurs si les religions fonctionnaient comme un moule rigide cherchant à modeler, à tout prix, les comportements et la vie des gens dans les différents domaines, elles n'auraient pas survécu aux grands bouleversements que les sociétés humaines n'ont jamais cessé de connaître au plan des idées et des mœurs comme au plan des institutions de toutes sortes. C'est leur capacité d'adaptation qui a permis aux grandes religions, dont l'islam, de traverser les frontières des cultures, du temps et de l'espace. Elles n'auraient pas pu le faire si elles étaient vraiment "à la fois loi, morale, style de vie, culture…". C'est normal que toute religion, quelle qu'elle soit, se présente comme concernant toutes les dimensions de l'existence humaine ; mais entre ce que la religion dit d'elle-même et ce qu'elle est dans la réalité, entre le discours religieux — qu'il ne faut pas prendre pour plus univoque qu'il n'est — et les faits religieux, il y a une distance qu'on ne peut négliger sans tomber dans le ridicule.

NOTES

1. Passage traduit directement du texte arabe du récit de voyage Ibn Battûta, d'après l'édition de Dâr al-kutub al-'ilmiyya, Beyrouth, 1992, pp. 687-688.
2. Un ami algérien devenu chercheur célèbre au C.N.R.S. me raconta un jour un dialogue avec une amie juive d'Afrique du Nord : celle-ci lui disait qu'elle n'imaginait pas pouvoir vivre sans l'existence d'Israël, même si elle ne comptait pas s'y établir. Il lui répondit : "Moi, en dehors de Paris, tout le monde peut s'écrouler. C'est de Paris que j'ai besoin pour vivre."

TABLEAU CHRONOLOGIQUE

I — DE L'ARABIE PRÉISLAMIQUE A L'AVÈNEMENT DE L'ISLAM

Dates	Contexte général	Faits religieux
IIIe siècle	Fondation du royaume des Lakhmides au nord-est de l'Arabie : capitale Hîra	Coexistence des formes de croyances sémitiques avec des influences indo-persanes.
IVe -Ve siècle	Royaume de Kinda au sud de l'Arabie.	Propagation du christianisme en Arabie.
Ve siècle	Avènement de l'Empire Romain d'Orient. Quçay donne à Quraysh une place prépondérante à La Mekke.	Le christianisme devient religion d'État à Byzance. Les clefs du sanctuaire de la Ka'ba de La Mekke et l'organisation du pèlerinage deviennent un monopole de Quraysh.
Ve-VIe siècle	Dynastie Ghassanide au nord-ouest de l'Arabie, alliée de Byzance - les Lakhmides alliés des Sassanides.	Opposition entre monophysistes (dont les Ghassanides) et les Nestoriens (dont les Lakhmides) au sujet de la nature de Jésus. Le roi du Yémen, Dhû Nawwâs, adhère au judaïsme et persécute les chrétiens de son pays pour venger le sort des juifs au sein de l'Empire Byzantin.
1ère moitié du VIe siècle	Expédition des Abyssins contre Dhû Nawwâs. Rupture du barrage de Ma'rib. Déclin de l'Arabie du sud. Déplacement des routes du commerce caravanier vers le nord. Consolidation du rôle commercial et politique de la Mekke grâce à la politique de Hishâm, chef de la tribu de Quraysh.	La Ka'ba de La Mekke éclipse les autres Ka'ba d'Arabie et consolide sa position de centre spirituel pour la plupart des tribus arabes. Quraysh et ses alliés s'interdisent toute violence pendant les mois sacrés (dont les mois de ramadan et du pèlerinage).
2ème moitié du VIe siècle	Abd al-Muttalib poursuit l'œuvre de Hishâm et Quçay pour assurer la prééminence de Quraysh parmi les tribus arabes. L'échec de l'expédition de l'Abyssin Abraha (570) renforce son autorité.	'Abd al-Muttalib s'inspire de l'exemple de Byzance en appuyant son autorité et son action politique sur la religion. Culte monothéiste hanife se référant au dieu d'Abraham. 'Abd al-Muttalib consacre le mois de ramadan au jeûne et aux œuvres de charité ; il se retire dans la grotte de Hirâ d'où il revient avec des prophéties. Il creuse le puits de Zimzim (pour désaltérer les pèlerins), dore les portes de la Ka'ba, et interdit la consommation de l'alcool, etc.

Fin du VIe siècle	Marginalisation du clan hâshimite au profit du clan de Banû 'Umayya : Abû Sufyân et les siens accaparent les postes clés dans le "gouvernement des notables" (hukûmat al-mala'). Le commerce caravanier désagrège les solidarités tribales traditionnelles. Évolution vers une république de commerçants. Développement de l'esclavage.	Développement du prosélytisme entre les adeptes des différentes religions d'Orient : christianisme avec ses différents courants, judaïsme, mazdéisme, manichéisme, vieilles croyances sémitiques, etc. Les victimes sociales du commerce caravanier cultivent nostalgie de l'ordre traditionnel et attente messianique.
570 -571	Naissance de Muhammad juste après la mort de son père.	
577	Mort de la mère de Muhammad. Son grand-père, 'Abd al-Muttalib puis son oncle, Abû Tâlib (père de 'Alî et représentant de Banû Hâshim dans le "gouvernement des notables") le prennent en charge.	
590-595	Muhammad participe au commerce caravanier pour le compte de Khadija. Il se rend en Syrie.	Le moine Bahîra aurait rencontré Muhammad à Bosra, au sud de Damas, et prédit sa prophétie.
596	Muhammad épouse Khadija.	Muhammad, à l'exemple de son grand père 'Abd al Muttalib, effectue des retraites dans la grotte de Hirâ.
610	Conquêtes sassanides en Syrie et en Égypte par Chosroés II.	Première vision dans la grotte de Hirâ identifiée par les proches de Muhammad comme étant l'ange Gabriel lui transmettant un message divin.
612-613		Reprise des visions. Début de l'apostolat de Muhammad. Premiers fidèles et début de la persécution par les Mekkois.
615		Émigration d'une partie des fidèles de Muhammad vers l'Abyssinie fuyant la persécution des Mekkois.
619	Mort de Khadija et de Abû Tâlib : Muhammad perd un important bouclier contre la persécution mekkoise. Exacerbation des rivalités entre	Le message coranique incite les musulmans à la patience, réclame la tolérance et vilipende les ennemis mekkois.
620-621	Conflit entre deux tribus de Yathrib : 'Aws et Khazraj et recours à l'arbitrage de Muhammad.	Adhésion des deux tribus de Yathrib en conflit à l'islam

622	Les Byzantins, sous la direction d'Héraclus, reprennent l'Égypte et la Syrie aux Perses.	Émigration (hijra, hégire) de Muhammad et ses fidèles à Yathrib qui devient Médine (abréviation de Madînat an-Nabî, ville du Prophète) : c'est le début de l'ère musulmane. Détermination des obligations cultuelles de l'islam : (1) profession de foi (shahâda) relative à l'unicité divine et à la prophétie de Muhammad, (2) prière (çalât) pour laquelle un lieu spécifique est institué (masjid, mosquée), (3) jeûne (çawm) et (4) aumône légale (zakât).
623/1	Proclamation de la Charte (çahîfa) de Médine déterminant les rapports entre les clans qui en sont signataires (musulmans, juifs, chrétiens et autres Arabes) sous l'autorité de Muhammad.	Le Coran se charge de préoccupations temporelles référant à la nouvelle situation des musulmans, en plus des prédications relatives à la foi et aux cultes.
624/2	Débuts des hostilités militaires avec les Mekkois et victoires des musulmans à Badr. Expulsion de la tribu juive de Banû Qaynuqâ' de Médine.	Le Coran invite les croyants à combattre les «ennemis de Dieu». Démarcation avec les juifs au plan cultuel : le jeûne est fixé au mois de ramadan et La Mekke est substituée à Jérusalem comme direction de la prière. Le message coranique devient plus polémique et plus hostile à l'égard des juifs.
625/3-4	Victoire des Mekkois sur les musulmans à Ohod ('Uhud). Expulsion de la tribu juive de Banû Nadhîr de Médine.	Échos de ces événements dans le Coran.
627/5-6	Échec d'une expédition mekkoise aux portes de Médine : bataille du Khandaq (fossé). Extermination de la tribu juive médinoise de Banû Qurayza.	
628/6-7	Accord de Hudaybiyya entre musulmans et Mekkois.	Les musulmans obtiennent le droit d'accomplir le pèlerinage, à La Mekke, qui devient un culte musulman.
629/7-8	Échec d'une expédition, ordonnée par Muhammad, contre les Byzantin près de la mer Morte.	Les musulmans accomplissent le pèlerinage mineur ('umra). Adhésions de personnalités mekkoises à l'islam.
630/8-9	Acceptation de l'autorité de Muhammad par les dignitaires mekkois, qui gardent leurs privilèges, ouvrent la voie à l'allégeance des grandes tribus d'Arabie. Les chrétiens de Najrân signent un traité avec Muhammad.	Muhammad se rend en pèlerinage à la Mekke. Il déclare l'enceinte de la Ka'ba sacrée et détruit les idoles. Les notables mekkois, dont 'Abû Sufyân, entrent en islam par la grande porte. La conversion des tribus de l'intérieur de l'Arabie suit celle des Mekkois.

631/9	Multiplication des expéditions et des allégeances, à l'autorité de Muhammad à l'intérieur de l'Arabie.	Abû Bakr, l'un des premiers Compagnons et beau-père de Muhammad (père de 'Â'isha) dirige le pèlerinage à La Mekke.

632-656 : CALIFAT DE MÉDINE

632/10-11	Mort de Muhammad. Sa succession est revendiquée par trois clans : (1) les Médinois, (2) les gens de sa famille (dont 'Alî et son oncle 'Abbâs) et (3) une alliance des autres Mekkois autour de 'Abû Bakr, 'Umar et Abû 'Ubayda al-Jarrâh. Le troisième clan l'emporte. Les tribus nomades se révoltent.	'Abû Bakr prend le titre de Calife (successeur ou vicaire) du Prophète, assimile la révolte des nomades et le refus de lui payer la zakât à un acte d'apostasie pour lequel il institue la peine de mort.
632-634/11-13	Règne de 'Abû Bakr. Victoire sur les tribus nomades. Conquêtes du reste de l'Arabie, de la Mésopotamie et de la Palestine (à l'exception de Jérusalem). 634/13 : 'ABû Bakr décède après avoir désigné son principal allié, 'Umar, pour lui succéder.	Conversion de la razzia, revendiquée par les tribus nomades, en "guerre sainte" (jihâd) pour répandre l'islam. La mort de quelques 700 Compagnons parmi les huffaz du Coran (ceux qui le connaissent par cœur) décide 'Abû Bakr à accepter l'idée de mettre le Coran par écrit.
634-642/13-23	Règne de 'Umar. Conquête du reste de l'Irak et de la Palestine, de la Perse, de la Syrie, de l'Égypte et de la Cyrénaïque. Fondation des premières villes musulmanes : Basra, Kûfa et Fustât. Détérioration de la situation des non musulmans : expulsion des juifs de Jérusalem vers Jéricho ; les chrétiens quittent Najrân pour la Syrie. Les nouveaux convertis à l'islam parmi les non Arabes sont interdits de séjour au Hijâz. Organisation des territoires conquis en Jund. Création des bases militaires (amçâr). Apparition des premières institutions étatiques (le dîwân des affaires militaires et financières, impôt sur l'exploitation de la terre - kharâj - en plus de la zakât, pour les musulmans et de la Jizia pour "les gens du Livre"). 642/23 : 'Umar est assassiné. Il a eu le temps de désigner 6 qurayshites qui doivent choisir l'un d'eux pour lui succéder : la succession revient à l'Omeyyade 'Uthmân.	'Umar prend le titre de Commandeur des Croyants. Les dhimmis sont assujettis à des règles plus discriminatoires : leurs lieux de cultes doivent être moins hauts que ceux des musulmans, l'appel à leur prière doit être plus discret, ils doivent s'abstenir de tout prosélytisme à l'égard des musulmans qui ont le droit de tout faire pour les convertir. Institution du port obligatoire du voile pour les femmes (dans le Coran et la pratique de l'islam jusqu'alors, la recommandation aux femmes "du Prophète et des croyants de cacher leurs atours" n'avait pas un caractère impératif). Poursuite de la recension et de la mise par écrit du Coran.

644-656/23-35	Règne de ‘Uthmân. Poursuite des conquêtes : Arménie (646), la Perse orientale (651). Népotisme du nouveau Calife : les Omeyyades occupent les postes clés dans l'État impérial qui commence à se constituer. Révoltes des troupes contre le favoritisme pratiqué par le Calife et ses agents en matière de distribution du butin, des terres et du pouvoir dans les régions conquises (en Irak en 651-652, en Égypte en 656). Des Compagnons célèbres s'élèvent contre la politique du Calife : ’Abû Dharr al-Ghafârî, ‘Â’isha, son frère Muhammad B. ’Abû Bakr, etc.	La politique népotique est justifiée par les versets coraniques relatifs à la nécessité de prendre en compte les proches. ’Abû Dharr al-Ghafârî utilise des arguments religieux pour inciter les gens à la révolte. Fin de la recension du Coran et établissement de la Vulgate ‘Uthmanienne (muçhaf ‘Utthmân) par Zayd B. Thâbit sans faire participer des Compagnons réputés pour être des références en la matière (tels que Ibn Mas‘ûd, Ibn ‘Abbâs et ‘Alî). Le Calife ordonne la destruction des autres versions à l'exception de l'exemplaire de ‘Â’isha.
656-661/35-40	La Grande Discorde (al-fitna al-kubrâ). *656/35 : Les troupes rebelles d'Égypte marchent sur Médine et assassinent ‘Uthmân. “Bataille du chameau” opposant les partisans de ‘Alî à une coalition autour de ‘Â’isha, Talha et Zubayr, près de Basra. Victorieux, ‘Alî transfère sa capitale à Kûfa. *657/36-37 : L'Omeyyade Mu‘âwiya, gouverneur de Damas, conteste le califat de ‘Alî. Les armées des deux belligérants se rencontrent à Siffîn. ‘Alî accepte l'arbitrage pour éviter la poursuite du conflit. Une partie des partisans de ‘Alî fait dissidence : c'est l'avènement politique du khârijisme. *660/40 : Mu‘âwiya proclamé Calife en Syrie, Palestine, Égypte et Hijâz ; ‘Alî Calife en Irak et en Iran : c'est le début politique du shî‘isme. *661/40 : Assassinat de ‘Alî à Kûfa par un khârijite. Mu ‘âwiya en profite pour s'imposer comme unique Calife en arrachant l'allégeance des héritiers de ‘Alî (Hasan et Husayn).	Les différents belligérants cherchent à légitimer leur cause par le recours à la religion. Plusieurs compagnons refusent de prendre part à ces conflits, mettent en garde contre l'utilisation de la religion pour des fins terrestres et politiques. Les khârijites justifient leur révolte au nom du verset coranique : «il n'y a de juge de Dieu.»

661-1257 : L'ÉPOQUE DES GRANDES DYNASTIES ARABES

661-750 (40-132)	Dynastie Omeyyade (à Damas) 678/51 : Mu'âwiya revient sur sa promesse aux 'Alîdes (de désigner un descendant de 'Alî pour sa succession) et arrache la bay'a (allégeance), par anticipation, à son fils Yazîd. 680/61 : Mort de Mu'âwiya et consécration du caractère héréditaire du califat. Les shî'ites proclament Husayn 'Imâm (Calife) en Irak. L'armée omeyyade marche sur Karbalâ', tue Husayn et massacre les 'Alîdes et leurs partisans. Fin du VIIe - début du VIIe siècle : L'expansion de l'Empire atteint le delta de l'Indus à l'est, les Pyrénées et le sud de la France à l'ouest. Multiplications des révoltes Kârijites et shî'ites. Contestation du caractère héréditaire du Califat en Irak et au Hijâz. Mécontentement des mawâlî, notamment des Perses, en raison des discriminations par rapport aux Arabes. Hormis quelques brefs intermèdes, le caractère autoritaire et répressif de la politique des Califes omeyyades est allé grandissant. Début de la traduction du grec, du persan et des différentes langues parlé dans l'Empire. Débuts du 'adab. 744-750 : Les Abbassides (se réclamant de 'Abbâs, l'oncle du Prophète), canalisent tous les mouvements de contestation et de révolte pour mettre fin à la Dynastie Omeyyade. 750/132 : Bataille du Grand Zab se terminant par le massacre des Omeyyades.	571 : Exécution du chef des Qurrâ' (lecteurs du Coran) fidèles à la mémoire de 'Alî ; institution de la malédiction publique de 'Alî et de la prière au nom du Calife en tant que "Calife de Dieu sur la terre ayant droit sur les biens et la vie de ses créatures". Le "martyr" de Husayn et le massacre des 'Alîde donnent lieu au deuil rituel shî'ite de la 'âshûrâ' (date anniversaire de cet événement : le 10 muharram). 685 : les khârijites se divisent en azraqites (radicaux) et ibadites (quiétistes). Le pouvoir favorise le développement de la théologie jabrite (dogme de la prédestination) pour faire admettre que sa politique et son autorité procèdent de la volonté de Dieu. Persécution des libres-penseurs accusés de zandaqa (manichéisme). Exécution du qadarite Ghaylân Ad-Dimashqî (743) et de Jahm Ibn Safwân (746). En rapport avec les polémiques entre les différentes tendances et avec les théologiens des autres religions (dont le chrétien Jean le Damascène), début du kalâm (théologie dogmatique) avec les murji'ites, les jahmites et les disciples de Hasn Al-Baçrî fondateurs du mu'tazilisme : Wâçil ibn 'Atâ' et 'Amr ibn 'Ubayd. Apparition, dans le shî'isme, des conceptions relatives à l'"occultation" et au "retour" de l'Imâm (ou Mahdî). Certaines fractions shî'ites adoptent l'idée de transmigration des âmes. En lien avec les controverses théologico-politiques, début de l'exégèse coranique (tafsîr) et de la recension du Hadîth.

750-1258 (132-656)	Dynastie Abbasside : Apogée puis déclin du monde arabo-musulman.	Dynastie Abbasside : Apogée puis déclin du monde arabo-musulman.
750-847 (132-232)	Phase ascendante des Abbassides : Stabilisation des frontières extérieures. Débuts de l'éclatement politique : Omeyyades en Espagne (dès 756/138), Rustumides (ibadites) en Oranie(758/141) Idrissides (Zaydites) au Maroc(788/172), Tahirides en Perse (820/205). Développement de la traduction, du 'adab, des sciences, des villes, de l'économie, des techniques (agricoles, médicales, etc.), des arts (musique, architecture, calligraphie, miniatures, sculpture du bois et du stuc, etc.). Multiplication des munâzarât (débats contradictoires) et naissance de la philosophie avec Al-Kindî (801-866/185-252).	Les munâzarât et l'apport des autres cultures permettent aux différentes fractions théologico-politiques d'établir leurs exégèses, leurs corpus de hadîth, leurs sources et traditions consacrées, leurs thèses sur les grandes questions qui les opposent : c'est l'époque des grandes systématisations doctrinales. A la mort de l'imâm Ja'far Aç-çâdiq (765/148), le shî'isme se scinde en 3 grands courants : zaydites, ismaïliens et autres imâmites. Le Khârijisme (çufrite et surtout ibadite) prend pied en Afrique du Nord. Élaboration des principales doctrines juridiques qui deviendront plus tard des rites par Ibn Ibâdh, Ja'far Aç-çâdiq, 'Abû-Hanîfa (700-767), Mâlik (712-796), Ash-Shâfi'î (768-820) et Ibn Hanbal (781-856). Grands débuts du mysticisme dans le prolongement des idées de H. Al-Baçrî (m.728) avec R. 'Adawiyya (713-805), Bistâmî (777-848), Tirmidhî (m.868/255), etc. Hégémonie de la théologie mu'tazilite érigée en doctrine officielle sous le règne de Ma'mûn (813-833) et de Mu'taçim (833-842) et persécution des traditionnistes (dont Ibn Hanbal) hostiles aux thèses mu'tazilites concernant le libre arbitre humain et le caractère créé du Coran.

8471055 (232-447)	Début du déclin abbasside *Les Califes sont assassinés ou déposés : Mutawakkil en 861, Muqtadir en 932, Qâhir en 934, Muttaqî en 944, etc.. *L'autorité du Calife est doublée par celle d'un puissant Vizir puis, à partir de 936, par celle du Prince des Princes ('Amîr al-'Umarâ'). Avènement des Bûyides (Dynastie shî'ite perse qui a dominé, de 957 à 1055, le califat abbasside). *Multiplication des révoltes : les Zinj (esclaves noirs) au sud de l'Irak (869-883), des Qarmates (877-899), des Iraniens de Mardâwij (930-935), etc. *Les scissions se multiplient : Saffarides au Khurâsân (863-902), Tûlûnides en Égypte (868-905), Sâmânides en Transoxiane (874-999), Hamdânides au nord de la Syrie et de l'Irak (xe siècle), Zaydites au Yémen (dès le xe siècle), Fâtimides en Afrique du Nord puis en Égypte (909-1171), premières puissances autonomes turques musulmanes en Asie centrale (Ghaznévides) en 999, puis Seljûqides dès 1040). *Fin du règne des Omeyyades en Espagne (1030) pour faire place à la guerre entre les petits Royaumes des Tawâ'if (les Taïfas). *Rivalités entre les composantes ethniques du monde musulman, particulièrement entre Arabes, Perses et Turques. *Malgré l'inquisition (particulièrement sous l'influence du hanbalisme), épanouissement de la philosophie avec Al-Farâbî (872-950) et Ibn Sînâ - Avicenne - (980-1037). Le 'adab se diversifie. L'histoire, la géographie, les récits de voyage se développent ; de même la médecine et certaines disciplines scientifiques (mathématiques, astronomie, optique, etc.).	*Abandon de la théologie mu'tazilite et réhabilitation du hanbalisme sous le règne de Mutawakkil (847-861). L'inquisition hanbalite succède à l'inquisition mu'tazilite. Le hanbalisme triomphant jette l'anathème sur tous les courants qui ne partagent pas ses thèses concernant la prédestination (des actes humains), l'incréation du Coran et la nécessité de se référer exclusivement, en tout, au Coran et à la Sunna. Les hanbalites sont à l'origine d'émeutes et d'affrontements violents aussi bien avec les hanafites, les mâlikites, les shâfi'ites, qu'avec les mu'tazilites, les shî'ites et les soufis. *Disparition du 12e 'Imâm 'Alide et début de la "petite occultation", en 873/259, puis de la "grande occultation" en 940/348. *Al-'Ash'arî (873-935/260-324) renonce au mu'tazilisme, se réclame du hanbalisme triomphant, et fonde la théologie sunnite : synthèse 'ash'arito-hanbalite. Ces disciples poursuivront l'élaboration de l'orthoxie sunnite malgré l'hostilité des hanbalites. Premières théories sunnites sur le Califat qui devient une question juridico-théologique. *Rupture entre Qarmates et Fâtimides en 930. *Mâturîdî (m. 944/333) fonde la théologie hanafite dans le même esprit que la synthèse 'ash'arito-hanbalite. *Profession de foi du Calife Al-Qâdir en 1018, puis en 1042, définissant le sunnisme par opposition au shî'isme, au mu'tazilisme et aux autres courants théologiques ; interdiction du kalâm et début de la fermeture de la porte de l'ijtihâd. *le zaydisme s'installe au Yémen. L'ibadisme se stabilise au Mzab, à Djerba, à Djebel Naffoussa (en Lybie) à Oman et Zanzibar. L'isma'ilisme prend pied en Inde avec la constitution d'un État ismâ'ilien à Multân, dans le Sind en 959/348. * le soufisme se développe malgré la persécution : exécution de Hallâj en 922. *A la disparition du Calife Fâtimide Al-Hâkim (1021), naissance du druzisme.

1055-1258 (447-656)	De l'hégémonie des Seljûqides aux invasions mongoles : Décadence et fin de l'ère Abbassides. Éclatement de ce qui reste des royaumes arabes et musulmans et multiplication des conflits entre les différentes dynasties rivales. *1055-1062 : Installation de Tughril beg : les Califes abbassides seront sous la tutelle des Sultan seljûqides. 1030-1147 : Les Almoravides au Maghreb et en Espagne. 1171 : Fin de la dynastie fatimide et avènement des Ayyûbides en Égypte et au Proche-Orient jusqu'à l'avènement des Mamelûks en 1250. 1130-1248 : Les Almohades succèdent aux Almoravides au Maghreb et en Espagne. 1215-1249 : Éclatement et fin du règne des Almohades. 1065-1212 : La Reconquista de la majeure partie de l'Espagne (le dernier bastion, Grenade, tombe en 1492). 1095-1291 : Les Croisades (dont le Royaume Franc de Jérusalem de 1099 à 1187). 1219 : Début des invasions mongoles lancées par Jenghiz Khan. 1258 : Sac de Bagdad ; les rescapés de la famille abbsside trouvent refuge en Égypte donnant au Mamelûks des Califes dociles jusqu'en 1517. *Au plan culturel, dans un contexte de régression générale : épanouissement de l'art seljûqide, avènement des madrasa pour la formation du personnel de l'État, apparition de grands ouvrages historiques, politiques, encyclopédiques, littéraires, etc.. La pensée philosophique s'enrichit avec les apports d'Ibn Bâja (m.1138), Ibn Tufayl (m.1185), Ibn Rushd (Averroès, 1126-1187), etc.. * Afrique sub-saharienne : conquêtes arabes au Soudan. Empire du Mali et de Kanem.	Les Seljûqides et les 'Ayyûbides défenseurs du sunnisme contre le shî'isme. 1058 : Révolte shî 'ite en Irak. La théologie 'ash'arite promue par Nizâm ai-Mulk, en 1092, Nûr ad-Dîn (1146-1174) et Salâh Ad-Dîn (à partir de 1169) au rang de doctrine officielle en Irak, au Proche-Orient et en Égypte. Les Almohades en assurent l'expansion au Maghreb à partir de 1146. Vers la fin de la dynastie fatimide (en 1170), division entre nizarites et musta'liya. L'isma'ilisme disparaît en Égypte et trouve refuge au Yémen, en Syrie, puis en Inde. Fin de l'hégémonie hanbalite : les quatre doctrines sunnites (hanafite, mâlikite, shâfi'ite et hanbalite) sont enseignées sur un pied d'égalité à la Madrasa Mustançiriyya à Bagdad à partir de 1234. Les penseurs 'ash'arites assurent la promotion de leur doctrine avec notamment les contributions de Juwaynî (m.1085), de Ghazâlî (1058-1111) et de F. Râzî (m. 1209). Ibn Rushd réfute Ghazâlî et la théologie et s'attache à montrer l'accord entre la philosophie et la religion (Traîté décisif). 1166 : m. de 'Abd al-Qâdir al-Jîlânî, et fondation de la confrérie mystique Qâdirite. 1191 : Exécution du grand mystique Suhrawardî. 1245 : Al-Mawlâ Jalâl ad-Dîn ar-Rûmî rencontre à Konya le mystique Persan Sh. Tabrîzî dont il subit l'influence. Les Almoravides, puis les Almohades, assurent la propagation de l'islam sunnite en Afrique sub-saharienne.

1258-1512 (656-918)	* En Espagne : achèvement de la Reconquista en 1492. * Au Maghreb : Hafsides à Tunis : 1288-1574 Abdelwadides à Tlemcen (1235-1554) Mûrimides au Maroc (1248-xve siècle). * En Égypte : Mamlûks (1250-1517) * Au Proche-Orient : sultanat saljuqide en Asie Mineure (1064-1307) ; guerres entre les Mamluks et les Mogols (1260-1404). * Nord-Ouest de l'Asie Mineure - Europe orientale : l'Empire ottoman à partir de 1290. * Moyen-Orient et Asie Centrale : les Moghols sont supplantés, à partir du xve siècle, par la dynastie shî'ite des Safawides dominant l'Anatolie orientale, l'Azerbaïdjan, puis la Perse. Au plan culturel : développement de l'art mameluk, ottoman et moghol. Dernières grandes figures de la littérature et de la pensée classique : Ibn Khallikan (m. 1282), Ibn An-Nafîs (m. 1288), Ibn Manzûr (m. 1290), As-Safadî (m. 1363), Ibn Kathîr (m. 1373), Maqrîzî (m.1442), Ibn Khaldûn (m. 1406), Ibn Battuta (m. 1353), et Hâfiz (m. 1390), etc.	Le souverain hafside prend le titre de Calife ; la Zaytûna à Tunis devient un centre religieux pour toute l'Afrique du Nord. Le Califat 'abbasside au service des Mamlûks en Égypte ; Al-'Azhar, au Caire, devient un centre religieux pour une grande partie du monde musulman. Coexistence entre les rites sunnites. Prolifération des confréries soufies : la Shâdhuliyya en Égypte et en Afrique du Nord (du nom de son fondateur As-Shâdhulî (m. 1258), la Ahmadiyya en Égypte (du nom de 'Ahmad Badawî, m. 1276), et la Naqshbandiyya (du nom de Naqshbandî, m. 1389) au Turkestan puis au Moyen-Orient. 1274 : mort du grand théoricien shî'ite At-Tûsî. Ibn Taymiyya (m. 1328), rénove le hanbalisme, réhabilite Al-'Ash'arî, et appelle à l'unité des sunnites autour de toute autorité défendant le territoire de l'islâm, qu'elle soit juste ou injuste, qu'elle réunisse ou non toutes les conditions du Califat ; (traité de "la politique légale" : as-siyâsa as-shar'iyya) et minhâj al-Sunna (la voie de la tradition) réponse à minhâj al-karâma (la voie de la grâce) de son contemporain shî'ite, Al-Hillî (m.1326).

XVI-XVIIIème siècle : Apogée et déclin de l'empire ottoman

Sous le règne de Selim I (1512-1520) et de Soliman le Magnifique (1520-1566), apogée de l'Empire Ottoman qui étend son hégémonie à l'Anatolie, à l'Irak, à la Syrie, à la Palestine, au Hijaz, à l'Égypte, à la Lybie, à l'Algérie et à la Tunisie. Promulgation de législations séculières (kânûnâme). * Au Maroc : les grandes dynasties chérifiennes des Sa'diens (1511-1655) sont supplantées par une autre dynastie chérifienne : les Alaouides (de 1640 à nos jours). * En Perse : les Safawîdes règnent de 1501 à 1736 avant de faire place à Nâdir Shâh (1736-1774), puis à une dynastie des Qadjars (1796-1925). * En Inde : dynastie des Grands Moghols (XVe-XIXe siècle). * En Indonésie : pénétration portugaise (dès 1511), puis hollandaise (dès 1602) avant l'arrivée des Anglais (1714). * En Afghanistan et en Asie centrale : lutte entre Safawides et Moghols ; instabilité. * En Arabie : avènement de la 1ère dynastie saoudo-wahabite (1747).	1501 : le souverain safawide prend le titre de Murshid et adopte le shi'isme duodécimain comme religion officielle de la Perse. Création d'un clergé shi'îte avec les 'ulamâ duodécimains (Mollah). 1517 : Selim Ier est le premier souverain non arabe sunnite à prendre le titre de Calife après la conquête de l'Égypte par les Ottomans et la fin du Califat abbasside. Al-'Âmilî (m. 1622) contribue par ses écrits à populariser le shî'isme. Les souverains marocains (Sa'diens et 'Alaouides) refusent de reconnaître le Califat ottoman et se proclament "Commandeurs des croyants", dépositaires de la grâce (baraka) de Dieu en tant que descendants du Prophète. Ils respectent la diversité des confréries et des sensibilités religieuses dans leur royaume. La fonction de Shaykh al- 'islâm devient une institution pour apporter la caution de la religion musulmane à la législation et à la politique des califes ottomans. Multiplication des campagnes pour l'islamisation de nouvelles régions d'Afrique Noire. Islamisation de l'Indonésie à partir du XVe siècle. L'islam se propage aux Philippines et en Asie du Sud-Est. XVIIIe siècle : apparition du néo-hanbalisme wahabite en Arabie : controverse dans le monde musulman autour des thèses wahabites hostiles aux confréries, aux formes de religiosité populaires, et aux systèmes en place dans les pays musulmans.

XIXe siècle - 1920 : Réformes et colonisation

1789-1807 : règne de Selim III. Les réformes de Nizâmi Jadîd. 1798-1801 : expédition de Napoléon Bonaparte en Égypte. 1809-1849 : règne de Muhammad Alî en Égypte : les grandes réformes et le début de la Nahda. 1824 : Mahmud II abolit le corps des janissaires, principal obstacle aux réformes amorcées par Selim III. 1830 : colonisation de l'Algérie par la France. Fin des années 1830-années 1870 : les réformes (tanzimât) relancées à Istanbul, en Tunisie et, en Inde et en Perse (1906). Abdulhamid II (1876-1909) suspend les réformes. Les Jeunes Turcs organisent la résistance, le déposent en 1909, et tentent la turquification de ce qui reste de l'Empire (génocides arméniens). Naissance du nationalisme arabe en opposition au nationalisme turc. 1883-1899 : domination britannique au Soudan. 1861-1907 : pénétration britannique, allemande et belge en Afrique orientale. 1896 : débuts du sionisme. En Perse et en Asie centrale : dynastie des Qajars (1796-1925) Les Russes prennent la Géorgie (1800), les provinces du Caucase (1813) et entreprennent la conquête de l'Asie centrale (1834-1917) 1839 : la Grande-Bretagne colonise le Yémen. Fin des années 1870-1914 : crises des réformes, endettement par rapport aux puissances occidentales, établissement des protectorats sur la Tunisie et l'Égypte (1881) 1799-1877 : conquêtes britanniques en Inde. 1811 : les Anglais prennent Java. 1861-1913 : colonisation franco-britannique de l'Ouest africain et de l'Afrique sub-saharienne. 1911 : colonisation de la Lybie par l'Italie. 1912 : début de la colonisation du Maroc. 1914 : les Britanniques étendent leur influence dans le Golfe en arrachant le Koweit à l'Empire ottoman. 1914-1918 : 1ère guerre mondiale : les Arabes du Moyen-Orient entrent en guerre du côté de la France et de la Grande-Bretagne contre l'Allemagne et l'Empire ottoman en échange de la promesse d'un royaume arabe pour le Chérif de La Mekke. Déclaration Balfour promettant la création d'un foyer national juif en Palestine (1917). 1918 : fin de la guerre ; application des accords Sykes-Picot. Démantèlement de l'Empire ottoman. Mandat britannique sur l'Irak et la Palestine. Création de la Jordanie sous mandat britannique. Mandat français sur la Syrie et le Liban.	Opposition au sujet des réformes entre courants traditionalistes les jugeant contraires à l'islam, et courants réformistes les défendant au nom de l'islam. Les colonisations perçues comme nouvelles croisades auxquelles il faut opposer une guerre sainte (Jihâd muqaddas) : Abdelkader en Algérie, Dan Fodio (m. 1817) au Niger, Abdelkrim au Maroc, etc. Hégémonie du courant réformiste et réouverture de la porte de l'ijtihâd avec Sayyid Ahmed Khan (1817-1898) en Inde, Jamal ad-Dîn al-Afghânî (1839-1897) au Moyen-Orient, Muhammad 'Abduh (1849-1905) en Égypte, Khérédine (1825-1890) en Tunisie, etc. Remise en cause des orthodoxies, réhabilitation de la théologie et de l'exégèse mu'tazilite, contestation du caractère religieux de l'autorité ; mais référence constante à "la norme islamique". Afghânî et Abdulhamid II prônent l'idée d'un panislamisme. Les réformistes du Moyen-Orient prônent un Califat arabe. Kawâkibî (1908) préconise un Califat au Hijâz pour tous les musulmans séparés des pouvoirs politiques des différents pays du monde musulman. L'Égyptien Q. Amîn (m ; 1905) prône la libération de la femme au nom de l'islam. Un système représentatif et constitutionnel est prôné au nom du verset coranique : "leur affaire est une question de consultation entre eux". La réforme et le changement sont justifiés par le verset coranique : "Dieu ne change l'état d'un peuple que s'il change lui-même". Renaissance du Wahabisme avec le mouvement des Ikhwân, en Arabie, à partir de 1905.

1920 - 1940 : DE LA COLONISATION AUX INDÉPENDANCES

Partout, la colonisation met fin aux réformes entreprises au XIXe siècle. La lutte pour l'indépendance se double d'une lutte entre modernistes (nationalistes-libéraux, nationalistes-socialisants et communistes) et traditionalistes prônant la restauration du Califat et/ou des codes juridiques devenus "la loi islamique". 1921 : Mustapha Kémal refuse le traité de Sèvres, repousse les Grecs au delà de la mer Égée et crée la République (laïque) de Turquie (1923). 1921 : royaume d'Iran sous contrôle britannique ; 1925 : les Pahlavi succèdent aux Qajars. 1922 : proclamation de la monarchie constitutionnelle en Égypte. 1923 : proclamation de la République turque avec Mustapha Kémal comme Président, et le Parti du Peuple comme parti unique. Abolition du Califat. Suppression des tribunaux religieux. 1928 : l'islam n'est plus la religion de l'État turc ; 1930 : droit de vote et éligibilité pour les femmes. Indépendance de l'Irak (1932), de l'Égypte (1937), du Liban (1941-1944), de l'Indonésie (1945), de la Syrie (1946), de la Jordanie (1946). Partition de l'Inde et création du Pakistan (1947). Partition de la Palestine et création de l'État d'Israël en 1947 ; guerre israëlo-arabe en 1948, et intervention tripartite (Israël, France et Grande-Bretagne) contre l'Égypte après la nationalisation du canal de Suez en 1956. 1951 : Indépendance de la Lybie. 1952 : renversement de la monarchie en Égypte. 1953 : Nasser remplace Najîb à la tête de l'État et déclare la guerre aux Frères musulmans. Création du mouvement des non alignés en 1955 et du Pacte de Bagdad en 1956. Renversement de la monarchie hachimite en Irak en 1958 et proclamation de la République Arabe Unie (Égypte, Syrie et Irak) en 1958. Indépendance de la Tunisie et du Maroc (1956) et de la plupart des pays musulmans entre 1960 et 1971 (dont l'Algérie en 1961, le Yémen du sud en 1967). Défaite de 1967 face à Israël et début du "désenchantement national" : les idéologies nationalistes et tiers-mondistes commencent à marquer le pas	Abolition du Califat par Mustapha Kémal Attaturk en deux étapes : 1923 suspension des fonctions politiques du Calife ; 1924 : abolition totale du Califat. 1923-1933 : agitation dans les différentes régions du monde musulman pour réunir un congrès du Califat et rétablir l'institution abolie par Mustapha Kémal. Débat sans précédent autour du rapport entre le politique et le religieux et de la question du Califat en islam. Échec des tentatives de restaurer le Califat. Marginalisation du réformisme du XIXe siècle et conflit entre courants laïques (libéraux, socialistes et communistes) et islamisme. Naissance des Frères musulmans en Égypte (1928), de la Jama'a islamiyya en Inde (1941) de Mawdûdî ; reconquête de l'Arabie par le wahabisme : l'Arabie devient le refuge et le soutien de tous les mouvements islamistes. Création d'un conseil islamique en Indonésie pour disputer la direction de la lutte pour l'indépendance au Parti Communiste créé en 1927 et au Parti National indonésien de Sukarno. 1932 : première récitation du Coran dans une autre langue que l'arabe du VIIe siècle (en turc) 1933 : appel à la prière (âdhân) en turc. La Ligue musulmane remporte tous les sièges musulmans à l'Assemblée centrale en Inde en 1945 ; Alî Jinnah réalise le projet de Muhammad Iqbâl de création d'un État musulman autonome avec la proclamation de l'État du Pakistan en 1947. L'islam est utilisé par les différents mouvements de libération nationale pour mobiliser contre la colonisation et pour s'assurer le leadership de la lutte pour l'indépendance. 1956 : le Pacte de Bagdad est créé sous l'égide de la Grande-Bretagne et des États-Unis pour opposer le panislamisme au tiers-mondisme et aux alliés des pays de l'Est. Pour y adhérer, la Turquie est obligée de tempérer la politique laïciste du kémalisme (réintroduction de l'enseignement religieux, réhabilitation des confréries, construction de quelques 5000 mosquées entre 1950 et 1960, etc.).

1970 A NOS JOURS

Crise des systèmes modernistes issus des indépendances ; crise des mouvements de gauche qui ont représenté la principale opposition dans les années 1960 et au début des années 1970. Les pouvoirs alternent répression et recours à la religion pour combler leur déficit de légitimité en facilitant le développement des mouvements islamistes. 1970 : Sadate met fin au nassérisme et à l'alliance avec l'U.R.S.S. et mène une politique d'ouverture (infitâh) sur l'Occident, Israël, l'Arabie Séoudite et les Frères musulmans qu'il fait sortir de prison et entrer au Parlement. Même politique selon des modalités quelque peu différentes partout (au Soudan, en Algérie, etc.). 1971 : le Bangladesh se sépare du Pakistan. 1977 : Zia ul-Haqq élimine Butto et se donne une légitimité islamique. 1979 : renversement du Shah d'Iran, proclamation de la République Islamique d'Iran. 1979 : intervention soviétique en Afghanistan. Les Mujahidîn afghans organisent la résistance à partir du Pakistan et de l'Iran avec le soutien de ces deux pays, de l'Arabie Séoudite, des États-Unis et de plusieurs pays occidentaux et musulmans. 1982-1988 : guerre Iran - Irak. 1987 : Ben Ali succède à Bourguiba en Tunisie, sauve les islamistes de la potence, leur accorde un journal avant qu'ils ne deviennent la principale cible de la répression (à partir de 1989) 1988 : émeutes en Algérie, fin du monopartisme, légalisation du F.I.S. grand vainqueur des élections municipales (1989) et élections législatives (1991) ; arrêt du processus électoral et début de la guerre civile en Algérie. Après l'assassinat de Sadate par un commando islamiste (1981), l'Égypte devient le théâtre d'affrontements entre les forces de l'ordre et les "gamâ'at islamiyya" (activistes islamistes issus des Frères musulmans). Depuis les années 1980 développement de mouvements réclamant le respect des droits de l'être humain, l'égalité entre les citoyens quels qu'en soient le sexe et la croyance, la promotion de la citoyenneté et de l'autonomie des associations représentatives de la société civile, etc.	1970-1979 : Sadate fait des concessions aux islamistes : la "Sharî'a musulmane" devient la principale source de législation ; recul sur les droits des femmes ; Al-Az'har et les Frères musulmans rivalisent sur le terrain des revendications islamistes et des pressions pour conformer la législation et la politique à la norme islamique. 1973 : le Marriage Bill en Indonésie est remplacé par une loi tenant compte des revendications islamistes 1974-78 et 1984 : discussion et vote du code algérien de la famille inspiré par les autorités religieuses et l'islamisme naissant. 1979 : Khomeyni triomphe du Shah, proclame la "République Islamique d'Iran" et revendique le leadership de la Révolution islamique dans tout le monde musulman. L'Afghanistan et le Liban deviennent les champs d'expérimentation de la "révolution islamique". Les Frères musulmans accèdent au pouvoir au Soudan avec Numeyri comme imâm et avec le soutien de l'Arabie Séoudite. Ce que l'on appelle "la loi islamique" devient la législation du pays y compris pour les non musulmans. Dégradation de la situation des Coptes. 1985 : le théologien soudanais M.M. Taha est exécuté pour apostasie. Les Bahâ'î, les communistes sont exécutés par milliers en Iran, pour apostasie. 1989 : condamnation à mort de Salmân Rushdi pour son livre "les versets sataniques" 1995 : exécution par des islamistes de l'intellectuel égyptien Faraj Fûda (Farg Foda) que les théologiens d'Al-'Azhar et les islamistes ont déclaré apostat. Condamnation, au Pakistan, de Taslima Nasreen pour ses écrits et ses idées jugés contraires à l'islam. 1995 : des islamistes obtiennent la condamnation de l'universitaire égyptien Hâmid Abû Zîd à divorcer d'avec sa femme : en tant qu'apostat, il n'a pas le droit de continuer de vivre avec sa femme qui déclare partager ses idées ! Justification par la religion des exécutions, de la violence et des projets politiques tant des pouvoirs en place que de l'opposition islamiste (en Égypte, en Algérie, etc.). Des voix se lèvent, parmi les croyants et de l'intérieur des institutions religieuses, pour demander la neutralité des mosquées, la non utilisation de la religion à des fins politiques, et le respect des droits des minorités non musulmanes (notamment les Coptes en Égypte).

BIBLIOGRAPHIE

Le Coran en traductions françaises

- BERQUE J.. - Sindbad, 1991.
- BLACHÈRE R.. - Maisonneuve-Larose,1966.
- BOUBAKEUR S.H.. - Fayard, 1972,
- KASIMIRSKI. - Garnier Flammarion, 1970.
- MASSON D.. - Paris : Folio, 1980.

Pour le Hadîth et la Tradition *(sunna)* il existe en français quelques références dont :

- AN-NAWAWÎ. - *Quarante Hadîths*. - Tunis : Sud Éditions, 1980.
- AL-BUKHÂRÎ. - *Les traditions islamiques* ('vol.). - Paris : publication de l'École des langues orientales vivantes, 1903-1914.
- ABD EL-KADER (Émir). - *Écrits spirituels*. - Paris : Seuil, 1982.
- ABDEL MALEK A.. - *La pensée politique arabe contemporaine*, Paris : Seuil, 1970
- ABDEL MALEK A.. - *Idéologie et renaissance nationale : l'Égypte moderne,* Paris : Anthropos, 1969.
- Al-AHNAF M., BOTIVEAU B. et FREGOSI. - *L'Algérie par ses islamistes*. - Paris : Karthala, 1992.
- ABDERRAZIQ A.. - *L'islam et les fondements du pouvoir*. - Paris : La Découverte/CEDEJ, 1994.
- ABDOUH Cheikh Mohammed. - *Rissalat al -tawhid : Exposé de la religion musulmane*. - Paris : Geuthner, 1965.
- ADDI L. - *L'Algérie et la démocratie, pouvoir et crise du politique dans l'Algérie contemporaine*. - Paris : La Découverte, 1994.
- AMIN HUSSEIN : *Le livre du musulman désemparé*. - Paris : La Découverte, 1992.
- ANSÄRI. - *Cris du cœurs*. - Paris : Sindbad, 1988.
- ARKOUN M.. - *Essai sur la pensée islamique*. - Paris : Maisonneuve & Larose, 1973.
- ARKOUN M.. - *L'humanisme arabe au IVe/Xe siècle*. - Paris : Vrin, 1982
- ARKOUN M.. - *L'islam, morale et politique*, Paris : U.N.E.S.C.O.-Desclée de Brouwer, 1986.
- ARKOUN M.. - *La pensée arabe*, Paris : P.U.F., 1984.
- ARKOUN M.. - *L'islam, hier-demain* (avec L. Gardet). - Paris : Buchet-Chastel, 1982.
- ARKOUN M.. - *L'islam, religion et société*. - Paris : Le Cerf, 1982.
- ARKOUN M.. - *Pour une critique de la raison islamique*. - Paris : Maisonneuve-Larose, 1984.

- ARKOUN M.. - *Ouverture sur l'islam*. Paris : J. Grancher, 1989.
- ARKOUN M.. - *Lectures du Coran*, Paris : Maisonneuve-Larose, 1982.
- 'ATTAR Farid-ud-Din. - *Le mémorial des saints*. - Paris : Seuil, 1976
- BALTA P.. - *L'islam dans le monde*. - Paris : La Découverte/le Monde, 1986.
- BEJI H.. - *Le désenchantement national*. - Paris : Maspero, 1982.
- BEN ACHOUR Y.. - *Politique, religion et droit dans le monde arabe*. - Tunis : Cérès Production/Cerp, 1992.
- BEN ACHOUR Y.. - *Norme, foi et loi, en particulier en islam*. - Tunis : Cérès, 1995.
- BERQUE J.& CHARNAY J.P.. - *Normes et valeurs dans l'islam contemporain*. - Paris : Payot, 1978.
- BERQUE J.. - *L' intérieur du Maghreb*. - Paris : Gallimard, 1978.
- BERQUE J.. - *L'islam au défi*. - Paris : Gallimard, 1980.
- BERQUE J.. - *-ulémas, fondateurs et insurgés du Maghreb*. - Paris : Sindbad, 1982.
- BERQUE J.. - *Le Coran, essai de traduction,* suivi d'une étude exégétique. - Paris : Sindbad, 1991.
- BERQUE J.. - *Relire le Coran*. - Paris : Michel, 1993.
- BLACHERE R.. - *Le Coran*. - Paris : P.U.F., 1966.
- BOISARD M.A.. - *L'islam aujourd'hui*. - U.N.E.S.C.O., 1984.
- BOUAMRANE Ch. et GARDET L.. - *Panorama de la pensée islamique*. - Paris : Sindbad, 1985.
- BOUHDIBA A.. - *Culture et société*. - Tunis : C.E.R.E.S., 1978.
- BOUHDIBA A.. - *La sexualité en islam*. - Paris : P.U.F., 1979.
- BRIERE C. & BLANCHET P.. - *Iran, la révolution au nom de Dieu*. - Paris : Seuil, 1979.
- BRIERE C. & CARRE O.. - *Islam, guerre à l'Occident*. - Paris : Autrement, 1983.
- CARRE O. & MICHAUD G.. - *Les Frères Musulmans*. - Paris : Gallimard, 1983.
- CARRE O.. - *L'islam et l'État dans le monde d'aujourd'hui*. - Paris : P.U.F., 1982.
- CARRE O.. - *La légitimation islamique des socialismes arabes*. - Paris : P.F.N.S.P., 1978.
- CARRE O.. - *L'islam laïque ou le retour de la grande tradition*. - Paris : Armand Colin, 1993.
- CHAMBOUR R.. - *Les institutions sociales, politiques et juridiques de l'islam*. - Lausanne : Ed. Méditerranéennes, 1978.
- COLLECTIF, sous la direction de R. Mantran. - *Les grandes dates de l'islam*. - Paris : Larousse, 1990.
- COLLECTIF. - *Connaissance de l'islam*. - Paris : Syros, 1992.
- CONSEIL ISLAMIQUE D'EUROPE. - *Déclaration islamique universelle des droits de l'homme*. - Paris : U.N.E.S.C.O., 1981.
- CORBIN H.. - *En islam iranien*, (4 tomes). - Paris : Gallimard, 1971, 1972, 1973.

- CORBIN H.. - *Histoire de la philosophie islamique* (3 tomes). - Paris : Gallimard, 1974.
- CORBIN H.. - *L'imagination créatrice dans le soufisme d'Ibn 'Arabî.* - Paris : Flammarion, 1976.
- CORBIN H.. - *Trilogie ismaélienne.* - Paris : Adrien-Maisonneuve, 1961
- CORBIN H.. - *Sohravardi l'archange empourpré.* - Paris : Fayard, 1976.
- C.R.E.S.M.. - *Islam et politique.* - Paris : C.N.R.S., 1981.
- C.R.E.S.M.. - *Islam, société et communauté.* - Paris : C.N.R.S., 1981.
- C.R.E.S.M.. - *Islam et politique au Maghreb.* - Paris : C.N.R.S., 1989.
- DJAIT H.. - *L'Europe et l'islam.* - Paris : Seuil, 1978.
- DJAIT H.. - *La personnalité et le devenir arabo-islamique.* - Paris : Seuil, 1974.
- DJAIT H.. - *La grande discorde, religion et politique dans l'islam des origines.* - Paris : Gallimard, 1989.
- EL KHAYAT-BENNAI Gh.. - *Le monde arabe au féminin*, Paris : l'Harmattan, 1985.
- ETIENNE B.. - *L'islamisme radical.* - Paris : Hachette, 1985.
- ETIENNE B.. - *La France et l'islam.* - Paris : Hachette, 1989.
- FERJANI M. CH.. - *Islamisme, laïcité et droits de l'homme.* - Paris : l'Harmattan, 1991.
- GLASSE C.. - *Dictionnaire encyclopédique de l'islam.* - Paris : Bordas, 1991.
- GILLIOT C.. - *Exégèse, langue et théologie en islam.* - Paris : Vrin, 1990.
- HARBI M.. - *Aux origines du F.L.N..* - Paris : C. Bourgeois, 1975.
- HARBI M.. - *La guerre commence en Algérie.* - Paris : Ed. Complexe, 1984.
- HARBI M.. - *L'Algérie et son destin, croyants et citoyens.* - Paris : Arcantères,1993.
- HERMASSI E.. - *État et société au Maghreb.* - Paris : Anthropos, 1975.
- HOURANI A.. - *La pensée arabe et l'Occident.* - Paris : Naufal, 1991
- HOURANI A.. - *Histoire des peuples arabes.* - Paris : Seuil, 1993.
- HOVEYDA F.. - *L'islam bloqué.* - Paris : R. Laffont, 1992.
- Ibn 'ARABI. - *La vie merveilleuse de DHû-l-Nûn l'Égyptien.* - Paris : Sindbad, 1989.
- Ibn 'ARABI. - *Les illuminations de La Mekke.* - Paris : Sindbad, 1988.
- Ibn 'ARABI. - *La profession de foi.* - Paris : Sindbad, 1985.
- IBN KHALDOUN A.. - *Discours sur l'histoire universelle "al -muqaddima".* - Paris : Sindbad, 1979.
- KEPEL G.. - *Le Prophète et Pharaon.* - Paris : La Découverte, 1984.
- KEPEL G.. - *Les banlieues de l'islam.* - Paris : Seuil, 1988.
- KEPEL G.. - *Les politiques de Dieu.* Paris : Seuil, 1992.
- KHOMEINY A.S.R.. - *Pour un gouvernement islamique.* - Paris : Fayolle, 1979.
- LAMCHICHI A.. - *Islam, islamisme et modernité.* - Paris : L'Harmattan, 1994
- LAMCHICHI A.. - *L'islamisme en Algérie.* - Paris : L'Harmattan, 1992.

- LANGADE J.. - *Du Coran à la philosophie*. - Damas : IFEAD, 1994.
- LAOUST H.. - *Les shismes de l'islam*. - Payot : Paris, 1965.
- LAROUI A.. - *L'idéologie arabe contemporaine*. - Paris : Maspero, 1967.
- LAROUI A.. - *Islam et modernité*. - Paris : La découverte, 1986.
- LAROUI A.. - *L'histoire du Maghreb*. - Paris : Maspero, 1970.
- LAROUI A.. - *La crise des intellectuels arabes*. - Paris : Maspero, 1974.
- LAROUI A.. - *Les origines sociales et culturelles du nationalisme marocain, (thèse)*. - Paris : Maspero, 1977.
- LELONG M.. - *L'Islam et l'Occident*. - Paris : Albin Michel, 1982.
- LEWIS B.. - *Islam et laïcité*. - Paris : Hachette, 1987.
- LEWIS B.. - *Le retour de l'islam*. - Paris : Gallimard, 1985.
- LEWIS B.. - *Les assassins*. - Paris : Berger Levrault, 1982.
- MERAD A.. - *Actes de la troisième rencontre islamo-chrétienne*, "le concept de "Droits de l'Homme" en islam : réflexions sur "la Déclaration Islamique Universelle des Droits de l'Homme". - Tunis : C.E.R.E.S., 1982, pp. 243-260.
- MERAD A.. - *Actes du premier colloque interuniversitaire : universalité des droits de l'homme et diversité des cultures,* "Droits de Dieu, droits de l'Homme en Islam". - Fribourg, 1982. pp.128 sqq.
- MERAD A.. - *L'islam contemporain*. - Paris : P.U.F., 1985.
- MERAD A.. - *Le réformisme musulman en Algérie de 1925 à 1940*. - Paris La Haye : Mouton, 1967.
- MERAD A.. - *Ibn Badis, commentateur du Coran*. - Paris : Geuthner, 1971.
- MERNISSI F.. - *Sexe, idéologie, islam*. - Paris : Tierce, 1983.
- MIQUEL A.. - *L'islam et sa civilisation*. - Paris : A. Colin, 1968.
- MONTEIL V.. - *Clefs pour la pensée arabe*. - Paris : Seghers, 1976.
- MOUSSAVI LARI (Sayyed Mojtaba). - *La question de l'imâmat,* Centre de diffusion de la connaissance islamique, Qom, Iran, 1994.
- RODINSON M.. - *Islam et capitalisme*. Paris : Seuil, 1966.
- RODINSON M.. - *Mahomet*. - Paris : Seuil, 1961.
- RODINSON M.. - *Marxisme et monde musulman*. - Paris : Seuil, 1972.
- RODINSON M.. - *Pouvoirs*, "Islam, facteur de conservatisme ou de progrès". - Paris, 1983, n°12, pp. 27-32.
- RODINSON M.. - *Raison présente*, "l'intégrisme musulman et l'intégrisme de toujours". - Paris, 1984, 4e trim.
- RODINSON M.. - *L'islam, politique et croyance*. - Paris : Fayard, 1993.
- ROY O.. - *L'échec de l'islam politique*. - Paris : Seuil, 1992.
- SEGESVARY V.. - *L'islam et la réforme*. - Lausanne : Ed. l'Âge de l'homme, 1978.
- SHARIATI A.. - *Histoire et destinée*. - Paris : Sindbad, 1982.
- ZAKARIYYA F.. - *Islamisme ou laïcité*. - Paris : La Découverte, 1991.

Deuxième partie

STRATÉGIES PÉDAGOGIQUES

Dominique CUSENIER
avec la participation de Mohamed-Chérif Ferjani

avec la contribution de Corinne Tissier
et de Vlérick/Girod-Roux

SOMMAIRE DEUXIÈME PARTIE
STRATÉGIES PÉDAGOGIQUES

I — LES REPRÉSENTATIONS DES ÉLÈVES SUR L'ISLAM : DEUX EXEMPLES

Cet exercice avait pour but de connaître les représentations que des élèves de collège pouvaient avoir sur l'islam. Il a été mis en œuvre dans deux classes, l'une de 6e, l'autre de 4e, comptant chacune 28 élèves dont un seulement de confession musulmane.

La consigne était la suivante :

«En cinq minutes, écris individuellement les cinq expressions ou mots qu'évoque pour toi le terme islam».

CLASSE DE 6e

Les élèves ont eu des difficultés à écrire cinq expressions, la plupart n'ont pu évoquer spontanément que trois représentations.

Réponses

Pays : 12 fois	Sacrifice	Maisons détruites : 3 fois
Religion : 16 fois	Baptême	Ne pas manger de porc
Port du voile : 2 fois	Coran	Vers Jérusalem (2 fois)
Islamiste : 7 fois	Attentat : 2 fois	Saïd
Grande ville	Racisme	Amine
Guerre : 6 fois	Ramadan	Race
Arabie saoudite	Mosquées (3 fois)	Imam
Pauvre : 2 fois	Groupe islamiste armé	Kaaba, maison à Allah
Pays en Europe	Nasser	Egorger un mouton
Un seul dieu	Désert : 2 fois	Haïd
Mahomet	Dunes	

Commentaires

Ce qui est su (par certains) :

«C'est une religion» : Qu'entendent les élèves par ce terme ? On peut pousser l'analyse plus loin en faisant émerger les conceptions sur ce terme :

- avec des bases : «un seul dieu, le Coran, Allah»,
- des pratiques : «égorger un mouton, ne pas manger de porc, port du voile, ramadan»,
- des lieux : «mosquée, Ka'ba»,
- des signes extérieurs : «les prénoms, port du voile»…

Ce qui est erroné (en partie) :
«C'est un pays (ou une ville) du désert pauvre, vers Jérusalem, en Arabie saoudite ou en Europe».
«C'est la guerre, les Islamistes, la destruction».
«C'est une race».

La confusion arabe = musulman n'apparaît pas. Mais la confusion ou l'association entre pays et religion est évidente.
Pour les élèves, islam est lié à un État et les évocations «désert, pauvre, Jérusalem, Arabie», laissent à penser que ce serait plutôt un pays arabe.
On voit bien le rôle que joue l'actualité dans les conceptions islam = «destruction, guerre».

On pourrait pousser plus loin l'analyse mais ce n'est pas notre but. L'essentiel apparaît :
— des savoirs : mais peu nombreux et peu précis «Mahomet, Coran, imam, Ka'ba sont les expressions citées par l'élève de confession musulmane». Il va falloir les étoffer.
— des conceptions erronées parce que véhiculant la confusion entre religion et État, islam et guerre, islam et intégrisme. On voit bien le rôle joué par l'actualité dans ces conceptions. Il va falloir les bouleverser : s'il y a des États islamistes, si il y a des conflits dans des pays musulmans, l'islam ce n'est pas cela seulement.

CLASSE DE 4e
Les élèves ont été plus rapides et ont tous cité 5 expressions au moins.

Réponses

Arabes : 7 fois	Pas la même race	Dunes
Coran : 5 fois	Pays non dépendants	Djellabah
Mahomet : 4 fois	Crise démographique	«Anti cochon» : 2 fois
Intégristes : 3 fois	Désert : 2 fois	Couscous
Musulmans : 5 fois	Souffrance	Prise d'otages : 2 fois
Allah : 4 fois	Misère : 3 fois	Minarets : 4 fois
Mosquée : 10 fois	Problèmes sociaux	Orient
Religion : 14 fois	Destruction	Intégristes
Pays pauvre : 5 fois	5 piliers : 2 fois	Front islamique : 2 fois
Sécheresse : 2 fois	Sacrifices	Torah
Guerre : 11 fois	Obligations	Croisade : 2 fois
Armée	Habits blancs	Voile
Prophète	L'homme a tous les pouvoirs	Moïse
Israël	Foulard	Tapis : 2 fois

La Mecque : 5 fois	Palmier	Kaaba
Ramadan : 5 fois	Oasis	Messe le vendredi
Attentats : 3 fois	A genoux pour prier : 2 fois	IRA
Religion différente	Terroristes : 4 fois	Superbes mosquées
Conflits	Famine	Coupoles
Pakistan	Tourisme	Peuple
Morts : 2 fois	Prières : 4 fois	Islamistes : 3 fois
Mabouls	Chador	Loi
Problèmes politiques	Soumission	Guerre de religion (2 fois)
Sabat : 2 fois	Prophète	Juif
Femmes soumises		

Commentaires

Ce qui est su (par certains) :

Comme en 6e : islam «c'est une religion», mais les connaissances sont plus nombreuses et précises : «Allah, Mahomet, mosquée, Coran, minarets, cinq piliers, La Mekke»...). Les élèves y rattachent aussi des signes extérieurs «voile, tapis, habits»... des pratiques «anti-cochon, messe le vendredi».

Ce qui est erroné (en partie) :

L'islam est un pays «pauvre, du désert, en Orient, Israël, Pakistan, où il y a famine, misère, problèmes politiques et sociaux, démographiques»).

C'est la guerre aussi, mais l'image de l'intégrisme et du terrorisme est plus nette qu'en 6e «otages, attentats, Islamistes»...

C'est un «peuple».

Les élèves ont eu un cours en 5e qui a construit des savoirs, des notions. Les cours sur le sous-développement ont ajouté des images «crise démographique, famine, misère, pays non indépendants»...

Cependant, la confusion État-religion est la même qu'en 6e. L'image islam = guerre perdure. La confusion arabe-musulman est plus nette, s'y ajoute la confusion juif-arabe. On trouve des allusions au statut de la femme, et peut-être une trace de racisme : «mabouls» ?

II — AVANT-PROPOS CONNAÎTRE LES REPRÉSENTATIONS DES ÉLÈVES

1. FAIRE ÉMERGER LES REPRÉSENTATIONS

Il ne s'agit pas d'évaluer les pré-requis ou les préacquis des élèves avant de commencer un apprentissage, mais de connaître les représentations mentales qu'ils peuvent avoir sur un savoir. Ces conceptions mentales se sont forgées au cours de la scolarité antérieure, dans le milieu socio-familial ou socio-culturel, au fil de lectures ou par l'intermédiaire des médias.

Un élève sait toujours quelque chose, a une représentation. Mais chaque élève a sa propre conception, certaines sont en partie erronées ou confuses, certains savoirs sont intégrés.

Faire émerger ces représentations permet à l'enseignant de connaître le terrain sur lequel il va devoir construire l'apprentissage. Il pourra s'appuyer sur ce qui est su, connu, ou provoquer une modification des représentations par ce que l'on appelle en pédagogie le conflit socio-cognitif. Dans tous les cas, cela lui permettra de préparer des séquences d'apprentissage adaptées pour construire le savoir puisqu'il aura pris en compte l'état initial des apprenants par rapport à ce savoir.

L'émergence des représentations peut se faire selon différentes techniques : questionnaire, QCM (Questionnaire à Choix Multiple), situation problème, dessin… Un des modes les plus simples et les plus ouverts est de demander aux élèves d'écrire en un temps donné les expressions qui leur viennent en tête à l'évocation du sujet choisi, en en limitant le nombre.

Exemple de consigne : «En cinq minutes, individuellement, écrivez les trois expressions ou mots, qu'évoque pour vous le terme ....»

Faire écrire individuellement les réponses permet à chaque élève de réfléchir, limiter les propositions, sélectionner, limiter le temps, rester spontané.

Suit alors une phase de mise en commun : chacun livre tour à tour une expression jusqu'à épuisement des propositions ; le professeur en dresse la liste au tableau. Cela permet à tous de prendre conscience de l'hétérogénéité des réponses, des ressemblances, des conceptions opposées. On peut commenter, classer, regrouper, préciser ce qui est su, pointer les divergences, les confusions. Constater que leurs pairs ne savent pas ou ne conçoivent pas les mêmes choses qu'eux interroge les élèves. Repérer ce qu'ils savent déjà les encourage à apprendre ; c'est une phase de mise en projet et de motivation.

2. REPRÉSENTATIONS D'ÉLÈVES SUR L'ISLAM. COMMENTAIRES

Concernant l'enseignement de l'islam, il semble intéressant de commencer par une émergence des représentations.

Chacun en effet, a entendu évoquer ce terme, connaît un Mohamed ou une Fatima, entend parler d'immigration, d'intégrisme, de problèmes de banlieues, de ramadan, et y associe parfois ce mot. L'actualité, mal comprise par nos jeunes élèves est là source de confusion plus que pour d'autres sujets, car l'étude de l'islam se démarque de l'étude des autres religions par l'irruption du présent dans le programme d'histoire et par la présence dans les classes d'élèves de confession musulmane.

L'exemple proposé en introduction n'a que valeur d'exemple. L'exercice a été mis en œuvre dans un collège urbain à faible pourcentage d'élèves de confession musulmane (1 à 2 par classe). Les élèves sont en majorité issus de classes moyennes de zone péri-urbaine de province.

On a choisi une classe de 6e, en milieu d'année scolaire. En effet, les élèves ont déjà étudié des religions (religion égyptienne, judaïsme, religion grecque), mais n'ont pas, en principe, suivi de cours sur l'islam dans leur scolarité antérieure. Cela permet de connaître des conceptions «brutes».

Le second niveau sélectionné est celui de 4e. Les élèves ont étudié l'islam en 5e, les protestantismes, et devraient avoir acquis des savoirs plus précis tout en manipulant mieux le concept de religion. Cela permet d'analyser ce qui se passe après un enseignement, comment évoluent les conceptions.

Bien sûr, c'est en 5e et en 2e, avant de commencer le cours sur l'islam que l'émergence des représentations serait indispensable. Ces niveaux ont volontairement été laissés de côté ici pour que quiconque souhaite mener l'expérience puisse le faire sans a priori.

L'analyse des réponses nous montre bien ce qui est su : «l'islam est une religion, avec des pratiques, des signes extérieurs, des lieux…» Mais les savoirs sont peu précis.

Il y a des confusions et des conceptions «erronées». «L'islam est un pays, un peuple, le désert, la pauvreté». Il y a confusion entre État et religion très nettement. Il y a aussi une conception de violence, de guerre.

On voit bien d'où viennent ces représentations. C'est bien là le problème pour enseigner l'islam : tenir compte de son actualité engage sur un terrain passionnel, ne pas en tenir compte c'est prendre le risque de laisser les élèves avec leurs conceptions et de ne pas construire de savoirs.

3. QUE FAIRE DE CES REPRÉSENTATIONS ? QUELS SAVOIRS CONSTRUIRE CONCERNANT L'ISLAM ? QUELLES STRATÉGIES PÉDAGOGIQUES ADOPTER ?

Proposer des stratégies pédagogiques qui tiennent compte à la fois des représentations des élèves, de leur niveau, qui s'inscrivent dans les programmes d'histoire géographie tout en s'appuyant sur l'approche de M.C. Ferjani, tel a été le fil conducteur du travail qui suit.

Il a fallu opérer des choix qui n'engagent que celui qui les a faits. La démarche proposée n'a pas valeur d'exemple, encore moins de modèle. Elle a été guidée par une quadruple volonté :

— Faire un enseignement conceptuel : la religion islam étant considérée comme un exemple du concept de religion que les élèves ont à construire durant leur scolarité. Ce concept a des attributs. Les élèves doivent être capables de les exemplifier pour chaque religion étudiée.
— Enseigner un islam pluriel ou du moins essayer : ne pas présenter un islam comme figé sur ses cinq piliers, unitaire, singulier, comme une civilisation qui a eu son âge d'or, mais montrer sa diversité.
— Utiliser des documents, et surtout des textes, ceux-ci étant au service du raisonnement, permettant de conduire l'élève à formuler des conclusions, à construire son savoir.
— Laisser de côté l'aspect civilisation et actualité de l'islam pour se placer dans le cadre restreint des faits religieux afin d'éviter le terrain passionnel.

Ces deux aspects ont été l'objet de nombreux ouvrages, dossiers, débats. On les a souvent privilégiés au cours de ces dernières années, notamment dans les manuels scolaires, créant peut-être l'amalgame islam = une civilisation, une culture, un État et forgeant parfois la représentation islam = guerre, violence.

Cela ne signifie pas qu'il ne faille pas aborder ces aspects. Mais chacun est susceptible de donner les prolongements voulus à l'actualité, au vécu des élèves. Le dernier chapitre du travail de M.C. Ferjani ouvre de nombreuses pistes.

Les activités proposées s'inscrivent essentiellement dans le cadre du programme et du cours d'histoire géographie, mais peuvent donner lieu à des travaux pluridisciplinaires en liaison avec la recherche documentaire au CDI, en particulier dans le cadre d'un projet d'équipe. Elles ne se veulent pas des séquences d'apprentissage directement transférables, c'est pourquoi elles ne s'adressent pas à un niveau d'élèves (même si souvent c'est celui de collège qui sert d'exemple) et ne s'inscrivent pas dans un cadre horaire précis.

Elles peuvent donner lieu à des utilisations diverses.

Le but est de proposer des stratégies pédagogiques qui prolongent le travail de M.C. Ferjani, renouvellent (peut-être) l'enseignement concernant l'islam et utilisent des méthodes où l'élève est au centre de l'apprentissage, constructeur de son savoir.

Espérons que chacun puisse y trouver quelques pistes.

On trouvera d'autres propositions de stratégies pédagogiques dans le tome II de la collection du CRDP de Franche-Comté : Histoire des religions, grandes religions dans le monde.

III — ACTIVITÉ 1
PARTIR DES REPRÉSENTATIONS DES ÉLÈVES
L'ISLAM CE N'EST PAS, C'EST.
QU'EST-CE QUE L'ISLAM ?

DOCUMENTS

DOCUMENT 1
ÉTAT DES RELIGIONS DANS LE MONDE

	1900	**1986**	**2000**
Catholiques	225 millions	900 millions	1,2 milliard
Musulmans	200	850	1,3
Hindouistes	200	660	860 millions
Protestants	140	450	590
Bouddhistes	130	300	360
Orthodoxes	115	170	200
Juifs	12	18	20

DOCUMENT 2
L'ISLAM DANS LE MONDE. LES DIX PREMIERS PAYS MUSULMANS

(population en millions en 1989)

Rang	Pays	Population	dont musulmans	%
1	Indonésie	178,4	**142,7**	80
2	Pakistan	109,8	**106,5**	97
3	Inde	813,1	**97,6**	12
4	Bangladesh	112,3	**95,4**	85
5	Turquie	53,5	52,5	98
6	Nigéria	109,5	50,6	46
7	URSS	289,1	49,2	17
8	Iran	49,9	48,9	98
9	Egypte	51,4	48,4	94
10	Algérie	24,7	24,6	99
......	......	......	......	......
12	Arabie Saoudite	13,5	12,6	95
13	Monde arabe	212	200	94

DOCUMENT 3
RÉPARTITION DES MUSULMANS DANS LE MONDE

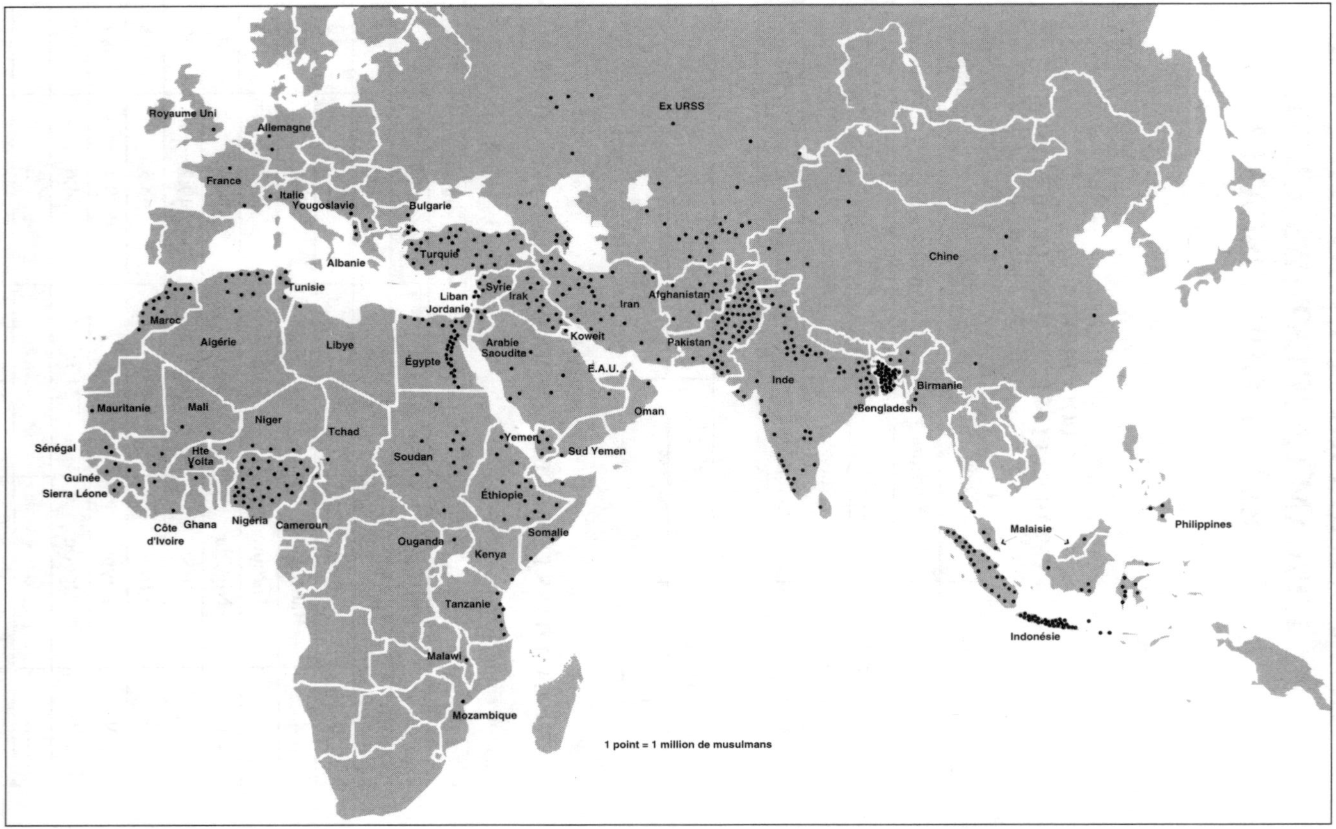

DOCUMENT 4
L'ISLAM INDONÉSIEN

L'Indonésie est le pays du monde où la communauté musulmane est la plus nombreuse : environ 90 % d'une population totale qui tend vers 170 millions d'habitants.

L'islam n'est pas arrivé par la conquête, au lendemain de l'hégire, comme sur les rives de la Méditerranée, mais avec les marchands qui circulaient entre les ports du Golfe ou d'Arabie et les côtes de Chine du sud : les premiers comptoirs islamisés du nord de Sumatra ne sont pas antérieurs au XIIIe siècle. Le fait important est, à partir du XVe siècle, l'émergence des sultanats (de Malaka, puis d'Aceh et de Banten, au XVIe siècle, et de Makassar, au XVIIe siècle), cités portuaires et cosmopolites, tournées vers le grand commerce, dans lesquelles l'usage de la monnaie se répandit et où le pouvoir politique se trouvait, comme à Venise, aux mains des principaux marchands. toute une littérature malaise se développa qui, avec divers auteurs mystiques inspirés par les sufi persans (hamzah fansuri, syamsuddin de pasai), reflétait les idées nouvelles apportées par l'islam : celle d'individu ou de «personne» (liée à une réflexion sur la mort et à une moralisation des conduites) et surtout celle de «temps orienté» (liée à l'idée de la fin du monde, kiamat, et rendant possible une vision «historique» du devenir de l'umma). Tandis que, dans le bassin méditerranéen, de tels concepts avaient été déjà diffusés par les penseurs grecs et par les tenants des autres «religions du Livre», ici ils contrastaient totalement avec les idéologies préexistantes (animisme ou hindouisme).

Dès le XVIIe siècle, cependant, l'épanouissement des sultanats marchands se trouva partiellement contrecarré par deux autres phénomènes d'envergure. Le premier, le mieux connu, est l'intervention des Européens. Après les Portugais, qui s'installent à Malaka (1511), arrivent les Hollandais, qui s'établissent dans les Moluques (îles Banda, Amboine), ainsi qu'à Java (création de Batavia, 1619). Pourtant, s'ils savent être durs en affaires, ces calvinistes ne cherchent point à convertir les Asiatiques à la différence de ce que font les Espagnols aux Philippines) et il n'y aura pas de «missionnaires» dans les Indes néerlandaises avant le début du XIXe siècle. Cela explique en partie le nombre relativement réduit des chrétiens dans l'Indonésie d'aujourd'hui (5,1 % de protestants et 2,3 % de catholiques). Plus important sans doute pour l'avenir de l'islam insulindien fut le réveil progressif du royaume rizicole de Mataram, au centre même de l'île de Java, qui reprend les ambitions de l'ancien royaume indo-javanais de Mojopahit, tout en adaptant l'islam aux exigences de son système cosmologique et de son culte royal. Un signe de cette «récupération» de l'islam est le fait que la grande mosquée, dans les capitales javanaises, se trouve située à l'ouest de la grande place médiane, comme subordonnée au palais royal, qui continue d'être au centre de la cité, politiquement et symboliquement.

Java semble n'occuper que peu de place sur une carte, mais la richesse de ses sols volcaniques fait que près de 100 millions d'Indonésiens y vivent (beaucoup plus de la moitié de la population totale). La lente formation d'un «islam javanais», essentiellement rural et soutenu par un réseau de pesantrén ou écoles coraniques — souvent installées loin des villes —, mais lié aussi aux hiérarchies mandarinales émanant du palais, permet de comprendre comment l'«islam de pointe» des cité portuaires s'est peu à peu émoussé, au point d'intégrer toute une série de croyances antérieures : culte des sites, notamment des tombes sacrées (kramat), pratique des repas communiels (slametan), sacrifices de buffles et représentations de wayang kulit (qui n'est pas proprement un «théâtre d'ombres», mais bien une évocation des mânes des ancêtres.

Ce rappel historique permet de mieux saisir la diversité de l'islam indonésien. A un bout du spectre, nous trouvons toujours les héritiers de l'islam marchand. Comme en d'autres pays de l'océan Indien, ce sont les gens des «bazars», des urbains essentiellement, animés par un esprit d'entreprise que les observateurs occidentaux n'ont pas manqué de qualifier de «wébérien». On les rencontre, par exemple, dans la production des batiks ou dans celle des kréteks (les fameuses cigarettes aux clous de girofle), mais aussi dans l'industrie textile et dans l'import-export. Ils sont hostiles aux marchands chinois, leurs concurrents directs, et mal disposés à l'endroit des Occidentaux, auxquels, à les en croire, le gouvernement fait la part trop belle. Le mouvement réformiste de la Muhammadiyah (lancé en 1912) trouva de nombreux échos parmi eux, et les plus avancés soutinrent un temps le parti Masjumi, qui fut interdit par le président Soekarno. Mais le taux d'urbanisation n'est en Indonésie que de 32 % et l'«islam agraire» continue d'y prévaloir. On peut distinguer dans celui-ci trois couches. En premier lieu, la masse villageoise des musulmans dits abangan qui, privés d'un enseignement religieux sérieux, gardent leurs pratiques ancestrales et ne sollicitent le penghulu («chef» de la communauté musulmane) que lors des rites de passage. En deuxième lieu, l'élite que constitue la hiérarchie des fonctionnaires civils et des officiers. Ils ne dépendant plus des princes de Java-Central, mais du gouvernement de Jakarta ; ils pratiquent un islam éclectique, font volontiers le pèlerinage quand ils le peuvent, mais se méfient des extrémistes qui militent en faveur d'un État islamique. En troisième lieu, enfin, les milieux des pesantrén, dont les bases sont également rurales, mais qui, beaucoup plus intellectuels, sont proches des textes et ouverts aux débats propres à l'islam international. Le parti N.U. (Nahdatul Ulama), fondé en 1927 et fortement implanté à Java-Est, reste l'expression de cet islam orthodoxe et conservateur, toujours un brin sceptique à l'endroit des ouvertures «pro-occidentales» de l'Ordre nouveau.

On peut ainsi comprendre pourquoi l'Indonésie, qui est à très forte majorité musulmane, reste un État laïque, dont l'idéologie officielle n'est pas le Qur'an, mais les Cinq Principes (Pancasila) formulés en 1945 par le président Soekarno (et dont le premier se contente d'exiger «la foi en Dieu l'unique»). Quelques tentatives, au début des années soixante, pour instaurer le Darul Islam (l'État islamique) à Java-Ouest, à Aceh ou à Sulawesi, ont toutes échoué, et les partis musulmans qui se réclament ouvertement des principes de l'islam ne sont jamais parvenus à obtenir une majorité.

Denys Lombard in *«Le grand album des religions»*,
Encyclopædia Universalis, 1988.

DOCUMENT 5
LA RÉALITÉ MULTIFORME DE L'ISLAM

L'islam est la religion de plusieurs aires culturelles très différentes. Il est apparu au VIIe siècle dans l'espace arabe, mais on trouve dans celui-ci des musulmans non arabes (les Berbères) et des Arabes chrétiens (maronites du Liban, coptes d'Égypte). L'islam s'est ensuite diffusé dans le monde turc, qui s'étend de la mer Noire jusqu'au Turkestan chinois, et dans le monde iranien. Plus à l'est, l'islam a gagné le sous-continent indien, la Malaisie et l'Indonésie (premier pays musulman). L'islam s'est aussi largement répandu en Afrique noire. Enfin, n'oublions pas l'islam européen, avec les peuples des Balkans islamisés au temps de l'Empire ottoman (Albanie, Bosnie, Bulgarie) et les communautés immigrées en Europe occidentale (Turcs en Allemagne, Pakistanais au Royaume-Uni, Maghrébins en France).

M.C. Ferjani

DOCUMENT 6
LA POLYGAMIE AU MAROC, EN ALGÉRIE ET EN TUNISIE

Au nom de la même religion, et par référence à des versets du même Coran, la polygamie est considérée comme un droit inaliénable par la Mudawwana marocaine de 1958, au nom d'un verset l'autorisant jusqu'à quatre épouses, comme un droit dont l'exercice est conditionné par l'équité entre les épouses surtout en matière de logement dans le Code algérien de la Famille de 1984, au nom du même verset qui précisent «si vous craignez de ne pas être équitable une seule suffit» (4-3), comme un délit passible d'une peine de prison, pouvant atteindre cinq années, par la législation tunisienne conformément au Code du Statut Personnel de 1958, et ce au nom d'un autre verset que Bourguiba rappela aux théologiens de la Zitouna offusqués par cette disposition : «vous ne pourrez jamais être équitables entre les femmes même si vous vous efforcez de l'être.» (4-139)

M.C. Ferjani

DOCUMENT 7
LES DIVISIONS AU SEIN DU MONDE MUSULMAN

De nos jours la diversité et les divisions au sein du monde musulman ont pris, avec les nouveaux enjeux de la géopolitique internationale, une dimension jamais connue auparavant. La plupart des guerres qui agite cette partie du monde sont celles qui opposent les musulmans entre eux. Ces guerres ne sont pas seulement le fait d'États musulmans riverains, qui se font souvent des guerres pour le compte de puissances non musulmanes ; mais elle sont, de plus en plus, des guerres civiles opposant les musulmans d'un même pays, comme le montrent de façon dramatiques les événements qui secouent l'Algérie, l'Afghanistan, le Yémen ou l'Égypte.

M.C. Ferjani

DOCUMENT 8
LES PRÉNOMS ET LEUR SIGNIFICATION

Muhammad (Mohamed, Méhmet, Mahomet, Mamadou), 'Ali, Fâtima ou Fatma, Myriam (Marie)…

Dieu a 99 noms ou qualificatifs : Le Tout-Puissant, le Généreux, le Vainqueur… Les prénoms reprennent ces qualificatifs les faisant précéder de l'expression «Abd el» «Serviteur» ou «Esclave de»

— Abd el-Kader (serviteur du Tout-Puissant)
— Abd el-Krim (serviteur du Généreux)
— Abd el-Nasser (serviteur du Vainqueur)

Mohamed : comblé de louanges
Ahmed : plus digne d'éloges
Abdallah : serviteur de Dieu
Abdalaziz : serviteur de Dieu
Ibrahim : Abraham
Mousa : Moïse

DOCUMENT 9
LE CALENDRIER ET LES FÊTES

LE CALENDRIER MUSULMAN

L'ère hégirienne commence le 16 juillet 622, date de l'«hégire», émigration de Mahomet à Médine. L'année musulmane est lunaire, c'est-à-dire basée sur des mois ou lunaisons de 29 ou 30 jours. Les douze mois totalisent 354 jours. L'écart avec l'année scolaire fait donc errer ces mois à travers les saisons. Pour passer du calendrier musulman au calendrier grégorien (réformé par le pape Grégoire XIII en 1582), il faut multiplier par 0,97 (différence entre l'année lunaire et l'année scolaire) et ajouter 622 ; inversement, pour passer du calendrier grégorien au calendrier musulman, il faut retrancher 622 et diviser par 0,97 ; ainsi : 1991 - 622 = 1369 : 0,97 = 1411 ; 1996 - 622 = 1374 : 0,97 = 1416.

Les musulmans comptent leurs jours à partir du coucher du soleil, soit six heures avant le jour civil. Leur jour de repos, d'assemblée et de prière est le vendredi. Les fêtes musulmanes sont : le premier jour du mois de Muharram, jour de l'an ; le Mouloud (le 12 du mois de Rabi), anniversaire de la naissance du Prophète ; l'Aïd es Seghir, fin du jeûne du mois de Ramadan ; l'Aïd el Kebir (grande fête), sacrifice du mouton en commémoration du sacrifice d'Abraham.

LES FÊTES

Fêtes musulmanes

- 1er Muharram : jour de l'an
- Mouloud (12 rabi al awal) : naissance du Prophète
- Ramadan : mois de jeûne
- Aid es Seghir (petite fête) ou Aid el Fitr = 1er shawal : fin du jeûne de Ramadan
- Aid el Kebir (grande fête) ou Aid el Adha (10 dhul al Hijjah) : sacrifice du mouton en commémoration du sacrifice d'Abraham.

DOCUMENT 10
LEXIQUE

Shî'isme : mouvement minoritaire dans l'islam qui considère que la succession du prophète pour diriger la communauté musulmane (califat ou imâmat) doit revenir à la descendance d'Ali, cousin de Mahomet et premier des chefs spirituels (imams).

Coran : livre sacré qui est la première référence des musulmans pour qui c'est la parole de Dieu révélée à Mahomet. Il est constitué de 114 sourates (chapitres) par opposition aux Hadîths et à la Sunna (les paroles et faits du prophète). On y trouve les fondements de la foi et du culte ainsi que les normes relatives à la conduite des fidèles (inspirant ce qui deviendra la shariâ).

Fondamentalisme : courant religieux qui prend appui sur les fondements de la loi à son origine. Les fondamentalistes revendiquent l'orthodoxie et l'application littérale des textes sacrés dont ils s'inspirent pour légiférer.

Intégrisme : attitude de peur vis-à-vis de la modernité qui se traduit par une volonté de préserver l'intégrité de la foi et la tradition sacrée.

Imâm : personne qui dirige la prière et les affaires de la communauté (synonyme de calife). Pour les chiites, il désigne en particulier le guide infaillible qui assure la présence de Dieu dans le monde après le prophète.

Néofondamentalisme : mouvance hétérogène qui regroupe aussi bien les réformistes du XIXe siècle que les traditionalistes d'aujourd'hui. Les premiers préconisent le renouvellement des fondements du droit tel qu'ils étaient définis par les juristes théologiens du VIIIe et IXe siècles. Ils réactualisent les principes fondateurs pour accompagner les réformes nécessaires à la société musulmane. Pour les seconds, il s'agit au contraire d'accentuer le carcan d'orthodoxies dans lequel est enfermée la société depuis le Xe siècle.

Sunnisme : courant majoritaire (90 % des musulmans dans le monde) qui fut le dernier à se constituer (Xe siècle). Pour les sunnites, la succession du prophète n'est pas un pilier de la religion. Ils considèrent qu'ils doivent se conformer à la tradition consacrée.

Les cinq piliers de l'islam : cultes de l'islam : la profession de foi (relative à l'unicité divine et à la prophétie de Mahomet), les 5 prières quotidiennes, le pèlerinage à La Mekke, l'aumône légale et le jeûne du Ramadan.

M.C. Ferjani

ABCEDAIRE

allâh (al-lâh) : Dieu
al-lâhu 'akbar : Dieu est le plus grand
'ahl al-kitâb : les gens du Livre (juifs, chrétiens et, par extension, toute communauté ayant un Livre sacré)
âya (au pl. âyât) : signe, verset du Coran ou de la Bible
b'ism al-lâh : au (par le) nom de Dieu
çalât : prière
ç a w m (çiyâm) : jeûne
çûfi : soufi, mystique musulman
dhimmî : non musulman vivant dans une société musulmane avec le statut de protégé mais sans les droits réservés exclusivement aux musulmans
djinn (Jinn) : démons, génies
fâtiha : première sourate du Coran
fikh : droit, élaboration juridique
hadîths (s) : dit(s) du Prophète de l'islam ; composante de la sunna
hajj : pèlerinage
hijra : hégire, émigration, en l'occurrence celle des premiers musulmans avec leur Prophète de La Mekke à Médine ; début de l'ère musulmane (622)
'imâm : personne se mettant en tête d'une assemblée ou d'un groupe pour en assurer la direction ; par assimilation, personne dirigeant la prière ; pour les shî'ites, le chef temporel et spirituel de la communauté musulmane
'islâm : religion musulmane, soumission à Dieu (du verbe 'aslama : devenir musulman, se rendre ou se soumettre) ; dont muslim (musulman)
Jâmi' : grande mosquée où se tient la prière collective du vendredi et où l'on peut dispenser des cours
jihâd : effort, sur soi ou en direction des autres, pour faire valoir la volonté de Dieu ; par assimilation, les guerres livrées par les musulmans au nom de la religion ; de là majâhid, personne accomplissant le jihâd
ka'ba : sanctuaire de La Mekke ; avant l'islam, il y avait plusieurs ka'ba en Arabie
Khalîfa : lieutenant, vicaire, successeur : titre pris par les monarches musulmans se présentant comme les dépositaires de l'autorité du Prophète ou de Dieu
masjid : mosquée
minaret : tour d'une mosquée du haut de laquelle le muezzin appelle à la prière
muezzin (mu'adhdhin) : personne chargée de l'appel à la prière
qâdhî : juge, cadi
qibla : direction de La Mekke et donc de la prière musulmane
qur'ân : Coran (récitation)
ramadhân : ramadan, mois (lunaire) consacré au jeûne
salâm : paix (as-salâmu 'alaykum : la paix sur vous, salut)
sharî'a : source ou voie menant à la source, souvent utilisée au sens de religion et de Loi

shî'ites : partisans de la légitimité de «la famille du Prophète» et donc de la descendance de 'Alî.
sûra : sourate, chapitre du Coran
sunna : tradition consacrée, principalement celle du Prophète
tarîqa : méthode, voie ; chez les soufis, la voie propre à un maître çûfî servant de base à la constitution d'une confrérie
ulamâ' (ouléma) (pl. de «âlim) : savants, dont les docteurs en matières religieuses
'umma : groupe ou communauté soudé(e) par la volonté de vivre ensemble que ce soit sur la base d'une religion ou sur toute autre base
zakât : purification, dont l'aumône en tant que purification des revenus en en sortant la part qui revient à Dieu pour la donner à ceux qui y ont droit (les pauvres, les prisonniers, les orphelins, les gens de passage, etc.)
fatwâ : avis donnant ce qui est censé être le point de vue autorisé de la religion sur une question donnée. La personne qui donne ce point de vue est un mufti.
'Ayatu ah-lâh (ayatollah) : dans le clergé shî'ite, théologien ayant pour fonction d'enseigner, de diriger la prière collective, de récolter les dons des croyants : il en existe un dans chaque grand centre religieux. C'est parmi les ayatollah que sont choisis les grands imâms.

EXPLOITATION
PARTIR DES REPRÉSENTATIONS DES ÉLÈVES : L'ISLAM CE N'EST PAS, C'EST. QU'EST-CE QUE L'ISLAM ?

Le but de cette séquence est de bouleverser les conceptions des élèves (islam = pays, arabe, pauvre, du désert, guerre) et de commencer à préciser ce qu'ils savent déjà (islam : religion, Coran, signes extérieurs...). Il s'agit aussi d'amener l'idée de diversité et de pluralité qui n'apparaît pas dans les représentations.

1 — Bouleverser les représentations : L'islam ce n'est pas...

On peut utiliser pour ce faire, les tableaux statistiques et la carte de répartition des musulmans dans le monde, le texte sur l'islam indonésien (documents 1, 2, 3, 4).

Les élèves peuvent travailler individuellement, en groupes ou en groupe classe (avec rétroprojecteur) à partir d'un questionnaire.

Le travail peut être préparé à la maison.

QUESTIONNAIRE

DOCUMENT 1

D'après ce tableau, combien y-a-t-il de musulmans dans le monde ? de catholiques ? de protestants ? Quelles sont les autres religions ? Combien y-a-t-il de chrétiens ?

DOCUMENTS 2 ET 3

— Quels sont les 8 états du monde qui comptent le plus de musulmans ? Coloriez-les sur la carte (donner un code de couleur) et indiquez leur nom.
— Localisez sur la carte les états arabes suivants : Arabie saoudite, Émirats Arabes Unis, Koweït, Yémen ; Égypte, Syrie, Irak, Jordanie, Soudan, Libye, Algérie, Tunisie, Maroc, Mauritanie... (travail avec l'atlas). Combien y-a-t-il de musulmans dans ces états ? Travailler avec la carte et faites un tableau.
— Combien y-a-t-il de musulmans au Nigéria, au Soudan ?
— Quels sont les pays d'Europe qui comptent plus d'un million de musulmans ?

DOCUMENT 4

On utilisera ce texte selon le niveau des élèves, on peut le tronquer, le simplifier.
— Repérez l'Indonésie sur la carte, indiquez le nom des îles qui la composent (travail sur l'atlas).
— D'après le texte, quelle part les musulmans occupent-ils dans la population indonésienne ?

— Comment l'islam s'est-il implanté en Indonésie ?
— A quelle date ?
— Relever dans le texte les étapes de sa diffusion : dates, événements, causes, lieux.
— Quelles autres religions ont pu s'implanter en Indonésie ? Pourquoi ? Quelle part occupent-elles dans la population ?
— A Java, quelles sont les catégories de la population qui sont majoritairement de confession musulmane ?

La mise en commun permettra de faire formuler par les élèves les conclusions.
— Islam : 1ère religion après le catholicisme, 2ème en l'an 2000, mais loin derrière le christianisme, 2 milliards en l'an 2000.
— Les 8 pays où les musulmans sont les plus nombreux ne sont pas des pays arabes.
— C'est l'Indonésie, État laïc non arabe, qui compte le plus de musulmans.
— On trouve en Afrique noire des États où l'islam est très répandu (exemple : le Nigéria).
— L'islam est aussi présent en Europe : en France, RFA, Italie, Royaume-Uni.

On précisera que l'islam est présent dans toutes les parties du monde, dans de nombreux états, non arabes, que pour 1 milliard de musulmans, 180 millions sont arabes, soit 1 musulman sur 5,5, et on définira ce qu'est :
— un musulman : celui qui professe la religion islamique prêchée par Muhammad, lequel était Arabe et a vécu entre 570 et 632.
— un Arabe : celui qui parle arabe et se reconnaît de culture arabe. Il n'y a pas de race ni de nationalité arabe. L'Arabie saoudite n'est que l'un des États arabes parmi lesquels on peut citer .... (reprendre la liste)

Pour terminer on peut revenir à la liste des représentations en faisant repérer les références à la violence, la guerre. Étudier alors le document n° 6 : les divisions au sein du monde musulman.

On peut demander aux élèves un travail de recherche sur les États cités dans le texte, ou tout autre, en particulier ceux qui apparaissent dans la liste des représentations, et travailler pour cela au CDI avec le documentaliste.
On peut aussi pour ce travail de recherche utiliser l'actualité et la presse.

2 — Préciser et compléter les savoirs : l'islam c'est :

L'islam c'est une religion répandue dans le monde. Que sait-on déjà de cette religion ? En revenant à la liste des représentations on fera relever tout ce qui vient caractériser cette religion. On peut classer par thèmes avec des couleurs ce qui concerne la foi, les pratiques, les lieux, les institutions, les règles…

Les documents 7, 8, 9, 10, permettent de préciser des notions, d'éclairer des points de la liste.
Celle-ci fait apparaître le mot mosquée. On peut alors étudier le lieu de prière des musulmans (les manuels fournissent pour cela de nombreux documents).

3 — Introduire l'idée de diversité et de pluralité

On fera observer des photos de mosquées et de personnes en demandant aux élèves de localiser les mosquées sur la carte et de trouver de quelle partie du monde ces personnes peuvent être originaires.
Pour les mosquées on fera trouver les ressemblances, les différences.
Le texte (document n° 5) «La réalité multiforme de l'islam» permettra de conclure sur les diversités culturelles.

Avec le texte «La polygamie au Maroc, Algérie, Tunisie» (document n° 6) on abordera l'idée d'interprétations différentes du Coran et donc de diversité d'application.

Exercice :
— Relevez les versets du Coran dont il est question dans le texte.
— Quel sujet concernent-ils ?
— Quelles applications fait-on de ces versets : au Maroc, en Algérie, en Tunisie.
— Qu'en concluez-vous sur le statut de la femme ?

La séquence proposée dans cette première fiche peut se terminer par une évaluation formative. On demandera aux élèves d'écrire individuellement cinq expressions qui leur viennent à l'esprit en entendant le terme islam.
On peut espérer avoir changé les représentations, précisé quelques savoirs et introduit une idée nouvelle.

IV — ACTIVITÉ 2
ENSEIGNER LES FAITS FONDATEURS DE L'ISLAM

DOCUMENTS

DOCUMENT 1
CARTE DE L'ARABIE PRÉISLAMIQUE

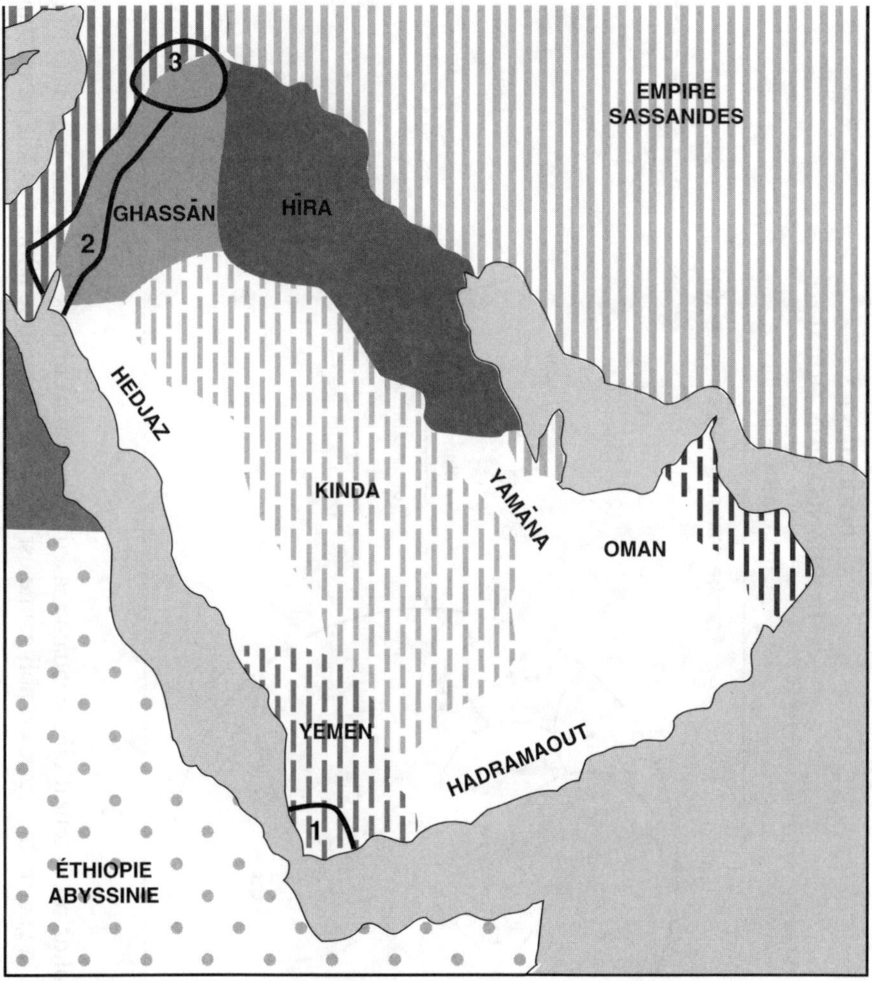

1 Himyarites — **2** Nabatéens — **3** Propriété de Palmyre

- Yemen
- Kinda
- Oman
- Ghassan (Ghassanides vassaux des Bysantins)
- Hira (Lakmides vassaux des Sassanides)
- Bysantins
- Sassanides

DOCUMENT 2
L'ORGANISATION TRIBALE

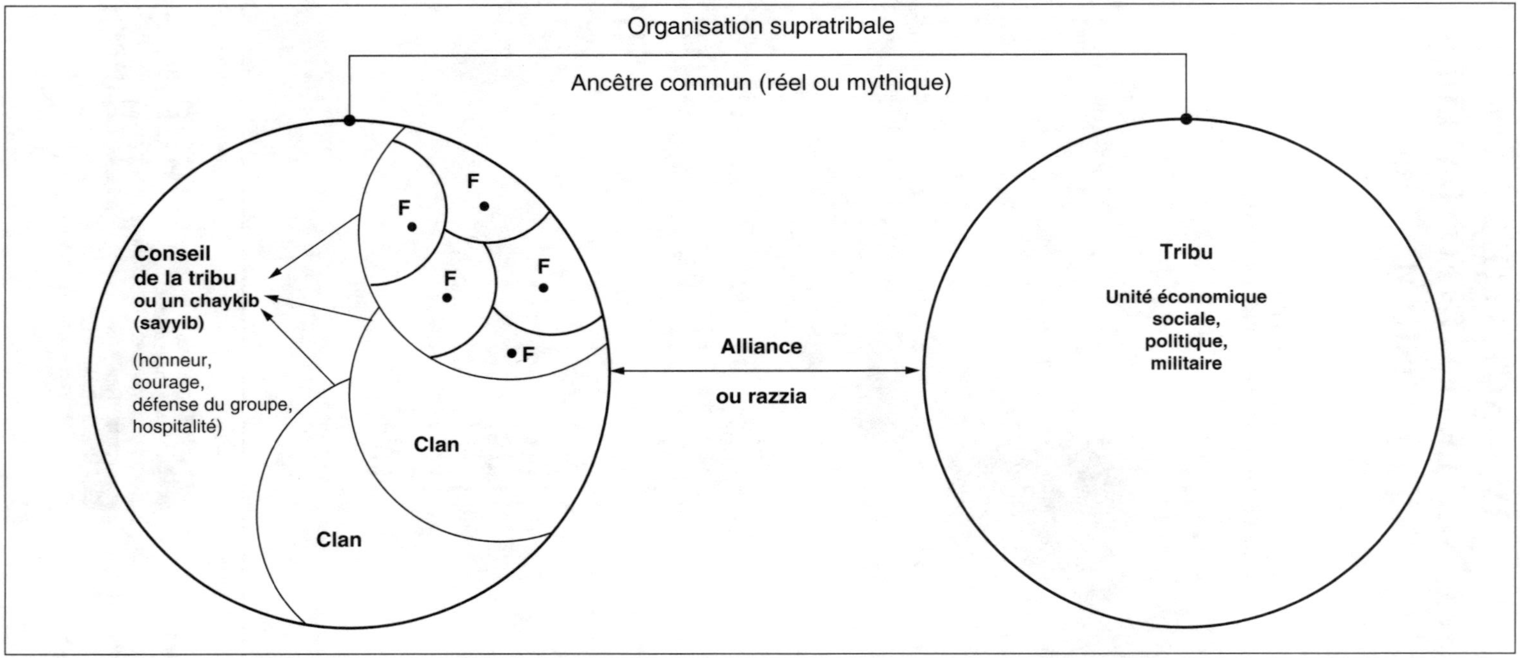

Plusieurs familles solidaires autour d'un ascendant masculin commun composent un clan — plusieurs clans une tribu — les activités sont l'élevage, la guerre, la razzia. La polygamie est le moyen d'avoir de nombreux fils permettant d'agrandir la famille, le clan donc la tribu.

DOCUMENT 3
LA SOCIÉTÉ À LA MEKKE

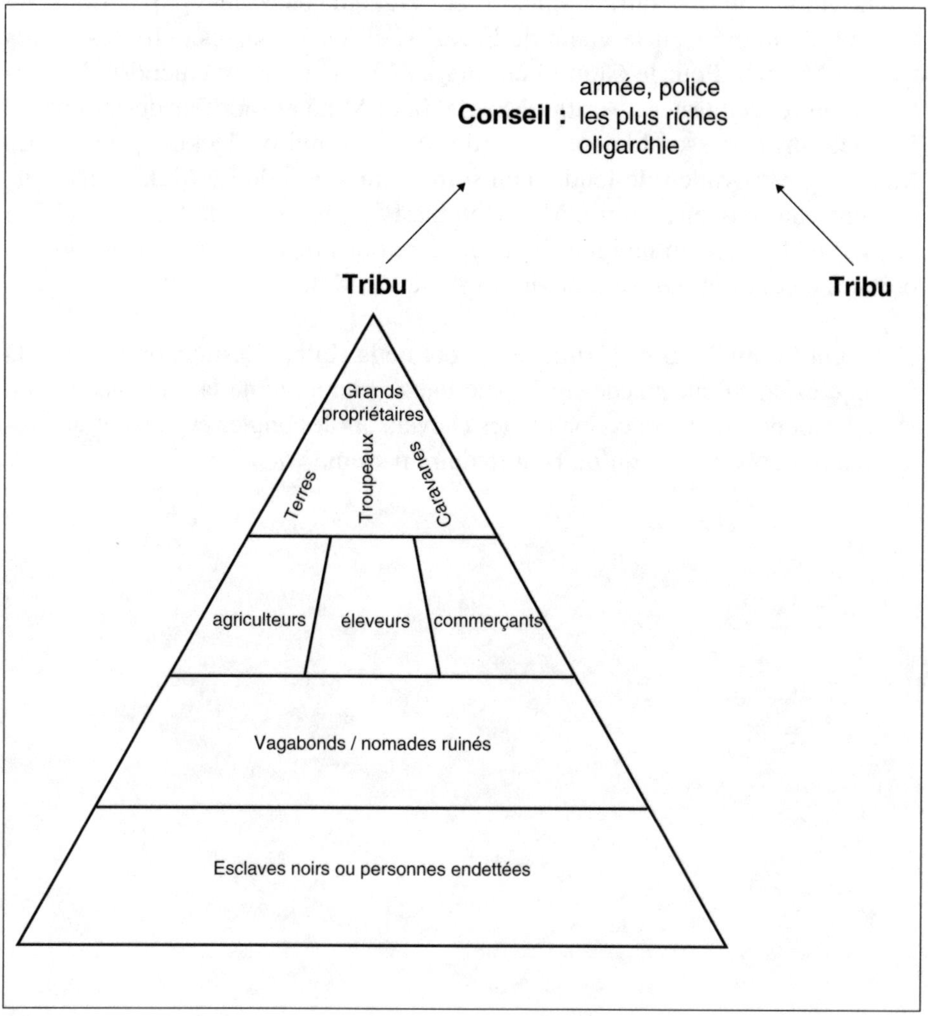

DOCUMENT4
LE PÈLERINAGE PRÉISLAMIQUE

A la veille de l'islam, coexistaient pèlerinage à la Ka'ba, temple du Dieu unique pour certains, et idolâtrie païenne de croyances polythéistes pour d'autres. On distinguait déjà entre le Petit Pèlerinage et le Grand Pèlerinage.

Pour le Petit Pèlerinage qui était probablement fixé au mois de Rajab (7ème mois du calendrier lunaire en vigueur chez les populations de l'Arabie). On exigeait la visite de la Ka'ba et les 7 courses entre les monts Çafâ et Mawah. Pour le Grand Pèlerinage (12ème mois du calendrier) il fallait en outre, séjourner à Arafat, Mozdahfa et Minâ et sacrifier des animaux. Les pèlerins se rassemblaient d'abord à Arafat (environ 15 km à l'est de La Mekke) puis partaient le lendemain soir en direction de La Mekke. Ils s'arrêtaient pour passer la nuit à Maz Dalpha. Puis, on se rendait à Minâ (5 km de La Mekke). Là on lapidait Satan en jetant des pierres sur les trois bornes prévues à cet effet. On se rendait ensuite à La Mekke.

On faisait 7 tournées rituelles autour de la Ka'ba. Ensuite, on se rasait la tête et c'est ainsi que s'achevait le pèlerinage. (durant toute la sacralisation, on ne se lavait pas, on ne se coupait ni les cheveux, ni les ongles et souvent on prononçait le Labbaïk, mot qu'on peut traduire par «me voici».

DOCUMENT 5
MUHAMMAD

Muhammad est né dans la deuxième moitié du VIe siècle, vers 570. Son grand-père, qui en a eu très tôt la charge après la disparition de son père, était le chef de la tribu de Quraysh à La Mekke.

L'historiographie musulmane attribue à un moine chrétien du nom de Bahîra une prophétie concernant son avenir : celui-ci l'aurait rencontré lors d'un de ses voyages — les sources divergent quant à l'année et au lieu de cette prophétie — et reconnut en lui celui qui devrait venir rappeler le message de Jésus. Cela n'est pas sans rappeler Saint Jean-Baptiste disant à la vue de Jésus : «Es-tu celui qui doit venir ?» Les ambiances d'attente messianique, comme celle que connaissait l'Arabie à cette époque, sont propices à ce genre de prophétie. Ne possédant pas lui-même sa propre caravane, Muhammad faisait du commerce pour le compte d'une riche veuve de La Mekke : Khadîja. Satisfaite de ses loyaux services, elle finit par l'épouser. Alors que tout le monde voyait dans ce mariage une occasion pour Muhammad de devenir un riche commerçant, il se détourna de cette activité pour se consacrer, à la manière de son grand-père, à de longues retraites de méditations dans l'une des grottes avoisinant La Mekke : le fameux Ghâr Hirâ'.

L'origine familiale de Muhammad, sa loyauté et l'attitude qu'il adopta après son mariage avec Khadîja, lui ont assuré la notoriété d'un «homme digne de confiance» ('amîn). C'est à ce titre qu'on sollicitait parfois son arbitrage dans différents litiges entre parties ne relevant pas de la même communauté d'arbitrage.

On situe en 610 le début de sa prédication à la suite de l'une de ses retraites dans la grotte de Hirâ. C'est là qu'il eut une vision, que son entourage identifia comme étant l'ange Gabriel lui apportant un message de Dieu. Suivit une période de doute et d'angoisse pendant près de deux ans. Puis, les visions reprirent à un rythme de plus en plus soutenu, donnant lieu, à chaque fois, à des messages de plus en plus longs. Ces messages formeront le Coran qui, pour les musulmans, n'est pas la parole de Muhammad, mais la parole de Dieu, révélée à lui par l'intermédiaire de l'ange Gabriel.

Les riches commerçants voyaient dans la prédication de Muhammad et de ses fidèles, une menace pour les privilèges liés, en particulier, au pèlerinage à La Mekke et aux croyances que la nouvelle religion dénonçait. Ils multiplièrent les pressions, les menaces et les promesses pour dissuader Muhammad de continuer.

La persécution par laquelle les Mekkois répondaient à la prédication de Muhammad était limitée par la protection que celui-ci trouvait auprès de son oncle Abû Tâlib, siégeant au conseil de La Mekke au nom de son clan. La mort de ce dernier laissa Muhammad et ses fidèles sans protection. Pour échapper au sort que leur promettaient les riches Mekkois, une partie de ses fidèles se réfugia en Abyssinie avant que Muhammad ne décidât lui-même de s'exiler, avec ses proches et le reste de ses fidèles à Yathrib, au Nord de La Mekke en 622. Cette émigration (hijra, dont le mot hégire) représente un tournant dans l'histoire de l'islam naissant. C'est pourquoi elle marque le début de l'ère musulmane.

A Yathrib, désormais appelée Médine (de l'arabe Madînat An-Nabî : la ville du Prophète), Muhammad devient le chef d'une communauté formée de clans musulmans, de clans juifs, d'un clan de chrétiens et d'un clan d'Arabes qui n'étaient ni musulmans, ni juifs, ni chrétiens. L'arbitrage communautaire, dont Muhammad avait la charge, ne concernait que les problèmes communs à tous les clans. Celui-ci n'intervenait dans les affaires internes à chaque clan qu'à la demande de ses instances et sur la base de ses normes propres.

Médine devint très vite le point de départ d'expéditions contre les Mekkois, tantôt en réponse aux hostilités qu'ils déclenchaient, tantôt sous prétexte du droit de se rendre à La Mekke en pèlerinage, comme toutes les tribus d'Arabie, mais surtout pour soumettre définitivement La Mekke, comme le reste de l'Arabie, à l'autorité incarnée par Muhammad.

De 622 à 632, date de la mort de Muhammad, le 8 juin 632, plusieurs batailles ont ainsi opposé les musulmans et leurs alliés de Médine aux Mekkois. En 629, les musulmans entrent victorieusement à La Mekke, sans rencontrer de grande résistance. Les notables mekkois, jusqu'alors hostiles à l'islam, y adhérèrent en conservant leur statut social et leurs privilèges.

La conversion des Mekkois a accéléré l'adhésion des tribus nomades et de la plus grande partie des habitants des régions d'Arabie à la nouvelle religion.

Durant cette période, les préceptes de l'islam se sont précisés dans les différents domaines, non sans rapport avec les événement vécus par le Prophète et sa communauté naissante.

Quelle est la part de la religion et la part de l'activité politique profane dans la conduite de Muhammad durant cette période ? Sa fonction de chef de Médine et les expéditions contre La Mekke et les autres contrées rentraient-elles dans le cadre de sa mission de Prophète de la nouvelle religion qu'il prêchait, ou faut-il distinguer les deux ? C'est là une question qui a toujours divisé et divise encore les musulmans.

M.C. Ferjani.

DOCUMENT 6
LE CORAN : STRUCTURE ET ÉCRITURE

Le contexte de civilisation orale dans lequel l'islam a vu le jour, a déterminé la structure du texte coranique. Il se présente, à la manière de la poésie arabe classique, sous la forme d'unités souvent indépendantes les unes des autres : les versets. La plupart des versets peuvent ainsi être lus séparément, déplacés ou retranchés, sans que cela ait une incidence sur la signification du message.

Les versets sont regroupés en cent quatorze chapitres (sourates) comme on a longtemps classé les poèmes d'un même auteur, par ordre décroissant de longueur, à l'exception de la Fâtiha (l'ouverture) placée en tête du texte.

L'ordre de la succession des versets n'est ni chronologique, ni thématique, même si, parfois, dans certains chapitres, on peut rencontrer une suite de versets traitant d'un même sujet, ou datant de la même période.

L'organisation du texte procède d'un ordre conventionnel de récitation tenant plus compte de la forme (longueur des sourates, longueur des versets, rimes, assonances) que du contenu.

Il est important de savoir que sa fixation par écrit, n'a pu se faire qu'après la mort de Muhammad. L'attachement à la tradition orale et la peur que la civilisation de l'écriture n'altère ce qui faisait, jusqu'alors, l'une des spécificités de la culture arabe, ont été à l'origine d'une grande hostilité par rapport à la tentation de l'écrit. Certains traditionnistes attribuent à Muhammad, à cet égard, des hadîths (dits du Prophète qu'il ne faut pas confondre avec le Coran, considéré par les musulmans comme la Parole de Dieu révélée par le biais de l'ange Gabriel) mettant en garde contre cette tentation : «ceux qui vous ont précédés ont été égarés par l'écriture.» Cette résistance au passage à l'écrit a duré tout au long du premier siècle (V-VIIIe siècle) qui a suivi l'avènement de l'islam. Le premier calife, Abû Bakr (632-634) est allé jusqu'à s'opposer à la volonté de réunir le texte coranique et à sa fixation par écrit en prétextant qu'il n'allait pas «faire quelque chose que le Prophète n'a ni faite ni ordonnée». Il a fallu la mort de plusieurs centaines de compagnons parmi ceux qui connaissaient le Coran par cœur, dans les batailles contre les tribus nomades s'opposant au califat d'Abû Bakr, pour que celui-ci réalise le danger de ne pas consigner le Coran par écrit. Il ordonna alors de commencer à en réunir les fragments auprès des différents compagnons. L'opération s'est poursuivie sous ses successeurs et n'a pu être achevée que sous le règne du troisième calife, 'Uthmân, en 653.

M.C. Ferjani

DOCUMENT 7
LE CORAN : LES VERSETS CLAIRS ET LES VERSETS ÉQUIVOQUES

«C'est lui qui t'a révélé le Livre comprenant des versets clairs (bien établis) qui en constituent la matrice (ou la base) et d'autres qui sont équivoques. Ceux qui ont un mauvais penchant dans le cœur suivront ce qui est équivoque par amour de division et pour l'interpréter ; Dieu seul en connaît l'interprétation. Les enracinés dans le savoir diront : nous croyons ; tout provient de Dieu.»

Sourate 3, verset 5.

DOCUMENT 8
ÉQUIVOQUE DES FAITS FONDATEURS DE L'ISLAM.
UN EXEMPLE : LA FATIHA

Voir document 2, chapitre 2, page 51.

EXPLOITATION
ENSEIGNER LES FAITS FONDATEURS DE L'ISLAM.
L'ISLAM OÙ, QUAND, COMMENT, POURQUOI ?

Toute religion a ses faits fondateurs. Concernant l'islam, certains sont à la base d'une vision mythique d'une communauté musulmane monolithique mais sont aussi ceux dont se réclament tous les musulmans.

- les conditions de l'islam,
- Muhammad,
- le Coran.

Pour les enseigner on peut mettre les élèves en questionnement selon la méthode dite QQQOCP (Quoi, Quand, Qui, Où, Comment, Pourquoi). La trace écrite pourra se faire sous la forme d'un schéma qu'on complétera par des mots-clés au fur et à mesure de l'étude de documents.

Exemple

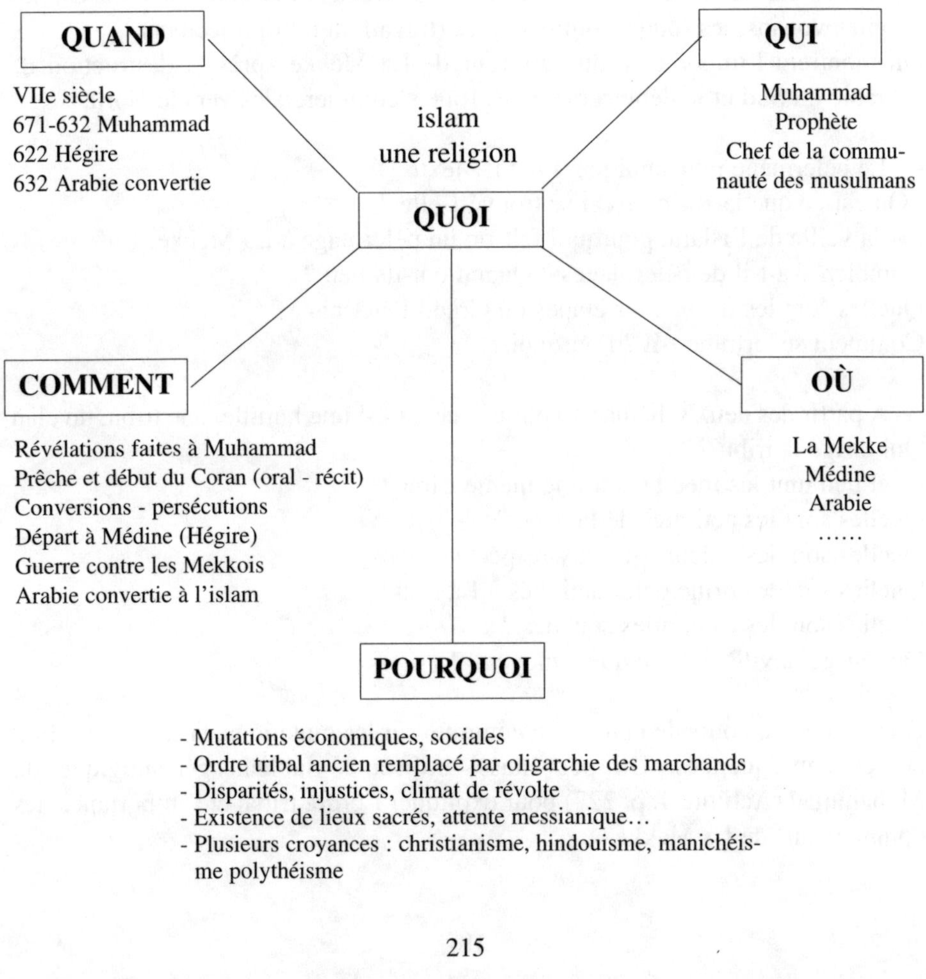

1 — Les conditions d'avènement de l'islam
Où, quand, pourquoi ?

L'objectif est de montrer la situation de l'Arabie préislamique :

— les mutations économiques et sociales qui créent une situation de transition entre l'ordre tribal et l'oligarchie citadine avec des disparités et injustices, ce qui engendre un sentiment de mécontentement,

— l'existence de pratiques religieuses et de lieux sacrés d'où l'importance de La Mekke,

— l'attente messianique.

La stratégie pédagogique proposée est de questionner les élèves en utilisant les documents 1, 2, 3, 4, 5 et 6.

Exemple d'exercice

— Situer sur un fond de carte Yatrib, La Mekke, l'Arabie «heureuse», les empires voisins, les routes commerciales (travail au rétroprojecteur).
On montrera l'importance du carrefour de La Mekke après la destruction de l'Arabie du Sud et le déplacement des routes commerciales vers le Nord.

— Le pèlerinage préislamique. Photo + texte.
. Qu'est-ce que la Ka'ba ? Où se trouve-t-elle ?
. A la veille de l'islam, pourquoi fait-on un pèlerinage à La Mekke.
Combien y-a-t-il de pèlerinages ? Quand ont-ils lieu ?
Quelles sont les différentes étapes du Grand Pèlerinage ?
Comment se termine-t-il ? Pourquoi ?

— A partir des deux schémas, expliquez ce qu'est une famille, une tribu, un clan
Qui dirige la tribu ?
Quel lien unit les membres d'une même tribu ?
Quelles sont les activités de la tribu ?
Quelles sont les valeurs qu'on y respecte ?
Quelles sont les principales activités à La Mekke ?
Quelles sont les catégories sociales ?
Qui dirige la ville ? Avec quels moyens ?

On insistera au cours de la mise en commun sur les mutations, la sédentarisation et ses conséquences. On peut aussi utiliser le tableau généalogique de Muhammad (Activité 4, p. 227) pour expliquer l'ordre tribal et l'importance des commerçants de La Mekke.

2 — Muhammad : homme et prophète. Qui, comment ?

A partir du document 5 «La vie de Muhammad», l'objectif est de faire distinguer dans le parcours de Muhammad ce qui relève de la religion et engage les musulmans, de ce qui relève de son rôle et de son activité d'homme. La confusion faite entre les deux est une question qui divise les musulmans. Certains considérant que ce qui appartient à l'homme ne peut être séparé de son état de prophète, d'où le spirituel mêlé au temporel, le politique justifié par le religieux. D'autres séparant les faits de l'homme et du prophète. Toutes les voies médianes étant possibles.

Exercice

Après avoir cherché la définition de prophète et le nom d'autres prophètes, souligner dans le texte de deux couleurs différentes
- ce qui relèverait de la vie de l'homme,
- ce qui relèverait de la vie du prophète,

puis relevez les dates importantes et placez-les sur un axe chronologique.
(le travail peut être fait à la maison, individuellement, ou en groupes).
La mise en commun se fera sous forme de tableau.

MUHAMMAD

Vie et activité politique de l'homme	Activités et mission du prophète
— 570 naissance à La Mekke. Tribu de Quraysh. Orphelin	— Connaît les religions juive et chrétienne. Est l'objet d'une prophétie
— Caravanier pour Khadîja	— Retraites dans la grotte Ghâr Hira.
— Épouse Khadîja. Devient riche commerçant	— 610 Début de la prédication. Vision de l'ange Gabriel
— Homme digne de confiance. Arbitre	— Visions - prêche - naissance du Coran
— Pressions, menaces des riches commerçants Mekkois	
— Mort de Ali et Khadîja - 61	
— Persécutions - 622 départ à Yathrib	— 622 Départ à Yathrib - Hégire
— Chef de la communauté de Médine, dirige les affaires	— Précision des préceptes de l'islam.
— Expéditions contre les Mekkois - 622 à 632	— 628 Pèlerinage. Conversion des Mekkois et de l'Arabie à la nouvelle religion.
— 629 - Entrée victorieuse à La Mekke	
— Mort le 8 juin 632.	

On montrera la difficulté de distinguer la vie de l'homme chef de la communauté de Médine et celle du prophète, entre religion et direction des affaires.
On insistera sur les événements où se confondent particulièrement les deux missions : l'hégire et l'expérience de Médine.

3 — Le Coran. Comment, Quoi

L'objectif ici n'est pas d'étudier le contenu du Livre Sacré des musulmans mais de montrer la lecture plurielle qu'on peut en faire. Les élèves devront être capables de comprendre les ambiguïtés et les équivoques du texte coranique qui permettent différentes interprétations.
On travaillera à partir des documents 6, 7 et 8.

Le document 6 permettra d'étudier la structure du texte coranique et les conditions de sa rédaction.

Exercice
D'après le texte
— Qu'est-ce que le Coran ? Les Hadîths ?
— Qu'est-ce qu'un verset ?
— Qu'est-ce qu'une sourate ? Combien le Coran compte-t-il de sourates ?
— Qu'est-ce que la Fatiha ?
— Quel est l'ordre de succession des versets ?
— Quand le Coran a-t-il été mis par écrit ? par qui ?
— A quelle date la rédaction du Coran fut-elle achevée ?

Le document 7 sur les versets clairs et les versets équivoques fera prendre conscience des différentes lectures possible.
— Définir clair et équivoque (dictionnaire)
— D'après le texte, qu'est-ce qu'un verset clair ? Un verset équivoque ?
— Qui connaît l'interprétation ?
— Qui suivra ce qui est équivoque ? Pourquoi ?

L'étude de différentes traductions de la Fatiha (document 8) montrera les ambiguïtés de lecture.
On donnera le document par groupes d'élèves et on leur demandera de chercher le sens des mots qu'ils ne connaissent pas. Puis de choisir un verset et de comparer dans les quatre traductions sa signification.
Une mise en commun sous forme de tableau permettra de relever les différences. (travailler avec le professeur de français ne peut qu'enrichir cet exercice)

Conclusion

Pour une synthèse et/ou une évaluation de cette séquence sur les faits fondateurs, on donnera aux élèves le schéma vierge en leur demandant de le compléter. La mise en commun permettra d'amorcer les savoirs et d'insister sur les équivoques des faits fondateurs, la confusion entre État et religion à partir de la vie de Muhammad, la lecture plurielle du Coran et les équivoques qui entraînent des confusions et des attitudes divergentes, voire opposées.

V — ACTIVITÉ 3
ENSEIGNER L'ISLAM EN CONSTRUISANT LE CONCEPT DE RELIGION

DOCUMENTS

Extraits du Coran. Traduction de M.C. Ferjani

1. Le Dieu Unique

«Allah est le seul Dieu ; il n'y a point d'autre Dieu
que lui, le Vivant, l'Éternel. Tout ce qui
dans les cieux et sur la Terre lui appartient…
Il est le Très-Haut, le Grand.» (2/256)

«Dis : Dieu est un.
C'est le Dieu éternel.
Il n'a point enfanté, et n'a point été enfanté.
Il n'a point d'égal.» (112)

2. La Création

«Dieu qui a porté à la perfection ce qu'Il a créé,
a réalisé, à partir de l'argile, la genèse de l'homme.
(…)
Ensuite, il a modelé l'homme en une forme parfaite
et y a insufflé de Son esprit.
Il vous a octroyé l'ouïe, la vue, le cœur,
rarement, vous Lui en avez montré de la gratitude.» (32)

«En vérité, la création des cieux et de la terre,
la succession de la nuit et du jour,
les navires qui sillonnent la mer
chargés de biens pour les hommes,
la pluie que Dieu fait tomber du ciel
pour ranimer la terre desséchée,
une terre qu'il a parsemée de toute espèce d'animaux,
les déplacements des vents,
les courses des nuages suspendus entre ciel et terre,
en vérité, tout cela constitue des signes
pour des hommes doués de raison.» (2)

3. Les Anges

«Louange à Dieu, créateur des cieux et de la terre, qui prend pour messager les anges pourvus de deux, trois ou de quatre ailes…» (35/1)
«Dieu élit parmi les anges des messagers comme parmi les humains…» (22/75)

4. Le Jugement Dernier

«Celui qui ne croit pas en Dieu, en ses anges, en ses Livres, en ses Messagers et au Jour dernier, est dans un égarement extrême.» (4/136)

5. Les Prophètes

«Mentionne dans le Livre Abraham ; c'était un homme de vérité et un prophète.» (19/41)

«Mentionne dans le Livre Moïse ; c'était un homme sincère et un prophète-messager. (…) Nous lui avons accordé par notre miséricorde son frère Aron comme prophète.» (19/51 et 53)

6) Les Livres sacrés

«C'est Nous qui avons révélé la Torah où il y a guidance et lumière…» (5/44)

«Nous les avons fait suivre par Jésus fils de Marie confirmant la Torah. Nous lui avons donné l'Évangile où il y a guidance et lumière… (5/46)

«Une promesse à laquelle Dieu s'engage dans la Torah, l'Évangile et le Coran…» (9/111)

7) Les lieux

«Le premier temple qui a été fondé par les hommes est celui de la Mekke, temple béni, et qibla de l'univers (qibla = point vers lequel on doit se tourner en priant) (3/90)

«Dieu a fait de la Ka'ba une maison sacrée… (5/98)

De quelque lieu que tu sortes… En quelque lieu que vous soyez, tournez vos visages vers l'oratoire sacré.» (2-145)

8) La prière

«Accomplissez exactement la prière, surtout celle du milieu.» (2/239)

«O croyants ! Quand vous vous disposez à faire la prière, lavez-vous le visage et les mains jusqu'au coude ; essuyez-vous la tête et les pieds jusqu'aux chevilles.» (5/8)

9) L'aumône

«Les aumônes sont destinées aux pauvres
et aux nécessiteux,
A ceux qui sont chargés de les recueillir
et de les répartir,
A ceux dont les cœurs sont à rallier,
Au rachat des captifs,
A ceux qui sont chargés de dettes.
A la lutte dans le chemin de Dieu,
Et au voyageur.»

10) Le jeûne

«Le mois de ramadan est celui pendant lequel le Coran a été révélé pour guider les humains et les aider à distinguer (le bien du mal). Quiconque aperçoit le (début du) mois, qu'il le jeûne. A qui serait malade, ou en voyage, incombe le jeûne d'un nombre égal de jours.» (2/185)

11) Le pèlerinage
«Un droit de Dieu sur les humains : le pèlerinage à la Maison (à La Mekke) pour quiconque en a la possibilité.» (3/97)

12) La profession de Foi
Les piliers de la foi sont énoncés dans plusieurs versets tels que :
— «Le Messager a cru en ce qui lui a été révélé par son Seigneur ; de même les croyants ont foi en Dieu, en ses anges, en ses Livres, en ses Messagers sans faire aucune différence entre ses Messagers...» (2/285)

13) Le porc
«Allah a seulement déclaré illicite la chair d'une bête morte, le sang, la chair du porc et ce qui a été consacré à un autre qu'Allah. Mais, quiconque est contraint à en manger, Allah sera miséricordieux envers lui.» (16/115)

14) Le voile
«Ô Prophète ! dis à tes épouses, à tes filles et aux femmes des Croyants de serrer sur elles leurs voiles. Il sera la marque de leur vertu et le moyen le plus sûr contre les offenses.» (33/59)

15) L'amour du prochain
«La piété ne consiste pas à tourner vos visages du côté du levant ou du couchant. Pieux est celui qui croit en Dieu... qui, pour l'amour de Dieu, donne de son temps à ses proches, aux orphelins, aux pauvres, aux voyageurs... qui rachète les captifs.» (2/177)

16) Les délits et les peines
L'adultère : «Ceux qui accuseront d'adultère une femme vertueuse, sans pouvoir produire quatre témoins, seront punis de quatre-vingts coups de fouet...» (24/4)

«... Vous infligerez à l'homme et à la femme adultère cent coups de fouet à chacun... Que le supplice ait lieu en présence d'un certain nombre de croyants...» (24/2)
Le meurtre : «Ô croyants ! La peine du talion vous est prescrite pour le meurtre... Celui qui obtiendra le pardon de son frère sera tenu de payer une certaine somme...» (2/173)

Le vol : «Vous couperez les mains des voleurs, homme ou femme, en punition de leur crime.» (5/42)

17) Le statut de la femme
— «Au mâle l'équivalent de ce qui revient (en héritage) à deux femelles.» (4/176)
— «Les hommes ont tutelle sur les femmes en raison de la distinction établie par Dieu entre eux et de ce qu'ils dépensent de leurs biens.» (4/34)

18) Polygamie ou monogamie ?
— «Épousez, selon ce qui vous grée, une, deux, trois ou quatre femmes ; mais si vous craignez d'être équitable entre les quatre n'en épousez qu'une seule.» (4-3)
— «Vous ne saurez être équitables entre les femmes même si vous vous efforcez de l'être.» (4/135)

EXPLOITATION : ENSEIGNER L'ISLAM EN CONSTRUISANT LE CONCEPT DE RELIGION

1 - Le concept de religion

Au cours de leur scolarité, les élèves acquièrent des notions, des savoir-faire et construisent des concepts. Le concept de religion apparaît, dès la 6e, avec l'étude des religions de l'Antiquité, du judaïsme et du christianisme.

L'acquisition de concepts qui permettent de classer, catégorier, hiérarchiser les connaissances et d'établir des relations entre elles fait partie de l'apprentissage de l'abstraction.

Utiliser les attributs d'un concept comme outil d'analyse de plusieurs exemples de ce concept, manipuler à plusieurs reprises les attributs et l'étiquette de ce concept contribue à sa mise en place progressive.

On a pu, dès la 6e, mettre en place le vocabulaire spécifique à l'étude d'une religion (culte, clergé, prêtre, sanctuaire…) et faire utiliser par les élèves, à partir d'exemples, les attributs du concept de religion, puis leur demander une fois ces attributs recensés de les utiliser pour analyser d'autres exemples.

LE CONCEPT DE RELIGION ET SES ATTRIBUTS (LISTE NON EXHAUSTIVE)

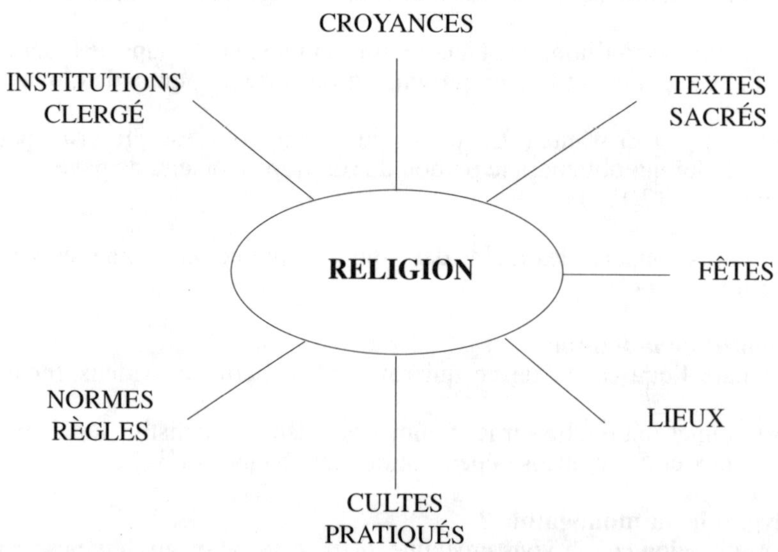

2. L'islam : exemplifier un concept

C'est dans ce sens qu'on peut étudier l'islam en tant qu'un exemple de religion. On choisira des extraits du Coran sélectionnés pour exemplifier les différents attributs.
On montrera ce qui est commun à tous les musulmans et ce qui ne l'est pas pour introduire l'idée de voies de l'islam abordée dans la fiche 4 (p. 227).

Les élèves connaissent déjà les lieux de culte (mosquée, Ka'ba), les fêtes (1er Muhama, Mouloud, Ramadan, Aid es Seghir, Aid el Kebir). On expliquera ce que sont les institutions : imam, calife, kadi, muezzin, ayattolah (voir lexique, p. 200).

Ensuite, l'exercice consistera, dans une première étape, à distribuer la batterie de textes (sans titre) aux élèves en leur demandant de
— chercher le sens des mots inconnus dans le dictionnaire,
— souligner dans chaque texte les mots-clés,
— résumer le texte en une phase rédigée à partir des mots-clés,
— trouver un titre.

Le travail peut se préparer à la maison ou se faire en liaison avec le cours de français.

Dans une deuxième étape, on demandera de classer les textes par rapport à chaque attribut du concept. On peut donner aux élèves l'outil d'analyse sous forme de schéma (voir exemple), s'ils ne sont pas familiarisés à la manipulation des attributs du concept de religion, ou les laisser chercher sans guidance s'ils sont à même de le faire par expériences antérieures.

La troisième étape sera la mise en commun et la synthèse sous forme du schéma complété (ou d'un tableau).

Il est intéressant de faire travailler les élèves par groupes, en travail autonome, cela permet les confrontations, le «remue méninges». Le professeur peut ainsi guider, aider et consacrer plus de temps à ceux qui peinent. Il est préférable de faire des groupes hétérogènes, mais on peut choisir de faire des groupes de niveau et de limiter le nombre de textes pour les élèves en difficulté.

EXEMPLE DE SCHÉMA DE SYNTHÈSE

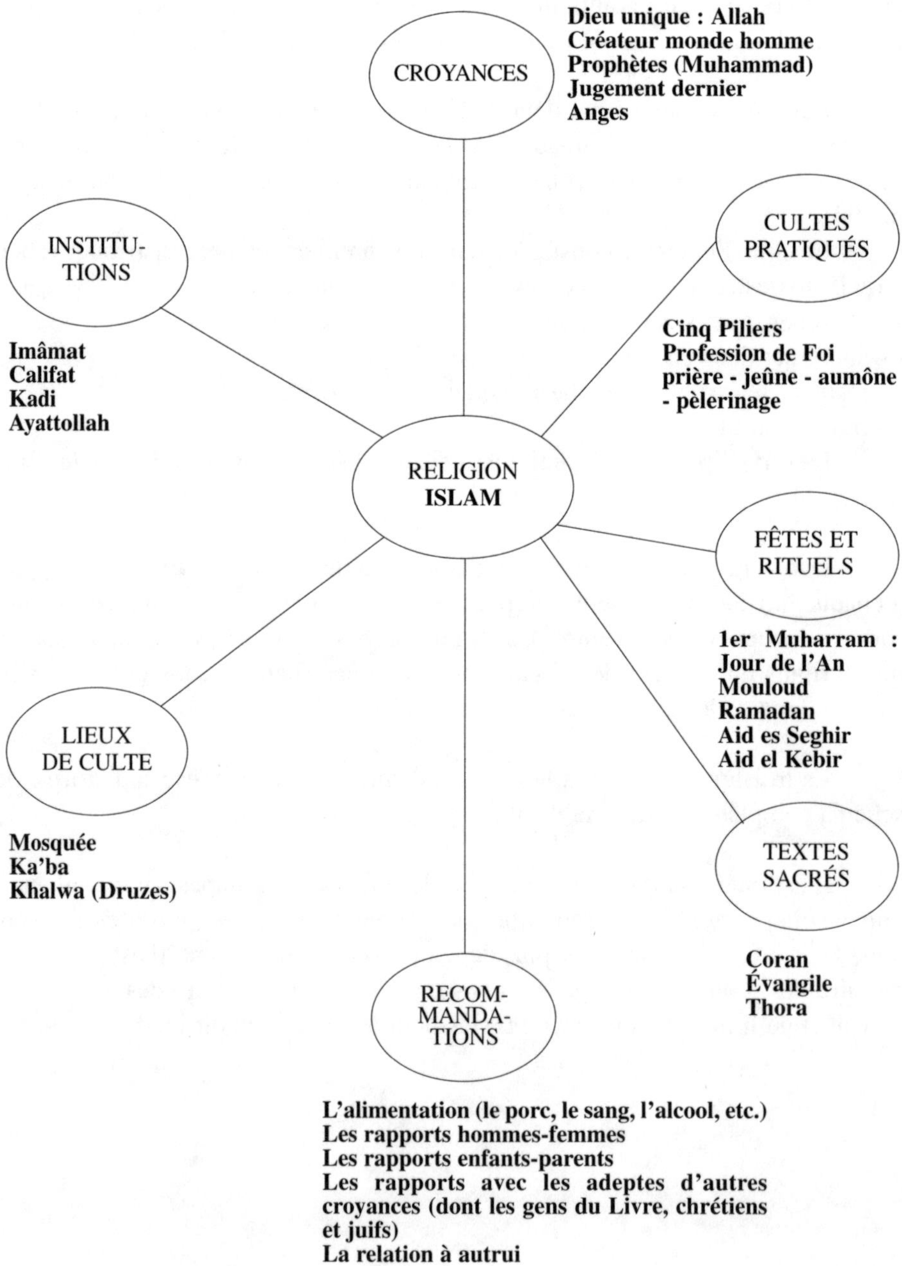

3. Ce qui est commun à tous les musulmans ; les points équivoques

La dernière étape consistera à revenir sur les problèmes d'interprétation, avec les extraits sur le statut de la femme ou la polygamie (rappel de l'exercice sur la polygamie).

On montrera que les interdits et les règles peuvent être pris comme des conseils ou des impératifs, que les institutions, les lieux de culte varient selon les courants.

On insistera en faisant encadrer dans le schéma ce qui est commun à tous les musulmans sans équivoque d'après M. Ferjani :
— la foi en Dieu unique qui est à l'origine du monde ;
— la foi en la prophétie en général et en celle de Muhammad ;
— la foi dans le fait que le Coran, l'Évangile (les musulmans en parlent au singulier) et la Thora, soient des Livres de Dieu ;
— croire au jugement dernier.

On peut prolonger la réflexion en menant des comparaisons avec les autres religions du Livre.

On reformulera les points équivoques qui posent problème et qui montrent la diversité de l'islam. On introduira ainsi la séquence sur les voies plurielles de l'islam.

— Muhammad, à la fois prophète et chef de la communauté, pour certains, pas pour d'autres qui dissocient religion et direction des affaires. On expliquera ce qu'est la laïcité.
— Le Coran, avec la difficulté de traduction, les versets équivoques qui permettent différentes interprétations, des versets qui se contredisent.

Parmi ces interprétations on redira celles qui sont les plus sujettes à variation (voir document M. Ferjani, chapitre 2, document 2, p. 51 et suivantes).
— Les énoncés relatifs à la liberté de conscience.
— Les énoncés relatifs au libre arbitre.
— Les énoncés relatifs au statut de la norme et de l'autorité.

Certains États aujourd'hui ont fait de ces normes des lois, d'autres pratiquent la tolérance.
— Énoncés relatifs à la condition féminine.
— Énoncés relatifs aux pratiques cultuelles.

Exemples :
Énoncés favorables à une relativisation de la norme religieuse et au refus de l'autorité
— «Rappelle ! Tu n'as pour mission que de rappeler, tu n'as pas de pouvoir de contrainte sur eux.» (88/21)

— «Tu n'as aucun compte à leur demander et ils n'ont aucun compte à te demander.» (6/52)
— «Tu n'as pour mission que de transmettre ; c'est à Nous de demander des comptes.» (10/5)
— «Dis : je ne suis pas votre tuteur !» (6/66)
— «Leur affaire est une question de consultation entre eux.» (42/38)
— «Efface leur faute, implore pour eux le pardon (de Dieu), consulte-les !»
— «Pratique le pardon, recommande la coutume et détourne-toi des ignorants !» (7/199)
— «La sanction d'un mal est un mal identique ; mais celui qui pardonne et qui s'amende sera récompensé par Dieu.» (42/40)
— «Pour ce qui est de votre religion, cela me revient ; pour ce qui est de votre monde (ici-bas) vous êtes mieux à même pour le savoir.» (hadîth)

VI — ACTIVITÉ 4 : ENSEIGNER LES VOIES DE L'ISLAM

DOCUMENTS

DOCUMENT 1 — LA GÉNÉALOGIE DU PROPHÈTE

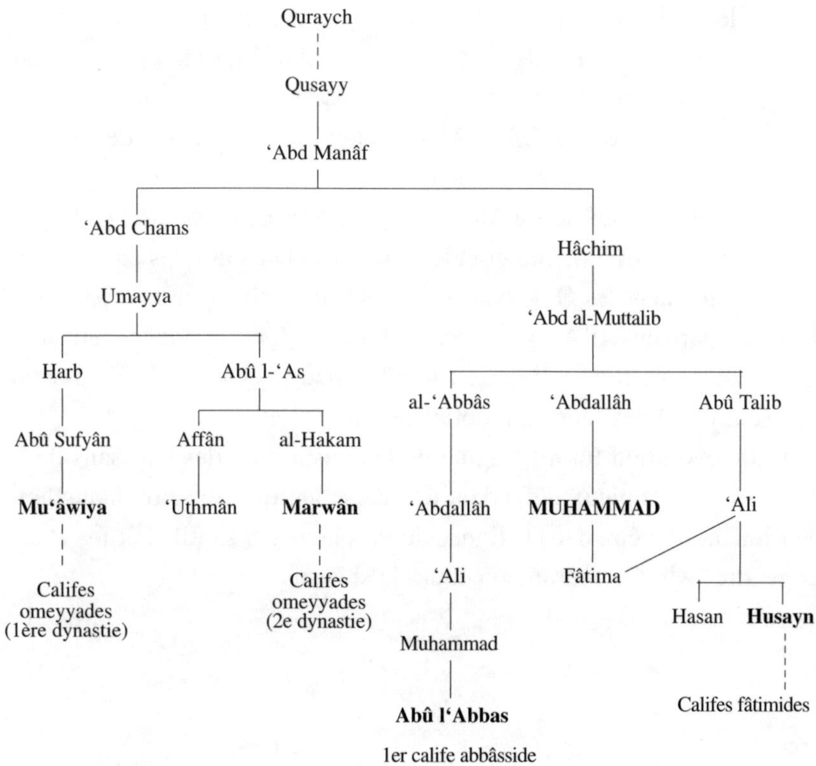

DOCUMENT 2
LA SUCCESSION DE MUHAMMAD ET LA QUESTION DU CALIFAT

Il est aussi important de signaler que les arguments religieux n'ont joué qu'un rôle très secondaire dans la décision finale : le rapprochement entre la direction de la prière (imâmat) confiée par Muhammad, quand il était malade, à 'Abû Bakr, et la direction des affaires de la communauté (à laquelle les théoriciens du califat donneront plus tard le nom d'imâmat suprême) pour justifier, a posteriori, le choix de celui-ci, était loin d'être le facteur décisif. Les partisans de 'Alî avaient des arguments aussi solides : 'Abû Bakr était plus âgé que 'Alî et comptait parmi les premiers compagnons du Prophète dont il était, par ailleurs, le beau-père (sa fille 'Â'isha était la plus jeune des épouses de Muhammad). De plus, avant l'avènement de l'islam, il était déjà représentant de son clan dans le conseil de La Mekke. Après Abu Bakr (632-634), Umar (634-644), 'Uthmân (644-656), une grande discorde éclate entre les partisans d'Ali et ceux qui soutiennent les Omeyyades. Le conflit s'achève en 657 par un arbitrage. Certains partisans d'Ali ne l'acceptent pas et font dissidence, constituant le premier courant politico-religieux : le Khârijisme. Quand Ali est assassiné en 661, se sont les Omeyyades qui obtiennent le califat.

Cette évolution fut à l'origine de la constitution des partisans de 'Alî en courant politico-religieux défendant une thèse légitimiste selon laquelle le calife (ou l'imâm) doit être dans la lignée du Prophète, par sa fille Fâtima et son cousin et gendre 'Alî. Ce courant engendra le shî'isme.

M.C. Ferjani.

DOCUMENT 3
CARTE ET CHRONOLOGIE DE L'EXPANSION DE L'ISLAM

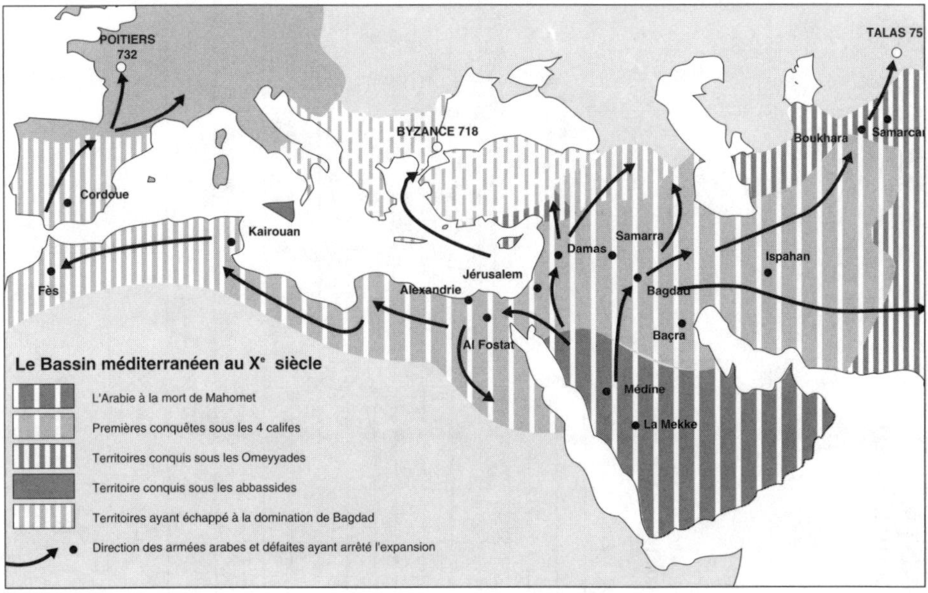

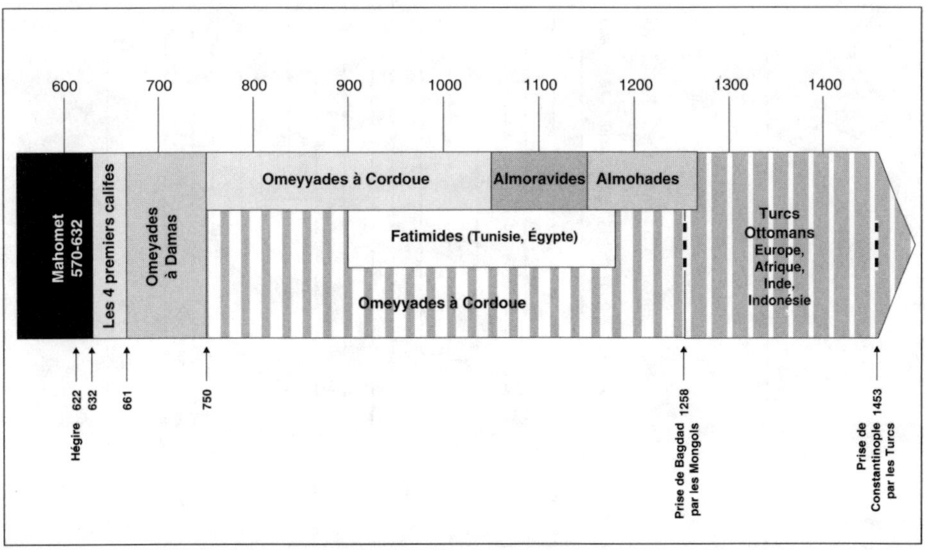

DOCUMENT 4
LES BRANCHES DE L'ISLAM

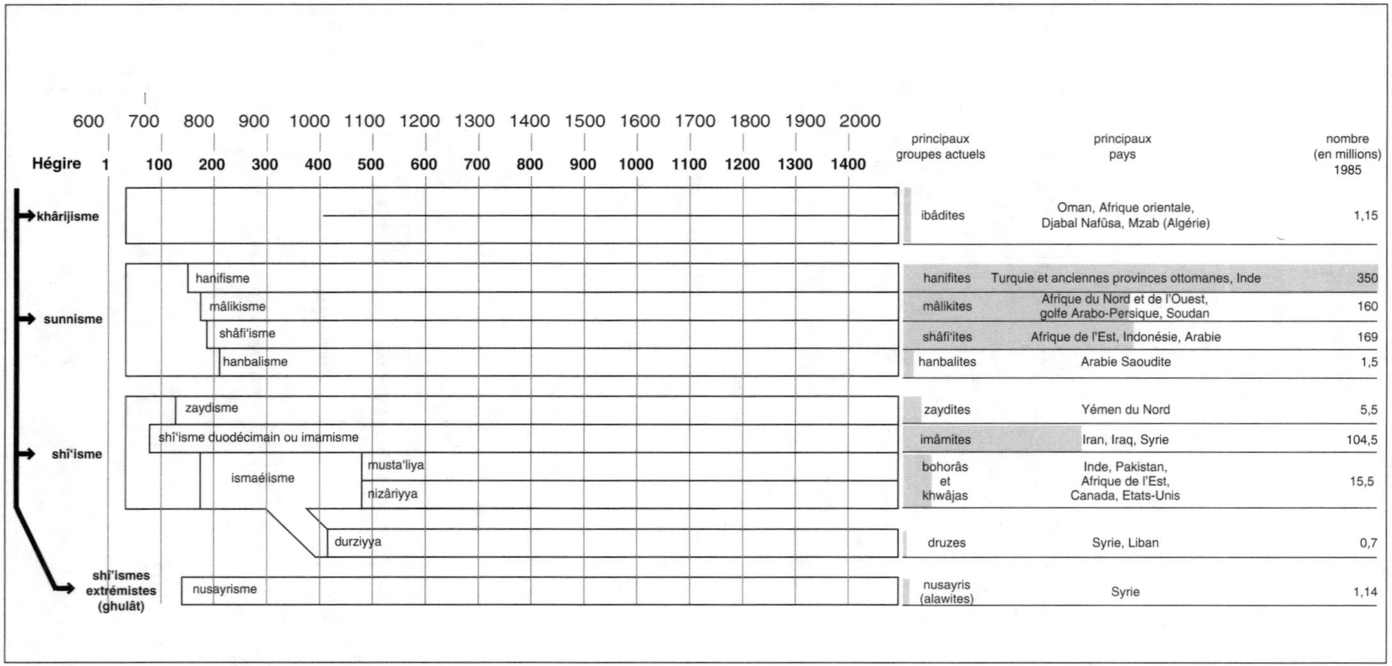

DOCUMENT 5
LES COURANTS DE L'ISLAM

LES SUNNITES (de *Sunna*, tradition en arabe)

Les 900 millions de sunnites constituent aujourd'hui le groupe le plus important de musulmans (il touche 90 % des fidèles).

Les sunnites reconnaissent la légitimité des quatre premiers califes, contrairement aux shî'ites pour qui il est nécessaire d'appartenir à la famille du Prophète pour prétendre à la qualité de calife (c'est seulement le cas d'Ali, gendre de Mahomet).

Des guerres ont souvent opposé sunnites et shî'ites, notamment à la mort d'Ali et à l'arrivée des Omeyyades au pouvoir (661).

Pour les sunnites, il n'existe pas, en principe, de clergé. Droit et religion sont intimement imbriqués : aussi, quatre écoles de théologiens-juristes définissent les règles et tranchent les cas qui font ensuite jurisprudence.

L'école hanafite accorde une large place au jugement personnel dans l'interprétation des textes, ainsi qu'aux notions d'intérêt général et particulier.

Pour **l'école mâlikite**, le consensus des savants est déterminant. Elle intègre plus facilement les principales coutumes et les pratiques locales.

L'école shafi'ite fait du Coran, la principale source de droit.

L'école hanbalite, la plus littéraliste, limite au maximum le rôle de la raison et de l'opinion personnelle du juriste.

La Mekke, Médine, Jérusalem (mosquée du Rocher) constituent les principaux lieux saints.

LES SHÎ'ITES

Les 110 400 000 shî'ites estiment que le chef de la communauté des croyants doit appartenir aux descendants directs de Mahomet. C'est pourquoi le seul calife qu'ils reconnaissent est Ali, le gendre du Prophète. Celui-ci aurait été désigné par Mahomet pour lui succéder. Les shî'ites désapprouvent le choix des trois premiers califes. Ils s'opposent aussi aux califes omeyyades et abbassides. Par ailleurs, le douzième descendant d'Ali étant mort sans descendance, le vrai calife est un imam invisible qui réapparaîtra comme le Mahdi (guidé par Allah), lorsqu'Allah en aura déterminé le moment.

De nombreux fidèles effectuent le pèlerinage à Kerbela, ville sainte d'Irak, lieu où Hussein, fils d'Ali, a été assassiné. Pour l'anniversaire de sa mort (la plus grande fête shî'ite : câshurâ - Achoura), on assiste à des scènes de flagellation.

De nombreuses persécutions ont entretenu chez les shî'ites le sentiment du martyre. Pour remédier à cette situation, les shî'ites ont adopté la taqiya (dissimulation/précaution). Lorsqu'un croyant chiite est en milieu hostile, il peut faire le caméléon en adoptant le comportement majoritaire, tout en conservant sa foi shî'ite en lui.

Le shî'isme lui-même comporte plusieurs ramifications :

— **les zaydites :** après avoir accepté les quatre premiers califes — même si, pour eux, Ali est le meilleur successeur de Mahomet —, ils ont soutenu Zayd Ibn Ali, petit-fils d'Hussein, comme imam. On les retrouve au Yémen du Nord où ils représentent 55 % de la population, en Arabie Saoudite, au Koweit, à Abou Dhabi. Les zaydites condamnent la pratique de la taqiya. Pour eux, la désignation de l'imam se fait par la consultation de la communauté des fidèles.

— **Les druzes :** ils apparaissent à la suite d'une scission chez les ismaéliens syriens. Ils tirent leur nom d'Al Darazi, un missionnaire apprécié au Liban, qui prit la relève du sixième calife fâtimide Al-Hâkim, mort assassiné en 1021. Al-Hâkim prétendait être d'essence divine.

Ils professent la prohibition du mensonge, sauf pour la défense de la foi, l'aide mutuelle et la solidarité entre tous les druzes.

Les Druzes ont beaucoup emprunté aux autres religions, qu'elles soient juive, chrétienne ou orientale.

Le peuple druze est l'élu de Dieu. L'âme est immortelle et se réincarne.

Les druzes donnent l'image d'une société close dans laquelle on ne peut entrer (pas de conversion) et de laquelle on ne peut sortir (pas d'apostasie).

La communauté druze est divisée en «sages» et en non-initiés.

Pour elle, le calife n'est pas forcément un descendant d'Ali.

Les druzes sont perçus comme hérétiques par la plupart des musulmans.

On les rencontre en Israël, en Syrie et au Liban.

— **Les ismaéliens :** ils contestent la nomination du septième Imam Musa Al-Kazim aux dépens d'Ismaël. Ils jouent un rôle capital au IXe siècle, au point de dominer le monde musulman (les Fatimides). On les rencontre en Inde (côte ouest), au Pakistan, au Liban, à Oman. Pour eux, l'Imam est seul capable d'interpréter les textes sacrés qui contiennent un sens caché, seulement accessible aux initiés. La soumission à l'Imam est donc nécessité absolue.

— **Les alaouites :** l'originalité des alaouites est de contester le choix du onzième Imam. Les «partisans d'Ali» ou «Nuçayris» (du nom de leur fondateur) constituent aujourd'hui 12,5 % de la population syrienne.

LES KHÂRIJITES

Lors de la première division de l'islam, les khârijites sont partisans de la désignation du calife par élection ou par accord des croyants, en dehors de toute considération de tribu, de dynastie, de race. Pour eux la Foi est inséparable de la conduite. Le calife doit être le meilleur musulman, «fut-il un esclave noir». On les trouve en Algérie (Mzab), en Tunisie (Djerba), en Libye (Djebel Nefoussa) et à Oman.

LE SOUFISME

C'est un courant mystique et spiritualiste de l'islam. Il est à l'origine de nombreuses confréries qui, dès le XIe siècle, ont su favoriser l'enracinement local de l'islam. Mortification, récitation de litanies, solidarité du groupe, soumission au maître, croyance aux intermédiaires capables d'intervenir (marabouts détenteurs de la baraka…) constituent l'essentiel des points communs (exemple des mourides au Sénégal). Le soufisme a donné de grands penseurs à l'islam.

DOCUMENT 6
LA DIVERSITÉ DE L'ISLAM

Diversité des statuts relatifs à la condition féminine

La plupart des pays musulmans perpétuent les traditions discriminatoires à l'égard des femmes sous prétexte de respecter les normes religieuses ; mais la situation est loin d'être la même :

Des pays comme l'Arabie Saoudite et les régions du Golfe ne posent aucune condition à la pratique de la polygamie (sinon sa limitation à quatre épouses en plus des concubines), ni à la répudiation de la femme par son époux ; la mixité y est interdite ainsi que l'accès de la femme à des fonctions politiques et à toute profession les mettant en contact avec les hommes.

Dans des pays aussi différents que le Pakistan, l'Irak, la Syrie, le Maroc, l'Indonésie, la Jordanie, l'Égypte, etc., la polygamie n'est pas interdite mais la femme y a acquis des droits lui permettant d'accéder à des fonctions publiques et même des fonctions politiques de premier plan : Bénazir Butho a été le premier ministre de la «République islamique» du Pakistan.

En Algérie, la polygamie est limitée par le principe d'équité, invoqué par le Coran, et en particulier par la condition d'assurer à chaque épouse un logement indépendant et offrant les mêmes caractéristiques que celui de ses co-épouses : vu la crise dans le domaine du logement, c'était un moyen efficace de faire reculer la polygamie !

En Turquie, la polygamie est prohibée dans le cadre du mariage civil, mais elle continue d'être pratiquée sous forme de mariage coutumier ou religieux que les autorités publiques tolèrent mais ne reconnaissent pas.

En Tunisie, où tout mariage doit être enregistré auprès d'un officier de l'état civil sous peine de tomber sous le coup de la loi prohibant les mariages coutumiers, la polygamie est considérée comme un délit passible d'une peine allant jusqu'à cinq ans de prison. Il n'existe qu'une seule forme de divorce : celui prononcé par un tribunal après trois séances de réconciliation et qui peut être à la demande de la femme, du mari ou des deux, conjointement.

Alors que certains pays ont accordé le droit de voter et d'être éligibles aux femmes avant un pays comme la France (la Turquie en 1932, l'Égypte en 1935) ce genre de droit continue à être ignoré en Arabie saoudite et dans les riches pétro-monarchies du Golfe.

M.C. Ferjani

EXPLOITATION :
ENSEIGNER LES VOIES DE L'ISLAM

Enseigner les faits fondateurs des voies de l'islam, les différents courants qui en découlent, leur diversité et leurs spécificités ainsi que les divisions actuelles de l'islam est une tâche difficile pour trois raisons :

— le peu de temps qu'il est possible d'y consacrer dans le cadre des programmes ;
— la complexité des faits historiques qui préside à la création des différentes voies ;
— la capacité réduite d'un public trop jeune, peu formé pour intégrer, retenir le vocabulaire ardu, les idées complexes qui permettent de définir les différentes branches.

Il ne faut pas cependant renoncer à montrer aux élèves qu'il n'y a pas de 'umma mais des voies différentes, d'où elles viennent et ce qui les caractérise.

On peut essayer de le faire en trois étapes.

1. La succession de Muhammad et le problème du califat

On utilisera le tableau de la généalogie du prophète (document 1) et le texte sur la succession de Muhammad (document 2).

Exercice

A partir du texte, donnez la définition de calife, imam.
Pourquoi y-a-t-il confusion entre les deux fonctions ?
Qui était Ali ? Abu Bakr ?
Qui furent les successeurs de Muhammad ?
Comment ont-ils été choisis ?
Quel problème cela a-t-il posé ?

Le tableau servira à repérer où se situent dans la généalogie du prophète Ali, les Omeyyades, les Abassides, les Fâtimides.
(on peu compléter par un exercice classique sur l'expansion de l'islam avec le document 3)
On insistera sur le problème du califat en rappelant les événements clés :
la grande discorde -> Ali ou les Omeyyades, conflit qui donne naissance aux divisions Khârijismes, puis le shî'isme à la mort d'Ali.

2. Les branches et les courants de l'islam

A partir des documents 4 et 5, on peut construire avec les élèves un tableau de synthèse qui répertorie les branches et leurs principales caractéristiques (chiffres, localisation, position par rapport au califat, différents groupes), puis revenir aux trois branches essentielles avec le lexique (activité 1).

On insistera sur la majorité sunnite et sur ce qui a créé ces courants : la succession de Muhammad et le problème du califat.

On peut aussi amener les élèves au raisonnement par un questionnaire de ce type.

— combien y-a-t-il de courants et de groupes dans l'islam ?
— quels sont les principaux courants ?
— quels groupes composent le khârijisme, le shî'isme, le sunnisme ?
— quelle est la position des khârijistes, shî'ites, sunnistes, par rapport au califat ?

3) La diversité des faits islamiques aujourd'hui : ex. la condition féminine

Le document 6 sur la diversité des statuts relatifs à la condition féminine permettra d'illustrer la diversité des faits islamiques (on peut choisir d'autres exemples dans les documents du chapitre 5).

Le statut de la femme a déjà servi d'exemple pour montrer la diversité de l'islam dans l'activité 1 et dans les activités 2 et 3 pour montrer les lectures plurielles du Coran et ses équivoques.

C'est un thème d'actualité, ce qui justifie ce choix.

On fera repérer aux élèves les statuts divers en leur demandant par exemple de dresser un tableau.

CONCLUSION

Pour que les élèves ne gardent pas la représentation d'un islam divisé, source de conflit et de violence qui était une de leurs conceptions initiales, on utilisera l'évaluation pour reformuler l'essentiel et ancrer les savoirs.

On reviendra pour cela à la liste des représentations en demandant aux élèves de les commenter, les préciser, les discuter en utilisant désormais leurs connaissances.

On donnera une carte, des schémas et des tableaux à compléter.

— Carte de répartition : les 8 états qui comptent le plus de musulmans.
— Schéma activité 2 : plan QQQOCP.
— Schéma activité 2 : vie de Muhammad.
— Schéma activité 3 : islam, exemple du concept de religion.
— Tableau activité 4 : les voies de l'islam.

Enfin, on peut aussi quelques semaines plus tard, pratiquer une nouvelle émergence des représentations.

Et il y a bien d'autres moyens d'apprendre et d'évaluer…

Dominique Cusenier

VII — APPRENDRE AUTREMENT ... AVEC UN ROMAN HISTORIQUE

LE CAVALIER DE BAGDAG
Odile Weulersse
Hachette jeunesse (Le Livre de Poche jeunesse, n° 262)

POURQUOI UN ROMAN HISTORIQUE ?

Le roman historique pour la jeunesse est en pleine expansion en France. Entre roman et Histoire, c'est un genre considéré comme ambigu. N'est-ce pas là ce qui le rend intéressant ?

En tant que roman il a un pied dans l'imaginaire, la fiction ; en tant qu'historique, il a l'autre dans la réalité de ce qui a effectivement eu lieu. Il faut, pour que cela fonctionne, que les personnages créés dans le roman historique puissent exister avec leur sensibilité et leur psychologie propre et qu'ils soient en même temps représentatifs d'un courant historique collectif.

En tant que roman il contribue à développer l'imaginaire du lecteur ; en tant que document historique il aide à fixer des connaissances.

L'étude d'un roman historique peut permettre un travail interdisciplinaire (français et histoire par exemple). C'est une autre manière d'aborder le cours d'histoire.

RÉSUMÉ DE L'HISTOIRE

Tahir, à l'âge de 15 ans, est le cavalier le plus rapide de Bagdad. Son père, joaillier célèbre de La Mekke et ami du calife Haroun al-Rachid, lui confie une mission : il doit porter un rubis très précieux au calife qui veut l'offrir à sa femme Zobedia. Dans la caravane qui le mène à Bagdad, Tahir se sent épié. Il se lie d'amitié avec Daoul, un jeune poète qui est amoureux fou d'une belle dont il ne connaît pas le visage et qui rêve de devenir poète à la cour du calife. La caravane est attaquée par les Bédouins et l'homme mystérieux qui poursuivait Tahir réussit à lui voler le rubis.

Aidés par un génie, Tahir et Daoul arrivent à Bagdad où ils trouvent des protecteurs et se font des amis, en particulier Saïd, le fils d'un palefrenier qui vend de l'eau, joue très bien aux échecs et rêve de tenir les étriers du calife. Ce jeune garçon va leur servir de guide dans cette ville qui leur réserve bien des surprises. Seul le calife qui attend le rubis et qui connaît son père peut venir en aide à Tahir. Quelqu'un veut l'empêcher de rencontrer le calife. Il se trouve plongé dans un vaste complot contre Haroun al-Rachid. Le voleur du rubis et l'instigateur du complot n'est autre que le grand cadi qui veut se débarrasser d'Haroun al-Rachid pour devenir le grand vizir du nouveau calife. Après bien des aventures, une rencontre avec les envoyés de Charlemagne qu'il conduit au calife, une guerre sainte, un pèlerinage à La Mekke, Tahir, aidé par ses amis, sauve le calife et récupère son rubis. Daoul épousera sa belle inconnue et deviendra poète à la cour du calife et Saïd tiendra les étriers de ce dernier. Antaki, le grand cadi, sera pendu

INTÉRÊT DE CE LIVRE

Odile Weulersse a écrit de nombreux romans historiques et elle maîtrise parfaitement le genre.

Elle réunit avant de commencer son récit une documentation riche et la plus complète possible.

Pour écrire cette histoire elle s'est même rendue sur les lieux pour s'imprégner de leur atmosphère. Elle sait donner des informations historiques sans ennuyer son lecteur en variant les modes de restitution : tantôt les dialogues entre les personnages du récit, tantôt des descriptions. Celles-ci ne sont jamais trop longues, elles sont vivantes et font appel à presque tous les sens du lecteur (vue, ouïe, odorat, goût).

Le récit et ses péripéties restent premiers.

Les héros du livre, qui ne sont pas sans rappeler certains personnages des “Contes des mille et une nuits”, sont jeunes, poursuivent tous un rêve qu'ils comptent bien réaliser. Ils ont des personnalités très différentes. Ils sont vivants et attachants, chacun à leur manière. Les jeunes lecteurs peuvent ainsi choisir celui auquel ils vont pouvoir s'identifier et avec qui ils vont vivre toutes les péripéties du récit qui se succèdent à un rythme très rapide.

QUELQUES PISTES CONCERNANT L'ÉTUDE DU ROMAN "LE CAVALIER DE BAGDAD"

Le travail proposé ci-dessous ne consiste pas en une étude systématique des différents thèmes contenus dans le livre mais porte sur celui de la religion.

Un repérage des pages traitant de la ville de Bagdad a été également effectué En effet ,au programme de la classe de Cinquième, figure l'étude de la civilisation islamique à travers une ville.

Des élèves pourraient prendre en charge un exposé ou l'élaboration d'un ou plusieurs panneaux sur la ville de Bagdad à l'époque de Haroun al-Rachid (à son apogée) à partir des descriptions qui en sont faites dans le roman.

D'autres thèmes présents dans le roman pourraient être étudiés :

la vie à la cour du calife, les Bédouins, les guerres de conquêtes, les poètes, les riches et les pauvres, la nourriture, les hammams, ...

Mais il ne faut pas que le travail soit fastidieux et empêche les élèves de prendre plaisir à la lecture du roman.

L'ÉTUDE DU LIVRE POURRAIT SE DÉROULER DE LA MANIÈRE SUIVANTE :

1 - Lecture de la page 11 à la page 19 (jusqu'à "inquiétude") en classe et réponse aux questions proposées (cf. questionnaire)

On trouve dans ces quelques pages les informations essentielles pour la compréhension de la suite du roman (l'époque, les lieux, les personnages principaux et la mission à accomplir).

L'ennemi rôde déjà. Le suspense, moteur du récit d'aventure, est présent. Les élèves peuvent se lancer dans la lecture du roman.

2 - Présentation du questionnaire sur l'islam dans le roman et répartition du travail

Un repérage systématique a été effectué sur la façon dont ce thème est traité dans le livre, ce qui n'implique pas que tout doit être traité.

Il est également possible de répartir le travail et de constituer des groupes d'élèves qui répondent à quelques questions, chaque groupe présentant le résultat de ses recherches aux autres élèves.

3 - Lecture du roman et recherche des réponses aux questions posées

(Les éléments qui permettent de répondre à une question peuvent être disséminés dans le livre ou concentrés sur quelques pages, une page, voire même une ligne). Plusieurs possibilités peuvent être offertes au lecteur.

a) Lecture du roman en entier puis relecture pour rechercher les réponses aux questions posées.

b) Lecture du roman, repérage des pages qui permettront de répondre aux questions par les élèves eux-mêmes puis réponse à partir des passages sélectionnés.

Ce procédé permet d'éviter une relecture complète de l'histoire, trop longue pour certains lecteurs.

c) Lecture du roman puis réponses aux questions sans relecture, le professeur fournissant les numéros des pages permettant d'y répondre.

Cette manière de faire est plus rapide, plus facile. Le travail de recherche est guidé, ce qui peut convenir à des "petits lecteurs" ou des lecteurs encore peu entraînés à la prise d'informations, notamment dans un texte narratif.

A la fin des travaux, il pourrait être intéressant d'engager une discussion sur le roman historique à partir des questions suivantes :

Avez-vous lu ce roman plutôt comme un récit d'aventure ou plutôt comme un documentaire sur l'islam ?

Les informations historiques sur la civilisation islamique ont-elles contribué à rendre l'histoire plus intéressante ou bien ont-elles ralenti le rythme de l'histoire, voire même empêché d'en suivre le déroulement. Avez-vous eu envie de sauter les passages "documentaires". Donnez des exemples.

Avez-vous l'impression d'avoir enrichi, consolidé vos connaissances sur le monde islamique ?

Quelles informations contenues dans le livre vous ont-elles marqué, surpris ?

Avez-vous envie d'approfondir certaines questions ? Lesquelles ?

Auriez-vous préféré lire un documentaire sur l'islam ?

MISE EN PLACE DE L'HISTOIRE (p. 11 à 19 jusqu'à inquiétude)

1 - Qui est Tahir ? p. 12, 13, 15, 17
2 - Où habite-t-il ? p. 11, 17
3 - Où se rend-il ? p. 12
4 - Comment et avec qui se déplace-t-il ? p. 11, 15, 16, 18
5 - Quel itinéraire emprunte-t-il ? p. 12
6 - Quelle est sa mission ? p. 16
7 - Quel est le rêve qu'il espère réaliser ? p. 13
8 - Pourquoi est il inquiet ? p. 18

L'ISLAM DANS *LE CAVALIER DE BAGDAD*

1 a - Quels sont les différents moments de **prière** et quels sont les rites selon les lieux (désert, rue, mosquée) ?
p. 17, 18, 21, 54, 68, 79, 80, 96, 97, 102, 103, 127, 135, 155, 158, 167, 180, 200, 219, 240
1 b - Quels sont les événements qui empêchent Tahir ou Daoul de se concentrer sur leurs prières ou même d'en respecter le rituel ?
p. 18, 55, 69, 144, 145, 219, 220
2 - Quelles sont les **paroles du Prophète** qui sont rapportées par les différents personnages du livre ? p. 105, 106, 134, 149, 194, 199, 200, 221
3 - Comment est le **paradis** décrit par Allah et son Prophète Mahomet ? p. 41, 129
4 - Pourquoi va-t-on à la **mosquée** ? p 79, 80, p. 102, 103, 144, 150, 155
Qu'est-ce que Saïd a appris à la Mosquée ? Qu'aurait-il dû y apprendre également ? p. 72
5 - En quoi consistent les lois de l'**hospitalité arabe** ? p. 34, 35, 63, 82, 83
6 a - Quel est le nom du **calife** de l'époque ? p. 12
6 b - Retrouve p. 61 les différentes façons de nommer le calife.
7 a - Qui est le **grand Cadi** de Bagdad ? Que fait-il ? p. 94, 132
7 b - Que pense Dos le Chameau du grand cadi ? (p. 104) quelle est la réaction de Tahir ? (p. 105) Pourquoi ?
8 - Qui sont les **Shî'ites** ? p. 93
9 a - Qu'apprend-on sur le **ramadan** ? p.193
9 b - Comment est célébrée la fin du ramadan ? p. 217, 221, 227
9 c - Comment Antaki a-t-il prévu de fêter la fin du ramadan? p. 216. Qu'en penses-tu ?
10 a - Tahir rencontre **les envoyés de Karlé le grand** (Charlemagne).
D'où viennent-ils ? Où vont-ils ? Quelle est leur mission ? p. 168, 169
10 b - Que pense Tahir de Charlemagne ? Pourquoi ? p. 169
11 a - Contre qui est organisée **la guerre sainte** ? Combien de temps doit-elle durer ? Pourquoi le calife n'y participe-t-il pas ? p. 193, 194

11 b - Comment les musulmans nomment-ils les chrétiens ? p. 198
11 c - Pourquoi cette guerre sainte est-elle organisée ? p. 200
11 d - Pourquoi Tahir prie-t-il après avoir tué son premier “infidèle” ? p. 200
12 a - De quoi s’étonne Tahir en entrant dans une église chrétienne ? Pourquoi ? p. 203.
12 b - Pourquoi Tahir considère-t-il que le dieu des Chrétiens est un drôle de dieu ? p.194.
13 a - Pourquoi les Musulmans se rendent-ils en pèlerinage à La Mekke ? p. 238
13 b - Quel autre nom donnent-ils à cette ville ? p. 240.
12 c - Comment se déroule le pèlerinage ? pp. 241-243.
13 d - Antaki y participe-t-il ? p. 243. Pourquoi est-il là ? p. 241.

BAGDAD

la ville p. 48, 60, 61, 75, 77, 96, 97, 118, 120, 121, 156, 163, 165, 192
les souks p. 54 à 56, 58, 59, 63, 75, 120, 121, 148, 149
le palais du calife p. 66, 67, 171, 172, 181, 182, 186

QUELQUES OUVRAGES SUR L'ISLAM POUR LES ÉLÈVES DE CM, 6ème ET 5ème

ROMANS

- Djinn la malice / J. Cervon .- Rouge et Or, 1989 .- (Bibliothèque rouge et or) *Leïla est une petite fille qui vit en Iran. Elle voudrait être libre de sortir sans son voile, d'apprendre à lire et écrire et d'épouser celui qu'elle choisira.* Elle compte sur l'aide de son djinn.
- La fille des sables / J. Hervé, H. Kervran .- Syros, 1992 .- (Les uns les autres) *Ahnet, fille d'un grand chef touareg, aime Thouda mais la famine rend les relations entre les tribus difficiles.*
- L'héritier du désert / E. Brisou-Pellen .- Rageot, 1995 .- (Cascade pluriel) *Ousmane, à l'âge de 15 ans, retrouve son père qui l'emmène à la découverte du désert. Celui-ci aura le temps de lui livrer le secret de sa richesse avant de mourir. Ousmane se rend alors à Tombouctou où il reprend ses études et fréquente l'université de Sankoré.*
- Le prince d'Omeya / A. fon Eisen .- Gallimard, 1980 .- (Folio junior) * *C'est l'histoire d'Abd al-Rahman, le dernier des Omeyades de Syrie*
- L'alchimiste / P. Coelho .- Flammarion, 1996 .- (Castor poche) * *Santagio part à la recherche d'un trésor en Égypte. Dans le désert il suivra l'enseignement de l'alchimiste.*
- Ali de Bassora, voleur de génie / Paul Thiès .- Gallimard, 1996 .- (Folio junior) ou Rageot, 1992 .- (Cascade Aventure)* *Comment berner le plus rusé des juges ou le plus redoutable des génies à Bassora, au temps des mille et une nuits . Le jeune Ali a plus d'un tour dans son sac, de l'imagination à revendre et des amis fidèles.*
- La Nuit du Dai-Mon / T. William, N.K. Hoffman .- Hachette jeunesse, 1995 .- (Bibliothèque Verte, série Aventure fantastique) * *Une caravane voyageant de Bagdad au Caucase est arrêtée par une vampire hideux qui propose aux voyageurs un combat d'un genre particulier : quiconque racontera une histoire plus triste que la sienne permettra à toute la caravane de repartir.*
- Tempête au bord du Nil / L. Fillol .- Flammarion, 1990 .- (Castor poche) *Kamil, à la mort de ses parents, a été confié à Arahm Hadj, un riche propriétaire terrien au bord du Nil. Pour échapper à la violence de son maître et au fanatisme religieux des amis de celui-ci, il se sauve et se retrouve aux portes du désert*
- La fille du calife / U. Kiesw .- Gallimard, 1985 .- (Folio junior, un jeu dont vous êtes le héros)

CONTES

- Le voyage nocturne de Mahomet / S. Pommier, ill. M. Mallard .- Gallimard, 1995 .- (Les Contes du Ciel et de la Terre) *Une nuit, Mahomet reçoit la visite de l'ange Gabriel, qui l'invite à le suivre ...*

Ce récit est suivi de sept pages de découverte de l'islam : son prophète Mahomet, ses textes sacrés et ses villes saintes, ses liens avec le judaïsme et le christianisme.
- L'homme qui voulait rencontrer Dieu / S. Zéghidour, ill. D. Thibault .- Gallimard, 1995 .- (Les Contes du Ciel et de la Terre)
Un conte qui entraîne dans le monde musulman, suivi de six pages de découverte de l'histoire, de la foi et des pratiques de l'islam.
- Contes et légendes des pays d'Orient / C. Dumas .- Pocket, 1995 .- (Junior, série mythologies)
- Le conteur de Marrakech / T. Barton .- Flammarion, 1980 .- (Castor poche)
- Contes du monde arabe / J. Muzi .- Flammarion, 1983 .- (Castor poche)
- Contes d'Algérie : l'oiseau du grenadier ; / R. Belamri .- Flammarion, 1986 .- (Castor poche)
- Djeha le malin / J. Coué, Ill. B. Pilorget .- Rageot, 1996 .- (Cascade contes)
- Aladdin / P. Thiès .- Hachette .- (Bibliothèque Rose, série Aladdin)
Plusieurs livres racontent les aventures du jeune Aladdin qui ne pense qu'à s'amuser et surtout ne pas travailler, ce qui est difficile quand on est l'apprenti d'un affreux magicien. Mais Aladdin possède un anneau magique qui contient un petit génie et il est amoureux de la fille du sultan.
- Contes arabes / J. Tomek, Ill. M. Zelibska.- Gründ, 1978 .- (Contes et légendes)
- Contes des mille et une nuits / Ill. Lybé .- Hachette, 1995 .- (Bibliothèque Rose)

*** pour bons lecteurs de cinquième**
DOCUMENTAIRES
- Le livre des religions / P. Balta et al. .- Gallimard, 1989 .- (Découverte cadet)
- Moyen-Orient / A. Mason .- Hachette Education, 1989 .- (Pays et peuples)
- L'Égypte et le Moyen-Orient / D. de Bruyker, M. Dauber .- Casterman, 1993 .- (Les carnets de route de Tintin)
- Une capitale musulmane sous Soliman le Magnifique : Istanbul / E. Morin .- Albin Michel, 1987 .- (Un lieu, des hommes, une histoire)
- Histoire de l'islam en BD : L'avènement de l'islam .- Robert Laffont / Al Marifa .- (Dossiers spéciaux) épuisé, disponible dans les CDI et bibliothèques publiques
- L'islam du VIIe au XVe siècle / M. Jarrige, Ill. F. Phillipps .- Hachette, 1990 .- (Histoire juniors)
- L'islam / L. Kaïdi .- Hachette, 1995 .- (Qui ? Quand ? Quoi ?)
- les Civilisations islamiques / M. Welply ; Ill. A. Sefriou .- Casterman, 1987 .- (L'Histoire des hommes)
- Nous venons d'Algérie / G. Finifter .- Syros, 1986 .- (Les Copains de la classe)
- Paroles d'islam / N. Khémir .- Albin Michel, 1995 .- (Carnets de sagesse)

Corinne Tissier.

APPRENDRE AUTREMENT...
UN JEU D'AVENTURES

VLERICK/GIROD-ROUX

Ce dossier peut être utilisé

1. Comme une sensibilisation des élèves à des leçons à venir (recherche d'informations au CDI par exemple) ;

2. Comme outil d'évaluation, utilisé individuellement par l'élève en révision du chapitre, ou collectivement en classe, dans le cadre d'une évaluation originale sous un aspect ludique.

PROLOGUE

Tous les ans, au dernier mois du calendrier islamique, des centaines de milliers de croyants affluent à La Mecque afin d'y accomplir les rites du pèlerinage.

Dans ce livre, tu es Khaled et c'est aujourd'hui que tu entreprends le long voyage vers la Ville Sainte. Pour cela trouve la feuille d'aventure qui se trouve dans ce livre, indique ton nom, puis entame ton périple.

Sur le chemin, des questions te seront posées pour éprouver ta connaissance de l'islam.

Si tu ne sais pas répondre, tu perds un point de Dignité (coche une case dans la rubrique «Dignité» sur la feuille d'aventure), et continue ta route.

Attention, tu ne possèdes que trois points de Dignité. Ensuite tu ne pourras plus progresser si tu ne réponds pas.
A l'issue de ta quête, compare les réponses qui figurent sur ta feuille d'aventure avec les bonnes réponses qui se trouvent à la dernière page de ce livret.

Pour chaque mauvaise réponse, coche une case dans la rubrique «Blessures». Attention, tu ne possèdes que trois points, ici aussi.

Si tu as plus de trois erreurs… tu ne parviens pas jusqu'à la PIERRE NOIRE, et il ne te reste plus qu'à recommencer !

Sinon, c'est gagné !

Et maintenant à toi de jouer !

«… Tu as donc décidé de prendre la route la plus courte, la plus dangereuse surtout…» paragraphe n° 5

N° 1

C'est l'heure du grand départ. Te voilà au seuil de l'aventure de ta vie. Tu entreprends aujourd'hui un long et périlleux voyage. Pour honorer ton Dieu.
Mais au fait, quel est le nom de ce Dieu ?
Note la réponse sur ta feuille d'aventure et choisis ton chemin :

— en traversant le désert : n° 5
— en suivant le fleuve : n° 8

N° 2

Le bateau file sur l'eau. Ce parfum tranquille de croisière ne doit pas te faire oublier tes obligations. Parmi les deux activités qui te sont proposées ci-dessous, retrouve celle qui compte vraiment pour un musulman :

— les trois repas par jour : n° 11
— le pèlerinage : n° 24

N° 3

Avant de pénétrer dans la salle de prière, tu n'oublies pas la règle qui veut que :

— tu te mettes à genoux : n° 6
— tu retires tes chaussures : n° 14

N° 4

Le vent qui a soufflé toute la nuit a balayé la piste. Tu t'engages cependant, un peu incertain sur ton sort… C'est l'heure de ta prière, mais dans quelle direction dois-tu prier ?

— vers La Mecque : n° 17
— vers le lever du soleil : n° 25

N° 5

Tu as donc décidé de prendre la route la plus courte, la plus dangereuse surtout… C'est cette voie qu'a empruntée autrefois le prophète. Quel est le nom de cet homme ?
Note ta réponse sur la feuille d'aventure et choisis ton chemin :

— vers les plateaux : n° 10
— au cœur du désert : n° 15

N° 6

Les gens que tu retrouves dans ce lieu sont tous musulmans comme toi. Sont-ils :

— monothéistes ?

— polythéistes ?

Note ta réponse sur la feuille d'aventure, puis rejoins le paragraphe n° 4.

N° 7

Cette fois, tu le sais bien, tu es presque arrivé. Et il est temps car tes vivres commencent à s'épuiser. Tu ne peux t'empêcher de serrer contre ton cœur le livre saint de ta religion.

Quel est le nom de cet ensemble de textes ?

Note ta réponse sur la feuille d'aventure. C'est maintenant le moment de vérifier l'ensemble de tes réponses.

— Si tu as une majorité de bonnes réponses, rends-toi au paragraphe n° 32.

— Si tu as plus de mauvaises réponses, rends-toi au paragraphe n° 33.

N° 8

Tu t'engages sur le fleuve, espérant parvenir ainsi au terme du voyage sans incident, comme le fit autrefois Mahomet.

Mais au fait, que représente Mahomet pour les musulmans ?

Note ta réponse sur la feuille d'aventure et choisis ton chemin :

— tu continues de naviguer : n° 2

— tu débarques et repars vers le désert : n° 12

N° 9

Soudain le bateau percute un obstacle sur le fleuve et se met à couler. C'est ici que se termine ton aventure.

N° 10

Tu poursuis ta route sans pour autant oublier tes obligations. Parmi les deux activités qui te sont proposées ci-dessous, retrouve celle qui compte vraiment pour un musulman :

— le jeûne : n° 16

— la sieste : n° 30

N° 11

Des problèmes obligent le bateau à accoster. Tu profites de cet arrêt pour prier, mais dans quelle direction dois-tu prier ?

— vers La Mecque : n° 17

— vers le coucher du soleil : n° 9

N° 12

Tu as finalement décidé de reprendre la route du désert. Les rigueurs du parcours ne doivent pas te faire oublier les obligations d'un musulman. Cite au moins deux d'entre elles, puis rejoins le paragraphe n° 18.

N° 13

En quittant dès l'aube la ville, tu ne peux t'empêcher de regarder derrière toi la silhouette verticale de la tour d'où bientôt un homme appellera à la prière.
Quel est le nom de cette tour ?
Note ta réponse sur la feuille d'aventure et poursuis ta route en te rendant au paragraphe n° 23.

N° 14

A l'issue de la prière, alors que tu t'apprêtes déjà à reprendre la route, un vieil homme te parle de son propre pèlerinage, il se souvient et te décrit avec précision le bâtiment qui contient la Pierre Noire. Comment s'appelle cet endroit ?
Note ta réponse sur la feuille d'aventure puis rejoins le paragraphe n° 26.

N° 15

Tu suis la piste du désert. C'est courageux et difficile. Mais les rigueurs du parcours ne doivent pas te faire oublier les obligations d'un musulman. Cite au moins deux d'entre elles, puis rejoins le paragraphe n° 18.

N° 16

Tu arrives bientôt dans une ville près d'un oasis. Ce sera ta seule étape. Tu en profites pour te rendre dans le lieu de prière collective des musulmans.
Quel est donc le nom de cet endroit ?
Note ta réponse sur la feuille d'aventure, puis rejoins le paragraphe n° 3.

«… Tu en profites pour te rendre dans le lieu de prière collective des musulmans…» paragraphe n° 16.

N° 17

Tu arrives bientôt dans une ville près d'un oasis. Ce sera ta seule étape. Tu en profites pour te rendre dans le lieu de prière collective des musulmans.
Quel est le nom de ce bâtiment ?
Note ta réponse sur la feuille d'aventure et choisis ta route :

— vers l'Ouest : n° 13
— vers l'Est : n° 21

N° 18

Te voici au cœur du désert. Les conditions de vie deviennent très difficiles. Mais tu ne dois pas pour autant négliger les obligations que ta religion impose à ceux qui la pratiquent.
Te souviens-tu de leur nombre ? Reprends la route correspondant à ta réponse.

— trois : n° 4
— cinq : n° 17
— sept : n° 28

N° 19

A l'issue de la prière, alors que tu t'apprêtes déjà à reprendre la route, un vieil homme te parle de son propre pèlerinage. Il se souvient et te décrit avec précision le bâtiment qui contient la Pierre Noire.
Comment s'appelle cet endroit ?
Note ta réponse sur la feuille d'aventure, puis rejoins le paragraphe n° 23.

N° 20

Les gens que tu retrouves dans ce lieu sont tous musulmans comme toi. Sont-ils ?
— monothéistes ?
— polythéistes ?
Note ta réponse sur la feuille d'aventure, puis rejoins le paragraphe n° 13.

N° 21

En quittant dès l'aube la ville, tu ne peux t'empêcher de regarder derrière toi la silhouette verticale de la tour d'où bientôt un homme appellera à la prière.
Quel est le nom de cet homme ?
Note ta réponse sur la feuille d'aventure et poursuis ta route au paragraphe n° 26.

«…Il se souvient et te décrit avec précision le bâtiment qui contient la Pierre Noire…» paragraphe n° 19.

N° 22

Le vent qui a soufflé toute la nuit a balayé la piste. Tu t'engages cependant, un peu incertain sur ton sort… C'est l'heure de ta prière, mais dans quelle direction dois-tu prier ?

— vers La Mecque : n° 17

— vers le coucher du soleil : n° 19

N° 23

Tu es reparti après t'être restauré. Ce voyage est épuisant, heureusement que nous ne sommes pas dans la période de jeûne.

Mais au fait, quel est le nom de cette période de l'année ?

Note ta réponse sur la feuille d'aventure, puis rejoins le paragraphe n° 27.

N° 24

Le bateau qui te transporte fait escale dans un petit port. Tu descends à terre et vas vers le lieu de prière collective des musulmans.

Quel est le nom de ce bâtiment ?

Note ta réponse sur la feuille d'aventure et rejoins le paragraphe n° 27.

N° 25

De toute évidence, tu t'es égaré dans ce gigantesque désert inhospitalier… Tu poursuis ta route mais tu tournes en rond et tes vivres sont épuisées… C'est ici que se termine ton aventure.

N° 26

Avant de partir tu reçois les encouragements de celui qui dirigeait la prière.

Comment s'appelle cet homme ?

Note ta réponse, puis rejoins le paragraphe n° 17.

N° 27

Tu aperçois au loin la silhouette d'une ville. Serait-ce enfin La Mecque, la ville que quitta, il y a bien longtemps le prophète de l'islam.

Que marque cette fuite dans le calendrier musulman ?

Note ta réponse sur la feuille d'aventure puis rejoins le paragraphe n° 7.

N° 28

De toute évidence, tu t'es égaré dans ce gigantesque désert inhospitalier… Tu poursuis ta route mais tu tournes en rond et tes vivres sont épuisées… C'est ici que se termine ton aventure.

N° 29

En entrant dans ce lieu, tu retrouves :

— la Grande Horloge : n° 6

— le bassin de purification : n° 19

N° 30

Soudain tes pieds glissent sur un rocher instable. Tu ne peux éviter la chute… C'est ici que se termine ton aventure.

N° 31

Le décor que tu rencontres maintenant est très différent de celui qui t'a entouré jusqu'à présent. Les falaises sont escarpées et menaçantes. C'est l'heure de ta prière, mais dans quelle direction dois-tu prier ?

— vers La Mecque : n° 17

— vers le coucher du soleil : n° 28

N° 32

La ville que tu as aperçue était bien La Mecque. Te voici arrivé au terme d'une aventure extraordinaire. Félicitations…

N° 33

La ville que tu as cru apercevoir n'était rien d'autre qu'un mirage. Il te faudra encore du temps, mériter de réussir le pèlerinage…

«… De toute évidence, tu t'es égaré dans ce désert inhospitalier…» paragraphe n° 25.

«La ville que tu as cru apercevoir n'était qu'un mirage…» paragraphe n° 33

LA FEUILLE D'AVENTURE

Nom du héros . . . .

N° de la question **Tes réponses**

. . . .

. . . .

. . . .

. . . .

. . . .

. . . .

. . . .

. . . .

. . . .

. . . .

Blessures : ☐ ☐ ☐

Dignité : ☐ ☐ ☐

LES RÉPONSES

N° 1	*Le Dieu des musulmans s'appelle Allah.*
N° 2	*Il s'agit du pèlerinage.*
N° 3	*Il faut se déchausser.*
N° 4	*Il faut prier dans la direction de La Mecque.*
N° 5	*Il s'appelle Mahomet.*
N° 6	*Les musulmans sont monothéistes.*
N° 7	*Ce livre s'appelle le Coran.*
N° 8	*C'est le prophète.*
N° 10	*Il s'agit du jeûne.*
N° 11	*Il faut prier dans la direction de La Mecque.*
N° 12	*Il s'agit de l'aumône, du pèlerinage, du jeûne, de la prière, de la profession de foi.*
N° 13	*Il s'agit d'un minaret.*
N° 14	*C'est la Ka'ba.*
N° 15	*Il s'agit de l'aumône, du pèlerinage, du jeûne, de la prière, de la profession de foi.*
N° 16	*Ce lieu s'appelle la mosquée.*
N° 17	*Ce lieu s'appelle la mosquée.*
N° 18	*Il y a cinq piliers.*
N° 19	*C'est la Ka'ba.*
N° 20	*Les musulmans sont monothéistes.*
N° 21	*Cet homme est le muezzin*
N° 22	*Il faut prier dans la direction de La Mecque.*
N° 23	*C'est le ramadan.*
N° 24	*Ce lieu s'appelle la mosquée.*
N° 26	*Cet homme est le muezzin.*
N° 27	*C'est l'An 1 du calendrier musulman.*
N° 31	*Il faut prier dans la direction de La Mecque.*
N° 29	*Il y a un bassin de purification.*

TABLE DES MATIÈRES

Photos de couverture :

1 El Qued en Algérie.
2 Mausolée de Shâh Tchéragh à Shiraz, XIIIe siècle.
3 Minaret de la mosquée d'Agadez au Niger, XVe siècle.
4 Tombes de califes et mausolées de plusieurs sultans, au Nord du Caire, XVe siècle
5 Le Tâdj Mal à Agra, 1631-1648.

Composition : Agnès JACQUES/Martine JACQUIN (CRDP Franche-Comté),
Maquette couverture - Cartographie/Infographie - Secrétariat d'édition :
Denis JACQUIN (CRDP Franche-Comté)

Directeurs de la publication

Pierre CADÉOT,
Directeur du CRDP de Besançon/Franche-Comté
6, rue des Fusillés de la Résistance,
BP 1153, 25003 Besançon cedex
Tél. : 03.81.25.02.50

Nicolas-Jean SED,
Directeur Général des Éditions CERF
23, bd. Latour-Maubour
75340 Paris Cedex 07
Tel. : 01.44.18.12.12

Référence 250B0110
Prix :139 F